ANNUAL REPORT ON CITIES LAND PRICE OF CHINA 2009

ZHONG GUO CHENG SHI DI JIA ZHUANG KUANG

CLV

2009 中国城市地价状况

国土资源部土地利用管理司
中国土地勘测规划院

地质出版社
·北　京·

图书在版编目（CIP）数据

2009 中国城市地价状况 / 国土资源部土地利用管理司，中国土地勘测规划院编．—北京：地质出版社，2010.5
ISBN 978-7-116-06667-0

Ⅰ．①2… Ⅱ．①国… ②中… Ⅲ．①城市－地价－研究报告－中国－2009 Ⅳ．①F299.232

中国版本图书馆 CIP 数据核字（2010）第 084851 号

责任编辑：何　蔓　蔡　莹
责任校对：谭　英
出版发行：地质出版社
社址邮编：北京海淀区学院路 31 号，100083
电　　话：(010) 82324508（邮购部）；(010) 82324580（编辑部）
网　　址：http://www.gph.com.cn
电子邮箱：zbs@gph.com.cn
传　　真：(010) 82324502
印　　刷：北京卡乐富印刷有限公司
开　　本：889mm×1194mm 1/16
印　　张：9.75
字　　数：200 千字
版　　次：2010 年 5 月北京第 1 版·第 1 次印刷
定　　价：160.00 元
书　　号：ISBN 978-7-116-06667-0

编委会

主管部门 国土资源部土地利用管理司

实施单位 中国土地勘测规划院

协助单位

北京市国土资源局
天津市国土资源和房屋管理局
上海市规划和国土资源管理局
重庆市国土资源和房屋管理局
江苏省国土资源厅
浙江省国土资源厅
广东省国土资源厅
湖北省国土资源厅
湖南省国土资源厅
河北省国土资源厅
山西省国土资源厅
内蒙古自治区国土资源厅
辽宁省国土资源厅
吉林省国土资源厅
黑龙江省国土资源厅
安徽省国土资源厅
福建省国土资源厅
江西省国土资源厅
山东省国土资源厅
河南省国土资源厅
广西壮族自治区国土资源厅
海南省国土环境资源厅
四川省国土资源厅
贵州省国土资源厅
云南省国土资源厅
陕西省国土资源厅
甘肃省国土资源厅
青海省国土资源厅
宁夏回族自治区国土资源厅
新疆维吾尔自治区国土资源厅
西藏自治区国土资源厅
南京市国土资源局
无锡市国土资源局
常州市国土资源局
苏州市国土资源局
南通市国土资源局
扬州市国土资源局
徐州市国土资源局
杭州市国土资源局
温州市国土资源局
宁波市国土资源局
嘉兴市国土资源局
湖州市国土资源局
广州市国土资源与房屋管理局
深圳市规划与国土资源委员会
珠海市国土资源局
佛山市顺德区国土城建和水利局
东莞市国土资源局
中山市国土资源局
汕头市国土资源局
湛江市国土资源局
武汉市土地与房屋管理局
襄樊市国土资源局
黄石市国土资源局
荆州市国土资源局
宜昌市国土资源局
长沙市国土资源局
岳阳市国土资源局
株洲市国土资源局
湘潭市国土资源局

衡阳市国土资源局
石家庄市国土资源局
秦皇岛市国土资源局
张家口市国土资源局
唐山市国土资源局
廊坊市国土资源局
保定市国土资源局
邯郸市国土资源局
太原市国土资源局
大同市国土资源局
呼和浩特市国土资源局
包头市国土资源局
沈阳市规划和国土资源局
大连市国土资源和房屋局
阜新市国土资源局
抚顺市国土资源局
本溪市国土资源局
辽阳市国土资源局
鞍山市国土资源局
丹东市国土资源局
锦州市国土资源局
长春市国土资源局
吉林市国土资源局
哈尔滨市国土资源局
齐齐哈尔市国土资源局
大庆市国土资源局
伊春市国土资源局
鹤岗市国土资源局
佳木斯市国土资源局
鸡西市国土资源局
牡丹江市国土资源局
合肥市国土资源局
芜湖市国土资源局
淮北市国土资源局
蚌埠市国土资源局
淮南市国土资源局
福州市国土资源局
厦门市国土资源与房产管理局
泉州市国土资源局
南昌市国土资源局
九江市国土资源局
济南市国土资源局
青岛市土地调查办公室
淄博市国土资源局
潍坊市国土资源局
烟台市国土资源局
临沂市国土资源局
枣庄市国土资源局
济宁市国土资源局
泰安市国土资源局
郑州市国土资源局
洛阳市国土资源局
焦作市国土资源局
新乡市国土资源局
安阳市国土资源局
开封市国土资源局
平顶山市国土资源局
南宁市国土资源局
柳州市国土资源局
北海市国土资源局

海口市国土环境资源局
成都市国土资源局
南充市国土资源局
宜宾市国土资源局
贵阳市国土资源局
昆明市国土资源局
西安市国土资源局
兰州市国土资源局
西宁市国土资源局
银川市国土资源局
乌鲁木齐市国土资源局
拉萨市国土资源局

北京首佳房地产评估有限公司
天津市地籍管理中心
上海市土地调查规划院
江苏金宁达不动产评估咨询有限公司
常州市土地交易市场
苏州天元不动产咨询评估有限公司
南通市土地市场服务中心
扬州市地价所
江苏苏地仁合土地房地产评估咨询有限公司
杭州信诚地产评估咨询有限公司
宁波远东不动产评估有限公司
温州市东瓯土地价格评估事务所有限公司
嘉兴市广远土地评估有限公司
湖州兴源地产评估咨询有限公司
广东中地土地房地产评估咨询有限公司
深圳市国土房产评估发展中心
广东思远土地房地产评估咨询有限公司
佛山市中毅土地房地产评估有限公司
东莞市平安地产估价有限公司
中山市置信土地房地产估价有限公司
广东弘实资产评估房地产土地估价有限公司
广东省地价评估中心
重庆华川土地房地产估价与资产评估有限责任公司
湖北永业行评估咨询有限公司
湖北永业行评估咨询有限公司襄樊分公司
湖北方天不动产评估咨询有限公司
宜昌市国土资源地价监测中心
长沙永信评估咨询有限责任公司
岳阳正阳土地评估咨询有限公司
湖南万源评估咨询有限公司
湖南国地评估咨询有限责任公司
衡阳地源评估咨询有限公司
河北师范大学资源与环境科学学院
秦皇岛市土地收购储备交易中心
河北新世纪房地产评估经纪有限公司
唐山市地产评估咨询中心
北京博林不动产评估有限公司
保定市地产评估中心
邯郸市国土资源评估中心
山西原源地产评估咨询有限公司
大同市建设用地事务中心
内蒙古自治区土地勘测规划院
包头市国土资源产权管理与服务中心
沈阳市地产咨询评估中心
大连天石不动产顾问有限公司
阜新金衡不动产评估有限责任公司
抚顺市恒信土地评估有限责任公司

本溪崄地土地估价事务所有限责任公司
辽阳金华土地资产评估有限公司
鞍山市土地储备交易中心
辽宁国地土地资产评估有限公司
辽宁天力土地房地产估价有限公司
吉林恒正不动产评估咨询有限责任公司
吉林市国地资产评估咨询有限责任公司
哈尔滨国源土地房地产估价有限公司
黑龙江省土地勘测利用技术中心
合肥金土地咨询评估有限责任公司
安徽新天地不动产评估有限公司
淮北市地价管理所
蚌埠市中地地产评估有限责任公司
淮南市嘉华地产评估咨询有限责任公司
福州市土地矿产交易中心
福建建友资产评估土地房地产估价有限责任公司
厦门市大学资产评估有限公司
福建大地评估咨询有限公司
南昌正信不动产估价咨询有限公司
江西省国土资源勘测规划院
山东正衡土地房地产评估有限公司
青岛衡元德地产评估策划有限责任公司
淄博市土地交易中心
潍坊正信土地房地产评估有限公司
烟台卫正地产评估有限公司
临沂市土地勘察规划站
山东正衡土地房地产评估有限公司
山东仁和土地房地产评估咨询有限公司
山东颐通土地房地产评估测绘有限公司
郑州豫华土地评估咨询有限公司
洛阳市土地登记评估中心
焦作市国土资源登记评估中心
新乡市地产中心
安阳市金土地价评估事务所有限责任公司
河南方迪土地房地产估价有限公司
平顶山市金鹰土地评估咨询有限公司
广西开元行土地评估有限责任公司
柳州市金鼎不动产评估咨询有限责任公司
北海市地产交易中心
海口琼地不动产评估有限公司
四川大成房地产土地评估有限公司
南充市地价评估事务中心
宜宾兴地不动产咨询评估有限公司
贵州仁和行不动产评估有限公司
昆明超凡地价评估咨询有限公司
昆明市国土规划勘察测绘研究院
陕西华地房地产估价咨询有限公司
兰州市国土资源评价研究院
西宁市土地估价事务所
宁夏博源估价师事务所（有限公司）
新疆国地不动产评估有限责任公司
拉萨市地价评估事务所
辽宁省矿业权交易中心（辽宁省国土资源市场监测中心）
安徽省国土资源储备发展中心
四川省国土勘测规划研究院

目 | 次

CONTENTS

01 部分 全国主要城市地价总体状况

02 部分 重点区域城市地价总体状况

03 部分 重点城市地价整体状况

04 部分 附 录

前｜言

FORWORD

城市地价是城市土地市场信息的核心指标，是反映城市土地资源配置状况的重要信号，也是反映整个宏观市场经济环境的重要指标。为了适时和准确地观测了解城市土地市场状况，满足国土资源参与宏观调控的战略需求，从1999年开始，国家通过新一轮国土资源大调查项目在全国主要城市和重点地区的城市部署了地价调查工作，并从2001年起将工作重点逐步转移到对全国重点城市和重点地区城市的地价状况进行日常监测，加强对城市地价动态变化进行宏观分析，以及向社会提供客观、系统的地价信息的目标上，并建立了国家级的城市地价动态监测系统。

根据国土资源大调查实施纲要的统一部署，全国城市地价动态监测由国土资源部土地利用管理司负责专项计划管理，中国土地勘测规划院负责组织实施。十年来，组织了全国各级国土资源管理部门、科研院所、中介机构、专业公司共300余家作为项目承担单位，共有3000余名专业技术人员参与了城市地价动态监测的基础建设工作。一是对城市土地级别与基准地价进行全面调整和更新；二是在全国105个城市建立了11000多个城市地价标准宗地；三是开发建设和运行城市地价动态监测系统，全国城市地价动态监测系统工作正逐步规范化和制度化。

国家级城市地价动态监测主要对全国主要城市和重点地区城市的地价状况进行宏观监测。2009年度城市地价监测的对象重点为全国各省会城市、直辖市和包括长江三角洲地区、珠江三角洲地区、京津地区及长江流域等重点地区的城市地价状况。在今后的发展中，将逐步扩大监测范围，特别是增加对一些重要经济区域的城市地价状况的监测。

国家级城市地价动态监测的主要内容包括四个方面，一是全国大城市和重点地区城市的地价水平总体状况；二是全国大城市和重点地区城市的地价变化的总体趋势；三是全国大城市和重点地区城市的地价的空间结构特征；四是全国大城市和重点地区城市的城市地价与市场及经济环境协调性等。

为全面系统地反映全国城市地价状况，城市地价动态监测实行季度和年度报告制度，本书为2009年全国城市地价动态监测的年度报告。国土资源部土地利用管理司为城市地价动态监测工作的行政主管单位，中国土地勘测规划院负责组织实施和监测技术分析，并组织完成监测报告的编写。本书总体统稿工作由城市地价动态监测分析组完成，各章节初稿编写人员分工如下：前言和概述：中国土地勘测规划院城市地价动态监测组；第一部分：朱道林、古丽、李瑶；第二部分：吕萍、滕源、严冰燕（2009年环渤海地区城市地价动态监测报告），朱道林、古丽、吴瑞（2009年长江三角洲地区城市地价动态监测报告），胡红兵、谢戈力、薛红霞、朱晓岚（2009年珠江三角洲地区城市地价动态监测报告），王秀兰、何俊鑫（2009年长江沿线经济带城市地价动态监测报告）；第三部分：中国土地勘测规划院城市地价动态监测组；第四部分：胡江、张媛媛、顾长春、王萌（2009年我国城市地价与房价关系专题报告），俞明轩、周亚楠（2009年我国城市房地产租价比专题报告）。

编者

2010年4月

概 | 述

INTRODUCTION

一、监测范围

2009 年全国城市地价监测的范围如下：

一是全国主要城市，包括：北京、天津、石家庄、太原、呼和浩特、沈阳、大连、长春、哈尔滨、上海、南京、杭州、宁波、合肥、福州、厦门、南昌、济南、青岛、郑州、武汉、长沙、广州、深圳、南宁、海口、重庆、成都、贵阳、昆明、西安、兰州、西宁、银川、乌鲁木齐、拉萨、唐山、秦皇岛、邯郸、保定、张家口、廊坊、淄博、枣庄、烟台、潍坊、济宁、泰安、临沂、开封、洛阳、平顶山、安阳、新乡、焦作、鞍山、抚顺、本溪、丹东、锦州、阜新、辽阳、吉林、齐齐哈尔、鸡西、鹤岗、大庆、伊春、佳木斯、牡丹江、无锡、徐州、常州、苏州、南通、扬州、温州、嘉兴、湖州、泉州、珠海、汕头、佛山市顺德、湛江、东莞、中山、芜湖、蚌埠、淮南、淮北、九江、黄石、宜昌、襄樊、荆州、株洲、湘潭、衡阳、岳阳、柳州、北海、南充、宜宾、大同、包头等城市。其中前 36 个城市主要是各省会、自治区首府所在城市、直辖市及计划单列市，属于重点监测城市。

二是三大重点监测地区，主要包括环渤海、长江三角洲、珠江三角洲地区以及长江沿线经济带。其中，环渤海地区主要包括北京、天津、唐山、秦皇岛、廊坊、大连、锦州、鞍山、丹东、辽阳、烟台、潍坊；长江三角洲主要包括上海、南京、苏州、无锡、常州、南通、扬州、徐州、杭州、宁波、温州、嘉兴、湖州等城市；珠江三角洲地区主要包括广州、深圳、珠海、佛山顺德、东莞、中山等城市；长江流域主要包括宜宾、重庆、宜昌、荆州、岳阳、武汉、黄石、九江、芜湖、南京、扬州、常州、南通、上海。

为了分析的需要和方便，在地价监测中以经济发展状况为主要因素，以海陆位置为基础省级行政区域为基础，将全国 36 个重点监测城市划分为东部、中部和西部地区。其中，东部地区包括北京、天津、石家庄、济南、青岛、沈阳、大连、上海、南京、杭州、宁波、福州、厦门、广州、深圳、海口、南宁；中部地区包括郑州、长春、哈尔滨、合肥、南昌、武汉、长沙、太原、呼和浩特；西部地区包括重庆、成都、贵阳、昆明、西安、兰州、西宁、银川、乌鲁木齐、拉萨。另外，根据城市经济发展水平和地价总体水平等具体情况，将全国 36 个重点监测城市划分为华北、东北、华东、中南、西南、西北六个监测区域。其中：华北区域包括北京、天津、石家庄、太原、呼和浩特；东北区域包括沈阳、大连、长春、哈尔滨；华东区域包括济南、青岛、上海、南京、杭州、宁波、福州、厦门、合肥、南昌；中南区域包括郑州、广州、深圳、海口、武汉、长沙、南宁；西南区域包括重庆、成都、贵阳、昆明、拉萨；西北区域包括西安、兰州、西宁、银川、乌鲁木齐。

二、监测时段

2009 年度城市地价监测时段为 2009 年 1 月 1 日至 2009 年 12 月 31 日。

三、监测数据来源

按照城市地价监测技术规范，2009 年度城市地价监测的数据主要通过市场调查的方式获得，具体分为三大部分：一是监测点的地价数据，在监测点体系的基础上通过市场调查和评估的方式获得；二是土地市场的交易地价数据，通过调查土地买卖价格获得；三是与地价相关的其他数据，主要来源于有关统计资料。

城市地价监测数据由各城市的承担地价监测任务的有关机构采集和提供。

四、地价监测指标体系

根据城市地价监测技术规范和地价监测系统建设运行的实际情况，2009 年度全国城市地价监测的指标有：①地价平均值，主要反映地价水平状况；②地价增长率及地价指数，主要反映地价变化状况；③土地供需指标、房屋供需指标、房屋指数等，主要反映地价与房地产市场协调度；④经济增长率、固定资产投资指标等相关指标，主要反映地价与宏观经济的协调度。

五、重要概念解释

⑴地价。地价指正常市场条件下土地使用权价格。本报告所称地价指的是城市整体地价，而不是指具体交易地价或者是城市局部地区地价。

⑵地价水平值。地价水平值是反映地价水平高低的指标，采用平均地价表示。值得说明的是，由于地价水平值所对应的是区域性的土地区位和土地使用条件，主要用来衡量整体地价水平的高低，具有很强的宏观性指标意义。本报告所称地价水平值分为地价综合水平值、商业地价水平值、居住地价水平值和工业地价水平值四种。其中，地价综合水平值不是指综合用途土地的价格水平值，而是三种不同用途地价水平值的平均处理值。

⑶地价增长率。地价增长率是反映地价水平同期增长程度的指标，通过本年度（监测年）与上一年度同期地价水平变化比较计算得到。

⑷监测点地价。监测点地价是指为城市地价动态监测设立的各个监测点的土地价格水平值，通过评估方式取得，是一种技术性的地价。

⑸总体、整体、综合。本报告中，“总体”一般描述一个地区各个城市的平均状况，如“全国总体地价水平值”指反映全国范围各城市的地价水平值；“整体”一般描述某一城市或城市内某一区片的地价平均状况，如“北京市整体地价水平值”指反映北京市范围的地价水平值；“综合”一般描述同一城市或地区的不同用途土地的平均状况，如“地价综合水平值”指不同用途地价平均值的综合。

六、动态监测数据解读

全国城市地价动态监测工作始于 1999 年，到 2008 年，监测范围由最初的 6 个城市拓展到 105 个城市，基于全国直辖市、省会城市、计划单列市和区域主要城市的地价监测体系已基本建立。随着监测工作的逐步展开，地价监测技术、方法、工作机制等在 2005 年、2008 年先后进行了两次大的调整。

2005 年适应监测指标测算精细化需求，试行新的《城市地价动态监测技术规范》，地价水平等指标采用更准确、科学的面积加权方法测算，当年的综合、商业、居住、工业地价水平值与之前出现较大差异，在水平值层面与以往不具可比性。

2008 年，国土资源部《关于进一步加强城市地价动态监测工作的通知》（国土资发 [2008]51 号文）要求在拓展监测范围到 105 个城市的同时，各监测城市的监测范围需要重新备案。因近年城市化发展较快，多数原有监测城市的监测范围均发生较大变化，致使 2008 年的综合、商业、居住、工业地价水平值与之前出现较大差异，在水平值层面与以往不具可比性。

但是，综合、商业、居住、工业用地地价指数、地价增长率仍可反映各区域、城市的实际地价变化情况。

特别说明：本报告所有数据及结论都基于城市地价监测系统的调查分析技术体系，任何解释都须在此基础上进行。本报告的解释权为全国城市地价动态监测项目组。

01 部分 全国主要城市地价总体状况

CLV
Annual Report on Cities Land Price of China 2009
2009 中国城市地价状况
国土资源部土地利用管理司
中国土地勘测规划院

一、2009 年全国主要城市地价状况

（一）地价总体水平

2009 年全国地价水平值商业用地最高，居住用地其次，工业用地最低；36 个重点监测城市各用途均价略高于全国平均水平。全国（105 个监测城市）总体综合地价水平值为 2653 元／平方米，其中商业地价最高，为 4712 元／平方米；其次为居住地价，为 3824 元／平方米；工业地价最低，为 597 元／平方米。36 个重点监测城市综合地价水平值为 3565 元／平方米，各用途均价略高于全国平均水平，与全国各用途地价变化规律一致，其中商业地价为 5837 元／平方米，居住地价为 5117 元／平方米，工业地价为 719 元／平方米（图 1-1-1）。

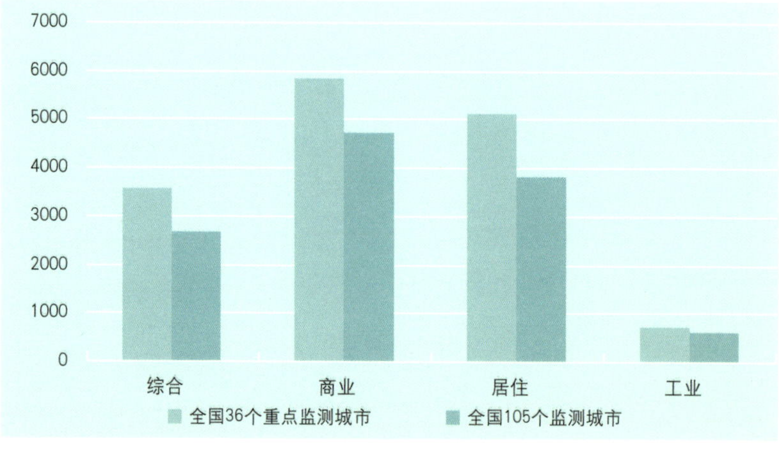

图1-1-1　2009年全国监测城市地价水平值（元/平方米）

（二）地价增长率变化情况

2009 年全国总体地价水平涨幅较明显，各用途地价涨幅均高于 2008 年，但低于 2007 年水平。2009 年全国 105 个监测城市综合地价增长率为 5.05%，同比较 2008 年提高了 4.58 个百分点。商业、居住、工业地价增长率都有所上升，其中，商业地价增长率为 5.54%，提高了 4.58 个百分点；居住地价增长率为 7.92%，提高了 7.71 个百分点；工业地价增长率为 1.56%，提高了 1.02 个百分点。

2009 年全国 36 个重点监测城市综合地价增长率为 5.66%，与 2008 年 0.18% 的综合地价增长率相比，提高了 5.48 个百分点。其中，商业地价增长率为 5.54%，提高了 4.63 个百分点；居住地价增长率为 8.63%，提高了 8.20 个百分点；工业地价增长率为 2.04%，提高了 2.50 个百分点。从 2001 ~ 2009 年 36 个重点监测城市分用途地价增长率变化情况来看，2004 年、2007 年和 2009 年呈现出三个波峰，特别是 2007 ~ 2009 年的各用途地价增幅均呈现出 V 型走势，2009 年各用途地价涨幅均高于 2008 年，但低于 2007 年水平（图 1–1–2）。

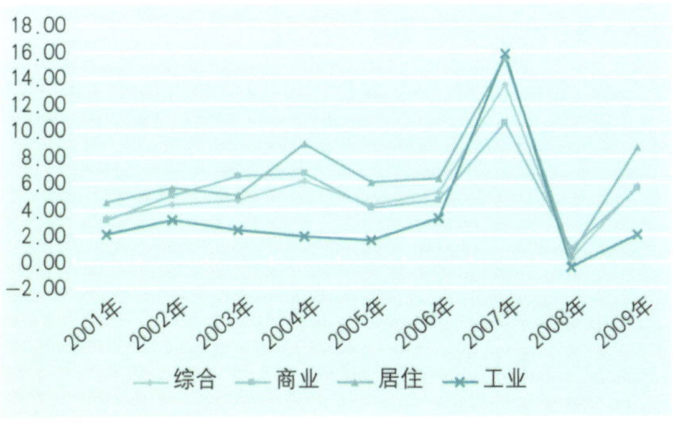

图1–1–2 2001～2009年全国重点城市平均地价增长率（%）比较

（三）2009 年各季度地价增长率变化情况

2009 年全年综合地价增长率呈逐季度上升趋势。其中，36 个重点监测城市变化趋势与全国保持一致，波动幅度大于全国水平。1 ~ 4 季度，全国 105 个监测城市综合地价环比增长率依次为 –0.89%，0.82%，1.90% 和 3.01%；36 个重点监测城市综合地价环比增长率依次为 –1.53%，1.27%，2.49%，3.06%。全国 105 个监测城市和 36 个重点监测城市综合地价均呈逐季度上升趋势，其中，36 个重点监测城市增长率波动幅度大于全国水平。这反映了一、二线重点监测城市对市场变化的反应更敏感，更迅速（图 1–1–3）。

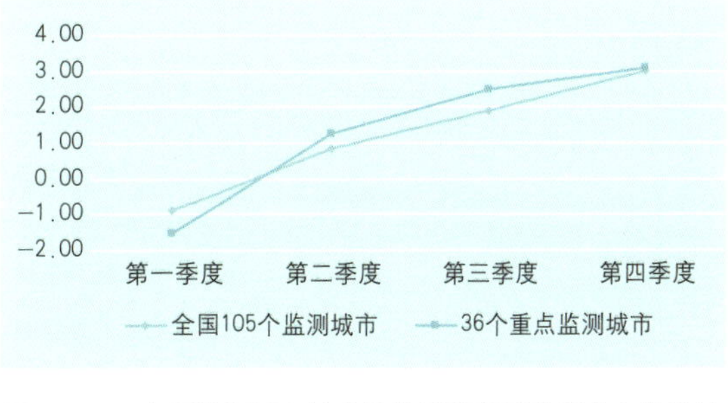

图1–1–3 全国监测城市综合地价增长率(%)季度变化比较

（四）三个重点区域地价变化

三个重点地区中，长江三角洲地区综合地价水平值最高；珠江三角洲地区综合地价增长率最高；环渤海地区综合地价水平值和综合地价增长率均为最低。

从地价水平值来看，三个重点地区综合地价水平值均高于全国平均水平。其中，长江三角洲地区综合地价水平在三个重点地区内最高，为 4126 元 / 平方米，珠江三角洲地区次之，为 3460 元 / 平方米，环渤海地区最低，为 2899 元 / 平方米。三个重点地区的商业、居住、工业地价水平值均高于全国的平均水平。延续 2008 年的趋势，珠江三角洲地区的商业地价水平值高于居住和工业地价水平值，且远远高于其他地区的商业地价水平值，为9752元/平方米，约为全国平均商业地价水平值的2倍。长江三角洲地区的居住和工业地价水平值均为全国最高，分别为6800元/平方米、763元/平方米；环渤海地区的各用途地价水平值均为最低，商业、居住、工业地价水平值分别为5062元/平方米、4379元/平方米、615元/平方米（表1-1-1）。

表1-1-1　2009年全国及重点监测区域不同用途地价水平值

各区域	地价水平值（元/平方米）			
	综合	商业	居住	工业
全国	2653	4712	3824	597
长江三角洲地区	4126	7063	6800	763
珠江三角洲地区	3460	9752	5894	698
环渤海地区	2899	5062	4379	615

从地价增长率来看，环渤海地区城市综合地价增长率均最低，为2.83%，远低于全国5.05%的平均水平；商业、居住、工业地价增长率均低于全国平均水平，分别为2.10%，5.03%和0.55%，并且商业、居住地价增长率均低于其他两个重点监测区域。珠江三角洲地区综合地价增长率最高，为9.47%，商业、居住、工业地价增长率均高于全国及其他两个重点监测区域平均水平，分别为16.07%，14.83%、4.28%。长江三角洲地区的综合地价增长率居中，为6.37%，工业地价增长率低于全国及其他两个重点监测区域，为0.07%（图1-1-4）。

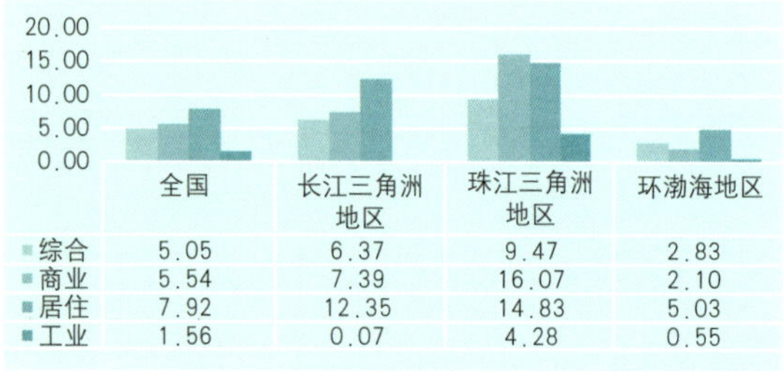

图1-1-4　2009年全国及三大重点监测区域不同用途地价增长率(%)比较

（五）全国东、中、西部城市地价变化

全国东、中、西部城市地价水平差异较大，东部地区地价水平明显高于中、西部地区。

从地价水平值来看，全国36个重点监测城市中，东、中、西部地区地价水平差异较大，东部地区综合地价水平值最高，达5080元/平方米；中部地区最低，为1766元/平方米；西部地区高于中部地区水平值，但远低于东部地区水平值，为2549元/平方米（表1-1-2）。

表1-1-2　2009年东、中、西部地区不同用途地价水平值

各地区	2009年地价水平值（元/平方米）			
	综合	商业	居住	工业
东部地区	5080	10410	8210	843
中部地区	1766	2713	2030	525
西部地区	2549	4796	3132	547

从地价变化态势来看，综合地价增长率是东部地区最高，为7.77%，中部和西部地区增长率相近，分别为3.87%，3.83%。从不同用途地价增长率来看，东、中、西部地区均是居住地价增长率最高，商业次之，工业最低，反映了2009年居住用地需求过热引起居住地价快速增长的事实。与2008年相比，2009年东、中、西部地区综合地价增长率均有不同程度的提高，其中，东部地区提高了8.64个百分点，中部地区提高了0.37个百分点，西部地区提高了3.85个百分点（图1-1-5）。

东、中、西部地区各季度综合地价涨幅变化趋势与全国基本保持一致，呈现出由第一季度下

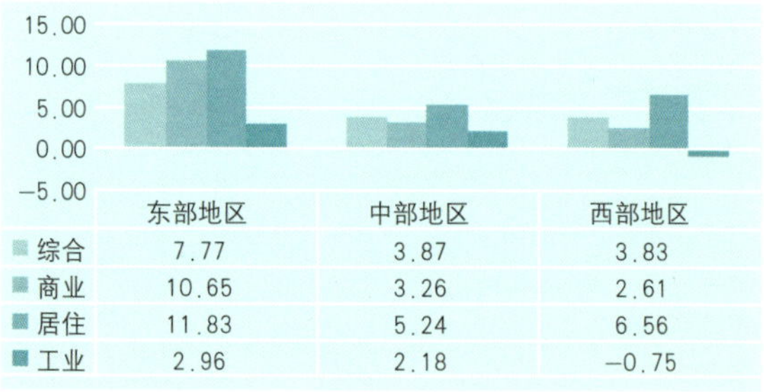

图1-1-5　2009年东、中、西部地区不同用途地价增长率(%)比较

降或小幅上涨到第二、第三、第四季度逐步上涨的趋势，但是，东部地区第四季度有小幅回落。经济发达的东部地区对市场变化反应高度敏感，其各季度综合地价增长率的变化幅度均为最大，中部和西部地区增长率变化幅度相对较小（图 1-1-6）。

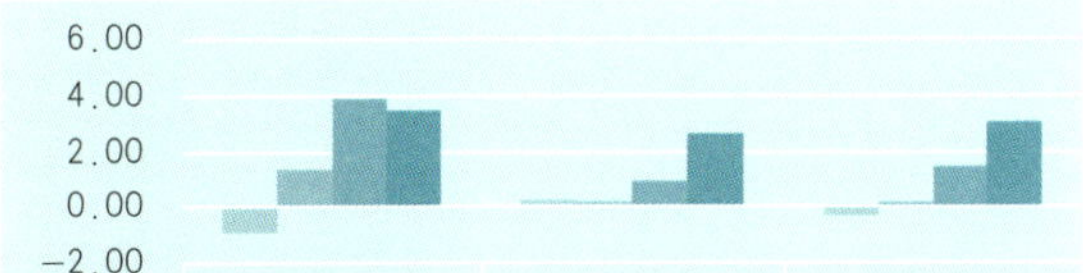

	东部地区	中部地区	西部地区
第一季度	-1.09	0.07	-0.52
第二季度	1.37	0.19	0.18
第三季度	3.88	0.97	1.44
第四季度	3.46	2.62	3.07

图1-1-6　2009年东、中、西部地区季度综合地价增长率(%)比较

（六）全国六大区域地价变化

全国六大区域地价水平值总体呈现南高北低、东高西低的特点，地价增长率与地价水平值的变化趋势基本一致。

全国 36 个重点监测城市中，各区域城市平均综合地价水平由高到低依次是华东区、中南区、西南区、华北区、东北区、西北区，其综合地价水平分别为 6604 元 / 平方米、3346 元 / 平方米、3189 元 / 平方米、2978 元 / 平方米、1981 元 / 平方米、1485 元 / 平方米，其中，只有华东区的城市地价高于 3565 元 / 平方米的全国平均水平，其他区域均低于全国平均水平。从地价的区域分布来看，基本呈现从南到北、从东到西的地价递减规律。

从不同区域的地价增长率变化情况来看，2009 年地价增长率与地价水平值的变化趋势基本一致。36 个重点监测城市综合地价增长率由高到低分别为：中南区、华东区、西南区、东北区、华北区、西北区，增长率分别为 9.56%、6.10%，4.64%，3.88%，2.47%，2.46%， 与 2008 年相比，华北区、西北区地价增长率分别下降了 4.34 个百分点、0.46 百分点；而东北区、华东区、西南区、中南区地价增长率分别提高了 0.80，8.33，6.39，11.35 个百分点。中南区是全国地价增长率最高的区域，其中，深圳市综合地价增长率最高，达到 33.16%。华北区和西北区的综合地价增幅较小，其中，华北区的石家庄市和西北区的兰州市地价变化相对平稳（表 1-1-3、图 1-1-7）。

表1-1-3　2009年全国分区域不同用途地价增长率及地价水平值

各区域	地价水平值（元/平方米）				地价增长率（%）			
	综合	商业	居住	工业	综合	商业	居住	工业
全国	3565	5837	5117	719	5.66	5.54	8.63	2.04
华北区	2978	3168	4592	781	2.47	1.20	3.66	2.06
东北区	1981	3926	2144	506	3.88	4.40	5.21	1.29
华东区	6604	14546	9399	932	6.10	7.03	10.21	-0.21
中南区	3346	7291	5255	719	9.56	13.42	13.85	4.76
西南区	3189	6944	3824	553	4.64	3.61	7.93	-1.89
西北区	1485	2452	1779	537	2.46	1.50	3.77	0.95

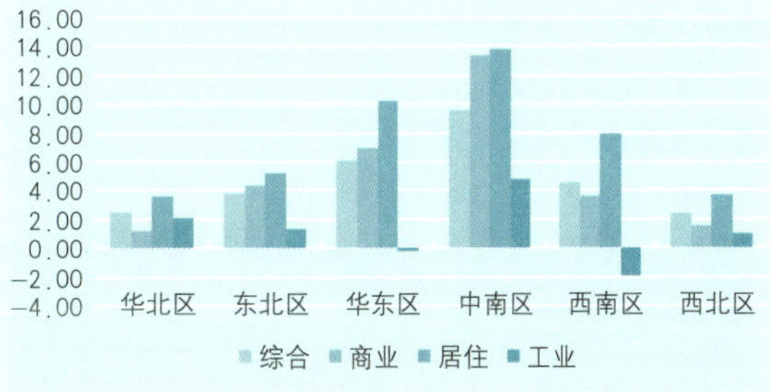

图1-1-7　2009年全国分区域不同用途地价增长率(%)比较

二、2009年全国城市地价与房地产市场关系分析

（一）地价与房价变化情况

2009年，全国商住综合地价与商品房价格均呈快速上涨趋势，房价上涨幅度远高于地价，商品房价格及增长率均为2001年以来最高水平。

2009年，全国商业和居住综合平均地价为4053元/平方米，平均增长率为7.31%；全国商品房平均价格为4695元/平方米，平均增长率为23.54%，高出地价增长率16.23个百分点，房价上涨幅度远高于地价上涨幅度。

2001年以来，我国的商住综合地价逐年上涨，但近年来存在较大的波动。2001～2006年的年平均地价增长率保持在5%～8%之间，基本处于稳定增长期；2007年出现快速增长，年增长率高达14.92%，2008年受全球金融危机影响下降到0.59%，2009年又达到7.31%，基本体现出与宏观经济变化相一致的波动性。全国商品房平均价格的变动趋势与地价变化趋势基本一致，但波动幅度更为突出。2001～2007年，全国商品房价格逐年上涨，其中，2004年、2005年、2007年3年的增长率较大，均在10%以上，2004年增长率甚至高达17.76%。2008年商品房价格出现小幅下降，2009年又迅速攀升，达到历史高点，波动幅度更加突出（表1-2-1）。

表1-2-1　2001年以来监测城市商住综合地价与商品房价格及增长率

年份	商住综合地价（元/平方米）	地价增长率（%）	商品房销售价格（元/平方米）	房价增长率（%）
2001	1315		2170	
2002	1340	6.02	2250	3.69
2003	1663	6.30	2359	4.84
2004	1697	7.92	2778	17.76
2005	2070	5.27	3168	14.04
2006	2280	6.96	3367	6.28
2007	2613	14.92	3864	14.76
2008	3664	0.59	3800	−1.61
2009	4053	7.31	4695	23.54

数据来源：商住综合地价依据中国城市地价动态监测系统提供的商业、居住两种用途地价按面积加权所得，其中因测算方法不同，地价监测范围有异，2001～2004年、2005～2007年、2008～2009年三者地价水平值测算结果不能直接比较；2001～2008年商品房价格来自《中国统计年鉴》，2009年商品房价格来自中国指数研究院1～12月数据。

（二）2009年全年房地产开发用地供应呈现量价齐涨态势，房地产开发用地供应中居住用地所占比重略有提高

2009年，全年房地产开发用地供应102840.16公顷，同比增加36.7%，占土地供应总量的32.2%，同比下降1.8个百分点。其中，居住用地供应76460.89公顷，同比增加38.8%。居住用地供应量占房地产开发用地供应总量的74.3%，同比提高1.1个百分点；商服用地供应26379.27公顷，同比增加31.1%。商服用地供应量占房地产开发用地供应总量的25.7%，同比下降1.1个百分点。

（三）多数城市房价、地价同步增长，一线城市住宅价格和居住地价水平值均出现较大增幅

总体来看，2009年全国各主要城市土地及房地产市场出现明显回升，土地供应量和监测地价、商品房交易量和交易价格均明显上升，特别是深圳、宁波、上海等一、二线城市的地价和房价都出现了较大反弹（35个重点监测城市居住用地地价与住宅价格变化比较见图1-2-1所示）。

经济发展较快的地区，如长江三角洲地区、珠江三角洲地区、京津地区等城市化水平较高地区的城市，城市人口基数较大，增长较快，住宅的自住需求和投资需求都很旺盛，房地产市场相对而言也更为活跃，居住用地地价和住宅价格明显高于经济发展水平较低的城市。

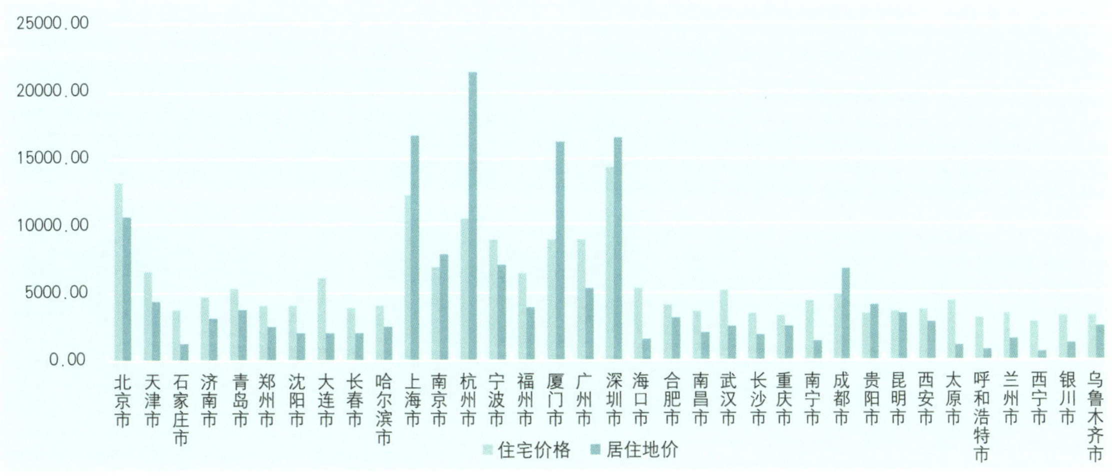

图1-2-1　我国主要城市住宅价格与居住用地地价（元/平方米）

相关性分析结果表明，35 个重点监测城市的居住用地地价和住宅价格相关系数为 0.848，二者之间呈现出较大的相关性。

就房地价关系而言，不同城市居住用地地价与房价之比存在差异，总体平均值为 31.29%。考虑平均开发周期，以在售楼盘的土地取得时间为三年前推算，2009 年在售楼盘实际土地购置成本占房价的比值为 24.74%。长江三角洲、珠江三角洲以及环渤海等地区的一些城市比例较高。主要原因是经济发展水平较高，市场竞争更为激烈，土地价值得以充分体现。

（四）重点城市各租价比分析

2009 年，房地产市场在宽松的货币政策及各项优惠政策的持续刺激下，投资性需求增加，且在通货膨胀预期等多种因素作用下，新建商品房和二手房市场均呈现销售价格快速上涨、成交量大幅上升的态势；租赁市场上半年由于供大于求，租金水平呈下降趋势；下半年由于在利好政策的刺激下，大量二手房转租为售，住宅租赁供应房源相对不足使得租金水平有所回升。总体而言，由于住宅价格大幅上涨，住宅租价比较 2008 年有明显下降。

商业物业于 5、6 月份出现回暖迹象，进入第三季度，商业物业销售市场整体转好，销售价格回升较大，高于 2008 年同期水平。商业物业租赁市场上半年受全球金融危机影响，租赁需求呈下降态势，租金水平持续下降；第三季度经济环境回暖、整体市场气氛转好，投资者信心有所恢复，商业物业需求增多，租金水平环比上涨，但仍低于 2008 年同期水平，商业物业租价比小幅下降。

工业厂房租售市场在国家出台的一系列“扩内需，保增长”政策特别是“十大产业振兴规划”、《国务院关于进一步促进中小企业发展的若干意见》等政策实施的影响下，制造业和服务业复苏，企业投资和扩大再生产的信心提升，厂房租赁日趋活跃，成交量逐步恢复。租金上涨幅度普遍高于售价上涨幅度，租价比与 2008 年相比略有上升（表 1–2–2）。

表1–2–2　2004年以来几大城市住宅、商业物业、厂房租价比

单位：%

近6年6大城市住宅租价比						
年份	2004年	2005年	2006年	2007年	2008年	2009年
北京市	6.68	6.42	6.11	4.83	4.59	3.81
深圳市	6.69	6.35	6.02	4.34	4.17	3.62
上海市	6.56	6.80	6.92	5.50	4.71	3.75
杭州市	5.34	5.74	5.96	5.28	5.5	3.84
天津市	6.04	5.87	5.94	5.11	4.58	3.97
青岛市	6.76	6.15	6.31	5.30	4.13	3.37
近5年6大城市商业物业租价比						
北京市		8.73	9.02	9.11	8.93	8.41
深圳市		8.96	9.13	9.19	6.36	5.12
上海市	—	8.87	9.24	9.32	7.59	7.01
杭州市		7.95	8.06	7.67	6.53	6.29
天津市		7.39	7.78	7.42	8.05	7.91
青岛市		8.50	8.78	8.27	6.17	5.73
近5年5大城市工业厂房租价比						
北京市		4.99	5.31	5.83	6.48	6.67
深圳市		—	—	—	5.37	6.83
上海市	—	5.07	5.54	6.69	7.08	7.91
杭州市		—	—	—	7.51	5.20
天津市		4.87	5.22	5.70	5.74	6.31

三、2009 年全国城市地价变化与社会经济发展关系分析

（一）城市地价与宏观经济基本保持同步增长趋势，GDP 增长率高于地价增长率

据国家统计局发布的经济运行数据，2009 年全国国内生产总值 335353 亿元，按可比价格计算，比 2008 年增长 8.7%，增速比 2008 年回落 0.9 个百分点；全国主要城市综合地价增长率为 5.05%，增速同比上升 4.58 个百分点。总体来看，宏观经济稳定增长带动了土地需求，在投资性需求等各种影响因素的推动下，发达城市地价出现快速上升趋势。

（二）全国固定资产投资增长率有较大提高，增速加快，土地需求加大，土地市场量价齐升

2009 年，全社会固定资产投资达到 224846 亿元，比 2008 年增长 30.10%，增速比 2008 年提高了 4.60 个百分点。其中，城镇固定资产投资 194139 亿元，增长 30.50%，比 2008 年提高了 4.40 个百分点。2009 年全年房地产开发投资达到 36232 亿元，比 2008 年增长 16.10%，增速较 2008 年低 4.80 个百分点，36 个重点监测城市综合地价增长率为 5.66%，增速较 2008 年提高了 5.48 个百分点。固定资产投资增长率和房地产投资增长率都大幅超过 5.05% 的全国综合地价增长率，房地产开发投资增长率与综合地价增长率的变化趋势一致，且房地产投资增长率增速从 2007 年开始呈逐年减慢的趋势。

从各季度看，第一季度固定资产投资增长 6.2%，第二季度增长 7.9%，第三季度增长 9.1%，第四季度增长 10.7%，呈逐季度上升趋势。在城镇投资中，东部地区投资增长 23.9%，中部地区增长 36.0%，西部地区增长 35.0%，与 2008 年同比，东、中、西部地区的增长率分别提高了 2.6 个百分点、2.5 个百分点和 8.3 个百分点[①]。固定资产投资的增加，一定程度上拉动了土地需求，这也是引起 2009 年土地交易量价齐升的主要原因之一。

① 数据来源：国家统计局。

四、2009 年影响全国城市地价变化的主要因素分析

（一）国家扩内需、保增长及 4 万亿投资等各项政策措施，带动了土地需求的快速增长

为应对全球性金融危机，2008 年末国家出台了一系列的政策措施，提出了“保增长、扩内需、调结构”的总体部署，实施积极的财政政策和适度宽松的货币政策，尤其 4 万亿救市资金的逐步投放，既促进了宏观经济逐步向好，也在一定程度上刺激了土地需求增长，加之房地产市场投资性需求不断增加，引起土地价格不断上涨，土地供应也大幅增加。同时，国家一系列区域性规划的发布，如国家发展改革委《珠江三角洲地区改革发展规划纲要(2008 ~ 2020 年)》、国务院《关于支持福建省加快建设海峡西岸经济区的若干意见》、《关中—天水经济区发展规划》、《江苏沿海地区发展规划》、《横琴总体发展规划》、《辽宁沿海经济带发展规划》、《促进中部地区崛起规划》、《中国图们江区域合作开发规划纲要》、《国务院关于推进海南国际旅游岛建设发展的若干意见》等，一定程度上促进了区域性土地开发需求的增加，引起土地价格上涨。

（二）潜在的通胀预期、投资性需求不断增长，是引起房价、地价快速上涨的直接因素

在后金融危机时期，尤其是全球性救市资金的大量投放，潜在的通

货膨胀预期成为所有投资者关心的重点；加之在金融危机时期蓄积的购房需求需要释放，蓄积的流动性资金需要找到投资领域，在实体经济尚不明朗、土地资源有限而房地产需求不断增长的背景下，最终导致了2009年的全国性房价、地价快速上涨的现实。2008年居民购房普遍存在观望态度，导致房价略有下跌（−1.61%），2009年初很快出现“小阳春”，紧接着是持续上涨，最终达到了全年房价上涨25.92%的历史高点，这在很大程度上拉动了地价快速上涨。随着商品房交易量的激增，一方面个人及房地产开发企业对房价走高的预期较为乐观，另一方面造成部分持观望态度的居民在恐慌心理下购房，刺激投资性需求，房屋销售市场逐渐呈现非理性增长趋势，同时拉动城市地价的持续上涨。

（三）国家在房地产投资领域的金融政策调整，在刺激经济增长的同时，也促进了房地产投资增加，一定程度上推动了地价上涨

2008年9月16日至2009年底，央行5次降息和4次下调存款准备金率，2009年国务院办公厅落实和出台有关信贷、税收系列政策措施，如废止城市房地产税、实行首套住房七折优惠贷款利率、将转让个人住房征收营业税的期限从5年调整为2年、首次下调商品房固定资产投资项目比例、支持房地产开发企业应对市场变化等，这一系列措施的出台，既鼓励了住房合理消费、增加了内需，也放松了房地产“银根”、降低了房地产开发企业的融资门槛，在一定程度上促进了房地产开发需求增加，进而引起房价、地价快速上涨。据国家发展改革委数据显示，2009年全国GDP增长8.7%，全社会固定资产投资增长30.1%①，房地产开发投资增长16.1%，广义货币供应量余额为60.62万亿元，增幅比2008年末高9.86个百分点；狭义货币供应量余额为22.00万亿元，增幅比2008年末高23.29个百分点，货币流通量余额为3.82万亿元，同比增长11.77%②。

---

① 数据来源：国家统计局。
② 数据来源：新华网2010年1月21日转载《经济日报》的文章：《数据解读：9.59万亿元 为经济企稳回升提供保障》（记者王智）。

五、2010 年全国城市地价变化趋势分析

（一）金融与税收政策的调整将作用于房地产市场，并直接影响地价走势

首先，2009 年，宏观经济在各项调控措施作用下已经逐步回暖，2010 年国家在宏观调控方面的各项措施预期有所调整，这将对土地及房地产开发的金融环境、供求关系产生直接影响，并进而影响地价走势；其次，2009 年全国各主要城市普遍出现了房价、地价过快上涨的局面，对此，国家必将进一步研究制订抑制地价、房价过快上涨的政策措施。2009 年下半年，国土资源部发布《关于严格建设用地管理促进批而未用土地利用的通知》，要求地方政府加强建设用地批后监管，切实预防和制止未批即用、批而未征、征而未供、供而未用等现象发生，提高土地利用效率；财政部、国土资源部等五部委联合公布《关于进一步加强土地出让收支管理的通知》，将开发商拿地的首付款比例提高到了五成，且分期缴纳全部价款的期限原则上不超过一年；国务院常务会议决定，个人住房转让营业税征免时限由 2 年恢复到 5 年。从目前的国家政策趋势来看，2010 年，还会有一系列调控政策跟进，地价上涨幅度或会有所放缓。

（二）一线城市居住地价增长将趋于平稳，须防止二、三线城市地价跟风上涨

总体来看，2009 年地价上涨幅度较大的主要是经济较发达的一线城市和东部沿海地区市场经济较活跃的城市。随着这些城市的地价达到一定水平，其用地成本已经大幅增加，受土地成本辐射效应的影响，部分用地和开发需求必将转向二、三线城市。同时，随着我国城镇化步伐加快，中小城市对住房用地需求会持续增大，首套购房优惠政策的持续实施、刚性购房需求的释放，将刺激二、三线城市房价的增长，从而激发城市居住地价的上涨。但是，二、三线城市的经济环境、基础设施状况、产业聚集程度等必然存在一定的差距，其市场需求弹性往往受到很多限制，因此必须防止二、三线城市地价跟风过快上涨。

（三）随着宏观经济逐步向好，工业用地需求有所上升，应密切关注工业用地价格变化趋势

2009 年，GDP 增长达到 8.7%，其中第二产业增加值达到 546320.04 万亿元，比 2008 年增加 9.4%。随着宏观经济逐步向好，多数地区正在逐步进行产业转型。2009 年年末闭幕的中央经济工作会议强调提高宏观调控水平，保持经济平稳较快发展，继续实施积极的财政政策和适度宽松的货币政策，把握好政策实施的力度、节奏、重点。国家政策对宏观经济已提出明确导向，随着经济形式的好转和 4 万亿投资及其后续效应的持续作用，以及工业用地最低价实施政策的调整，预计 2010 年工业用地需求将会增加，因此，在满足用地供应的同时，应关注工业用地价格的变化，制订实施差别化的工业用地价格政策。

02 部分 重点区域城市地价总体状况

Annual Report on Cities Land Price of China 2009

ZHONG GUO CHENG SHI DI JIA ZHUANG KUANG

CLV 2009 中国城市地价状况

国土资源部土地利用管理司

中国土地勘测规划院

一、2009 年环渤海地区城市地价动态监测报告

（一）2009 年环渤海地区地价总体情况

1. 环渤海地区综合地价水平值与增长率变化较为平稳，在三大重点监测区域中均位列最低

2009 年，环渤海地区综合地价为 2899 元／平方米，高于全国平均综合地价 2653 元／平方米，但低于长江三角洲地区和珠江三角洲地区平均水平（图 2–1–1）。

2009 年，环渤海地区综合地价增长率较低，从 2008 年的 6.02% 下降至 2.83%。同期，长江三角洲地区，珠江三角洲地区的综合地价增长率分别为 6.37%，9.47%。2009 年，环渤海地区不仅成为三大重点监测区域中综合地价增长最为平稳的地区，也低于全国 105 个城市 5.05% 的平均增长速度（图 2–1–2）。

2. 环渤海地区各用途地价略高于全国平均水平，但低于长江三角洲地区和珠江三角洲地区水平；各用途地价增长率中，除工业地价增长率高于长江三角洲地区外，其他均低于全国及各重点地区

2009 年，环渤海地区商业、居住、工业各用途地价水平分别为 5062 元／平方米、4379 元／平方米、615 元／平方米。其中，商业地价与长江三角洲地区和珠江三角洲地区商业地价水平相比，分别低 28.3%、48.1%，与全国平均水平相比，则高出 7%；居住地价较长江三角洲地区和珠江三

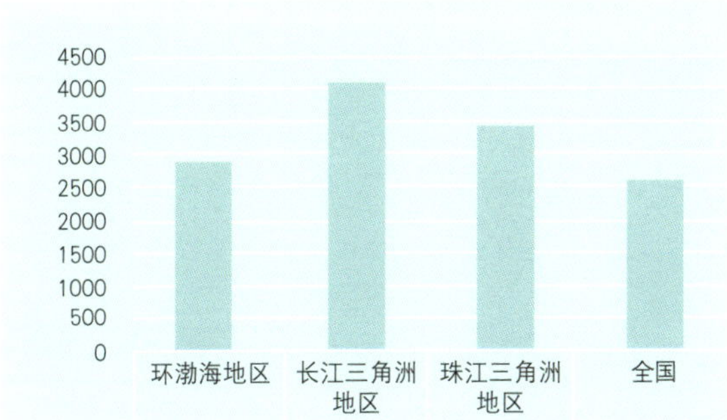

	环渤海地区	长江三角洲地区	珠江三角洲地区	全国
综合地价	2899	4126	3460	2653

图2-1-1　全国及三大重点监测地区综合地价水平（元/平方米）比较

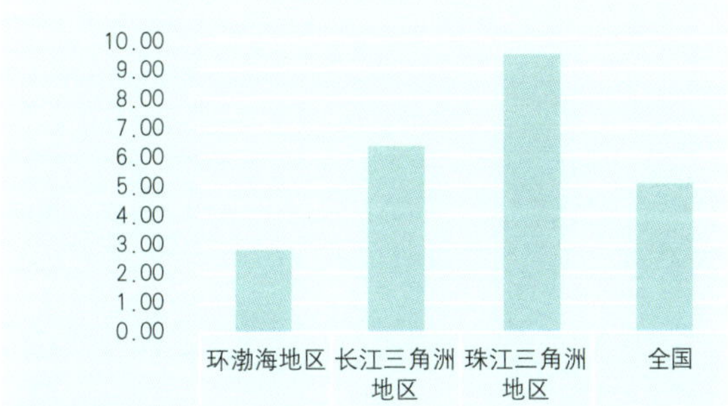

	环渤海地区	长江三角洲地区	珠江三角洲地区	全国
综合地价增长率	2.83	6.37	9.47	5.05

图2-1-2　全国及三大重点监测地区综合地价增长率（%）比较

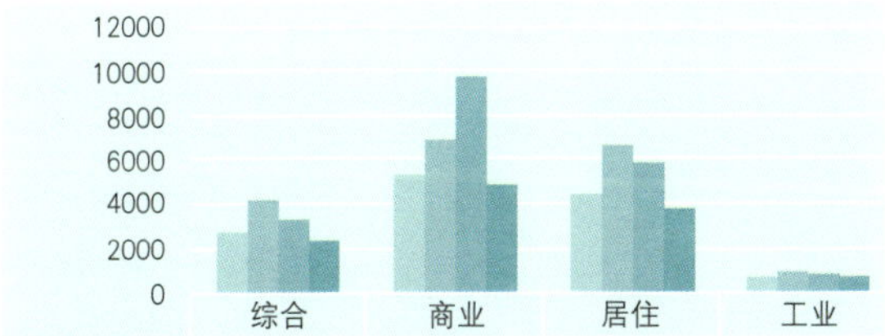

	综合	商业	居住	工业
环渤海地区	2899	5062	4379	615
长江三角洲地区	4126	7063	6800	763
珠江三角洲地区	3460	9752	5894	698
全国	2653	4712	3824	597

图2-1-3　2009年各重点区域分用途地价（元/平方米）比较

角洲地区居住地价分别低35.6%和25.7%，较全国平均水平则高出14.5%；环渤海地区工业地价与全国平均水平及其他重点监测区域平均水平差距相对较小（图2-1-3）。

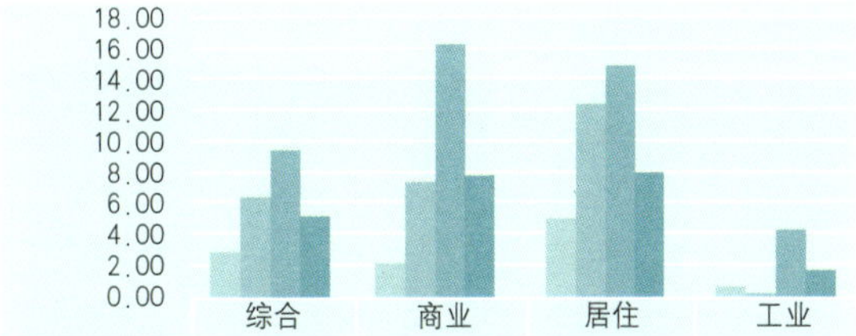

	综合	商业	居住	工业
环渤海地区	2.83	2.10	5.03	0.55
长江三角洲地区	6.37	7.39	12.35	0.07
珠江三角洲地区	9.47	16.07	14.83	4.28
全国	5.05	5.54	7.92	1.56

图2-1-4　2009年全国及各重点区域分用途地价增长率（%）比较

在环渤海地区各分用途地价中，居住地价增长率最高，为5.03%，超过商业地价增长率2.93个百分点，超过工业地价4.48个百分点。在三大区域分用途的地价增长率中，除了长江三角洲地区工业地价增长率0.07%，低于环渤海地区工业地价增长率0.55%外，环渤海地区各分用途地价增长率均低于全国和另两大重点区域的各分用途地价增长率。长江三角洲地区和珠江三角洲地区商业地价增长率分别为7.39%，16.07%，而环渤海地区商业地价增幅为2.10%。长江三角洲地区和珠江三角洲地区居住地价增长率分别为12.35%，14.83%，而环渤海地区居住地价增长率为5.03%。工业地价增长率由高到低依次为：珠江三角洲地区增长4.28%，全国平均增长1.56%，环渤海地区增长0.55%，长江三角洲地区增长0.07%（图2-1-4）。

3．环渤海地区各季度综合地价环比增长率先降后升，环比负增长的城市逐步减少

2009年上半年，环渤海地区综合地价环比出现了轻微下降，但下降幅度逐季放缓，下半年出现反转并开始上升，综合地价环比增长的幅度超过了上半年环比下降的幅度，这也促成了2009年环渤海地区综合地价的整体上升。

第一季度的综合地价环比增长率为−0.20%；在第二季度，环比下降幅度放缓，增长率为−0.12%；在第三季度，综合地价环比增长率转为正向增长，

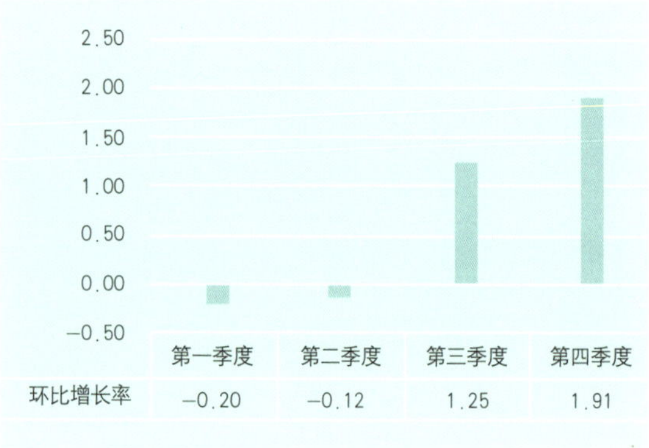

图2-1-5　2009年各季度环渤海地区综合地价环比增长率（%）比较

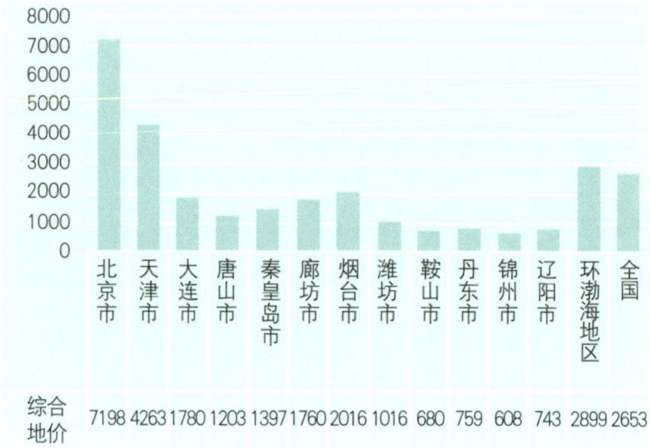

图2-1-6　2009年环渤海地区各监测城市综合地价（元/平方米）比较

表2-1-1　2009年环渤海地区监测城市各季度综合地价环比增长率为负的城市

	环比增长率为负的城市个数	下降百分比
第一季度	8	北京市（−2.64），大连市（−0.06），唐山市（−0.53），秦皇岛市（−0.15），廊坊市（−3.88），烟台市（−0.05），丹东市（−0.27），辽阳市（−2.55）
第二季度	3	鞍山市（−0.74），锦州市（−3.17），辽阳市（−2.49）
第三季度	1	辽阳市（−0.81）
第四季度	0	

为1.25%；到了第四季度，上涨的趋势更加明显，达到1.91%。全年地价出现了一个由跌到升的转折（图2-1-5）。

环渤海地区12个监测城市各季度的综合地价环比增长率也反映了全年地价先降后升的情况。第一季度里，12个监测城市中有8个城市的综合地价环比增长率为负；第二季度里，3个城市环比增长率为负，除辽阳外，第一季度环比下降的城市均转为上升，而鞍山市和锦州市环比增长率由正转负；第三季度只有辽阳市综合地价环比为负增长率；第四季度12个城市都出现了环比上升（表2-1-1）。

4. 环渤海地区城市间地价差异较大，北京市、天津市各类地价均位居地区前列，鞍山市、锦州市的综合地价不到北京的1/10；唐山市和秦皇岛市的综合地价增长率超过7%，辽阳市出现负增长

2009年，环渤海地区各监测城市地价差异显著，其中北京市综合地价水平最高，达到7198元/平方米，在全国仅次于杭州市、厦门市、深圳市，处于全国最高水平行列。天津市综合地价位于第二位，为4263元/平方米，也属于全国中上水平，略低于南京市、上海市、温州市、宁波市。环渤海地区其他城市的综合地价均低于全国平均水平的2653元/平方米。

从全国范围看，环渤海地区综合地价较低。除北京市、天津市、大连市三个重点监测城市外，华北区监测城市地价普遍高于东北区。华北区的唐山市、秦皇岛市、廊坊市、潍坊市综合地价在1000～2000元/平方米，东北区的鞍山市、丹东市、锦州市、辽阳市综合地价均在1000元/平方米以下（图2-1-6）。

从商业用地地价来看，北京市、天津市、大连市处于前三位，分别是10316元/平方米、7154元/平方米、4147元/平方米。鞍山市、锦州市、辽阳市处于后三位，分别是1080元/平方米、1151元/平方米、1472元/平方米。从居住用地地价来看，北京市、天津市、烟台市分别以10785元/平方米、4369元/平方米、3641元/平方米的价格位居前三位。锦州市、鞍山市、辽阳市则以690元/平方米、810元/平方米、959元/平方

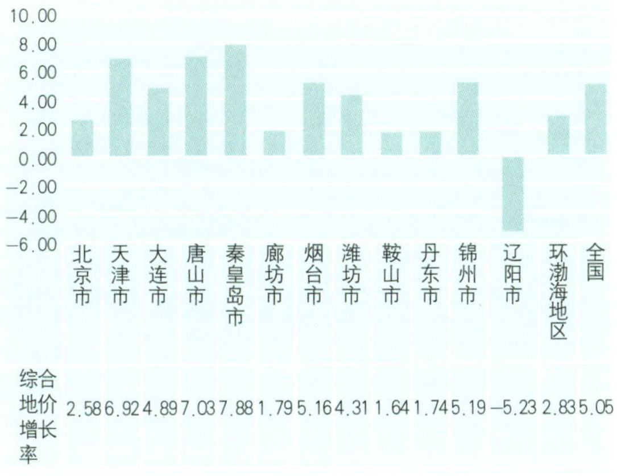

图2–1–7　2009年环渤海地区各监测城市综合地价增长率（%）比较

米的价格排在末三位。从工业用地地价来看，北京市、天津市、大连市处于前三位，分别是 1198 元／平方米、713 元／平方米、619 元／平方米。锦州市、丹市东、烟台市处于后三位，分别是 233 元／平方米、334 元／平方米、356 元／平方米。京津地区各类地价普遍较高；其次是华北地区其他城市；东北地区除大连市外，各类地价普遍较低。

从综合地价增长率来看，环渤海地区各监测城市大致可分为三个梯队。秦皇岛市、唐山市、天津市均超过了 6%，分别是 7.88%，7.03%，6.92%，属于第一梯队。而辽阳市在其余城市综合地价均上升的情况下，增长率出现了 −5.23% 的负增长。其余城市综合地价增长率在 0 ～ 6% 之间。环渤海地区综合地价 2.83% 的增长率也低于全国综合地价平均增长率 5.05%（图 2–1–7）。

从商业地价增长率来看，秦皇岛市、烟台市、锦州市均超过了 5%，分别是 6.21%，5.04%、5.69%，位于前三位，而北京市和辽阳市出现了负增长，分别是 −0.83%，−7.77%。从居住地价增长率来看，天津市增长 9.31%，为环渤海地区监测城市中增长率最高的城市；其次是秦皇岛市增长 8.95%、唐山市增长 8.55%；只有辽阳市出现了居住地价负增长，地价下降了 6.26%。从工业地价增长率来看，环渤海地区各监测城市工业地价增长率不如商业地价和居住地价变动幅度大。天津市、唐山市、锦州市均超过了 2%，分别是 2.59%，2.71%，4.95%，属于第一梯队；廊坊市、鞍山市和辽阳市出现了负增长，分别是 −4.81%，−0.46%，−1.44%；其余城市增长率均在 0 ～ 2% 之内。其中只有廊坊市工业用地价格出现下降，主要原因是受金融危机影响，工业投资相对放缓，企业扩张欲望减弱，造成工业用地的需求量降低，工业用地价格下降。辽阳市在 2009 年进行了旧城整体改造以及新城建设，为此政府出台了各方面的优惠政策，特别是土地价格方面的优惠力度较大，因此辽阳市各用途地价较低，且呈现负增长。

（二）2009 年环渤海地区地价与房地产市场关系分析

1. 各城市居住地价增长率与新建住宅销售价格增长率情况各异

2009 年 12 月全国 70 个大中城市新建住宅价格同比指数①为 109.1，同比上涨 9.1 个百分点。环渤海地区各城市新建住房销售价格同比指数由高到低依次为北京市 113.2，天津市 111.2，锦州市 107.4，丹东市 104.4，大连市 104.2，秦皇岛市 103.9，唐山市 98。居住地价增长率由高到低依次为天津市 9.31%，秦皇岛市 8.95%，唐山市 8.55%，大连市 6.57%，锦州市 5.18%，北京市 3.84%，丹东市 3.41%。从以上对比看，2009 年环渤海地区各城市居住地价增长率与新建住宅销售价格指数的变化趋势并不完全一致。

北京市、天津市、丹东市、锦州市这四个城市新建住宅销售价格增长率高于居住地价增长率。大连市、唐山市、秦皇岛市新建住宅销售价格指数低于居住地价增长率（图 2–1–8）。

① 数据来源：国家统计局网站。

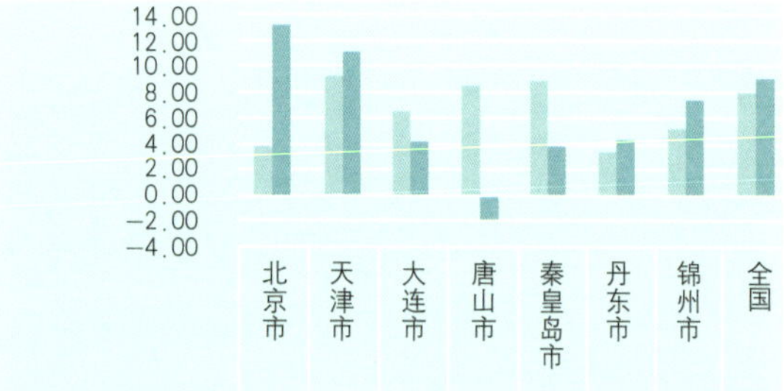

	北京市	天津市	大连市	唐山市	秦皇岛市	丹东市	锦州市	全国
居住地价增长率	3.84	9.31	6.57	8.55	8.95	3.41	5.18	7.92
新建住宅销售价格增长率	13.2	11.2	4.2	−2	3.9	4.4	7.4	9.1

图2-1-8　2009年环渤海地区部分城市居住地价增长率与新建住宅销售价格指数增长率（%）比较

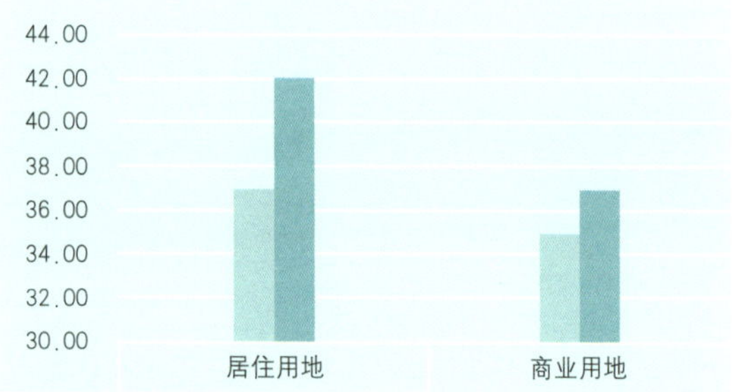

	居住用地	商业用地
北京市	37.22	35.18
天津市	42.08	37.15

图2-1-9　2009年京津居住用地和商业用地房价地价比（%）

2. 京津住宅、商业物业价格变化幅度高于居住、商业地价；居住地价房价比高于商业地价房价比

2009 年，随着一系列宏观政策措施显现效果，京津房地产及土地市场迅速回暖，商业和居住用地需求和价格迅速回升。北京市和天津市的居住地价和住宅价格均有较大幅度上涨，但居住地价上升的幅度小于住宅价格，居住用地价房价比分别为 37.22% 和 42.08%。北京市和天津市的商业地价和商业物业价格较为平稳，没有出现大的波动，但商业地价变化幅度小于商业物业，商业用地价房价比分别为 35.18% 和 37.15%（图 2-1-9）。

总体来看，2009 年，北京市和天津市，不论是住宅市场还是商业物业市场，其变化幅度和速度都要高于居住用地市场和商业用地市场的变化，居住用地价房价比高于商业用地价房价比。

（三）2009 年环渤海地区地价与社会经济发展关系分析

1. 各监测城市综合地价增长率低于地区生产总值①增长率

为应对国际金融危机，国家和各地区均出台了刺激经济增长的各项政策，提出国内生产总值“保 8”的目标。从各地区的地区生产总值看，经济增长都达到甚至超出预期，但由于种种原因，土地和房地产市场与经济的增长并不协调一致。华北区地区生产总值增长率略高于 8%，而综合地价增长率较大；东北区普遍是地区生产总值增长率较高，综合地价增长率较小。东北区部分城市 GDP 增长率远高于地价增长率，表明刺激政策起到了很好的作用。辽阳市 GDP 增长率与综合地价增长率差值最大，为 21.2%，其原因主要是辽阳市政府为了招商引资，加快河东新城建设，也为了工业企业拆迁及老城区的改造，政府整体下调了各用途的基准地价，下调幅度达 10%，从而间接影响了市场价格水平。鞍山市 GDP 增长率与综合地价增长率差值为 14.66%，其原因主要是鞍山市的鞍海经济带、千山文化旅游精品带和城南新区“两带一区”对提高地区生产总值起到重要作用（图 2-1-10）。

2. 各监测城市综合地价增长率远低于固定资产投资额增长率

固定资产投资一直都是我国经济增长的重要推动力，其历年增长率一般在 20% 以上。2009 年，环渤海地区各监测城市的固定资产投资增长率都高于

① 数据为 2009 年 11 月份的同比数据。

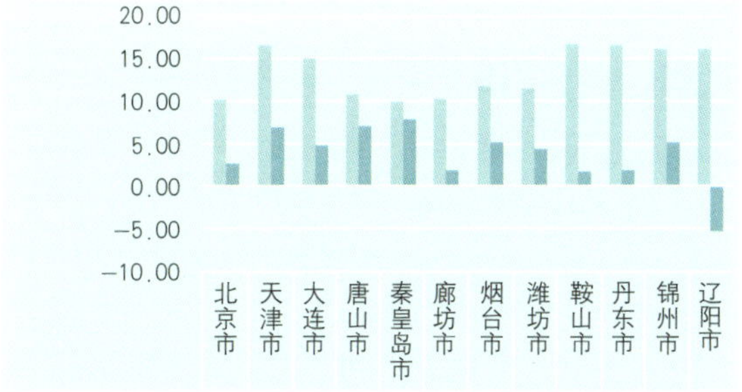

	北京市	天津市	大连市	唐山市	秦皇岛市	廊坊市	烟台市	潍坊市	鞍山市	丹东市	锦州市	辽阳市
地区生产总值增长率	10.1	16.5	15	11.3	10.0	10.8	13.5	12.9	16.8	16.5	16	16
综合地价增长率	2.58	6.92	4.89	7.03	7.88	1.79	5.16	4.31	1.64	1.74	5.19	−5.2

图2−1−10 环渤海地区各监测城市地区生产总值和综合地价增长率（%）比较

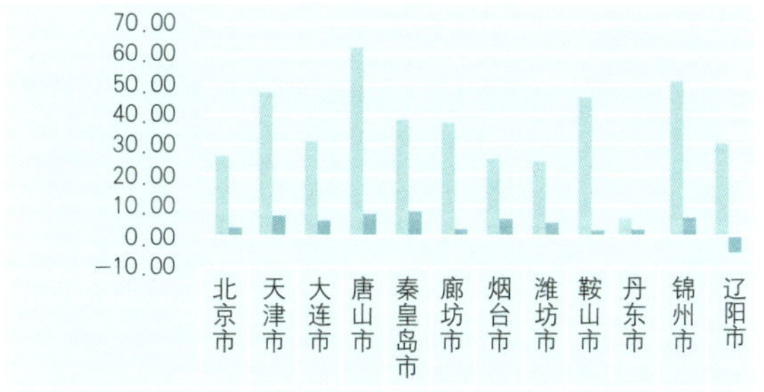

	北京市	天津市	大连市	唐山市	秦皇岛市	廊坊市	烟台市	潍坊市	鞍山市	丹东市	锦州市	辽阳市
固定资产投资增长率	26.2	47.1	30.2	60.1	38.6	38.1	25.1	24.1	45	5.07	50.5	30.1
综合地价增长率	2.58	6.92	4.89	7.03	7.88	1.79	5.16	4.31	1.64	1.74	5.19	−5.2

图2−1−11 环渤海地区各监测城市固定投资与综合地价增长率（%）比较

25%，锦州市和唐山市达到了50.5%和60.1%（锦州市2009年固定资产增速列辽宁省第二位，各工业园区和重大基础设施项目建设对固定资产投资快速增长起到很大的推动作用。唐山市在转变产业结构过程中，重点完善唐山湾“四点一带”产业发展，实施曹妃甸新区产业集群，固定资产投资大幅增长），各城市固定资产增长率明显高于综合地价增长率。各城市固定资产投资增长率与综合地价增长率之差最大的三个城市是锦州市、唐山市和鞍山市；增长率之差最小的三个城市是烟台市、潍坊市和丹东市（图2−1−11）。

3. 大部分监测城市综合地价增长率低于房地产开发投资增长率

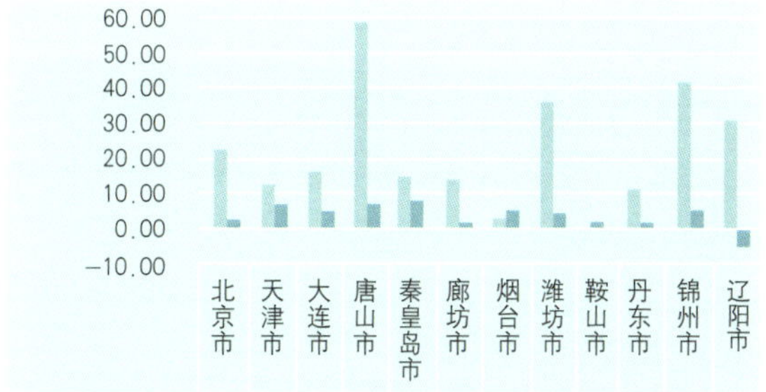

	北京市	天津市	大连市	唐山市	秦皇岛市	廊坊市	烟台市	潍坊市	鞍山市	丹东市	锦州市	辽阳市
房地产开发投资增长率	22.5	12.5	16.1	59.7	14.1	13	2.8	35.7	−	10.9	40.1	30.5
综合地价增长率	2.58	6.92	4.89	7.03	7.88	1.79	5.16	4.31	1.64	1.74	5.19	−5.2

图2−1−12 环渤海地区各监测城市房地产开发投资与综合地价增长率（%）比较

经过了2008年的房地产市场低迷，在宽松的货币政策和经济刺激计划环境中，房地产企业资金充裕，行业景气度明显恢复，资金投入总体回升。市场的复苏，使环渤海地区各监测城市的房地产开发投资增长率均远高于综合地价增长率。唐山市房地产开发投资增长率最高，为59.7%，丹东市次之，为50.9%。各城市房地产开发投资增长率与综合地价增长率之差最大的三个城市分别是唐山市、丹东市、辽阳市；增长率之差最小的三个城市分别是烟台市、天津市和秦皇岛市（图2−1−12）。

2009年环渤海地区各监测城市间的房地产开发投资增长率差别较大，绝大部分都高于综合地价增长率。在12个监测城市中，房地产投资增长率与综合地价增长率的变化趋势基本呈正相关关系。一般情况，房地产投资增加会引致增加土地需求，进而提高土地价格。但在具体城市，由于房地产市场的发达程度，土地供应等情况不同，这种引致的程度又各有不同。如唐山市房地产投资增长率59.7%，综合地价上涨率有7.03%。北京市在商品房销售大幅增长的拉动下，房地产市场回暖，房地产开发投资增长率22.5%，但综合地价上涨率仅为2.58%。

（四）2009 年环渤海地区城市地价主要影响因素分析

1. 宏观经济企稳回升，为环渤海地区土地市场发展创造了良好的外部环境

经历了 2008 年全球金融危机后，2009 年中国经济开始逐步回暖：2009 年全国 GDP 增长 8.7%[①]，全社会固定资产投资增长 30.1%，房地产开发投资增长 16.1%[②]。其中全国 GDP 增长速度在第二季度止住了下降，出现了大幅的反弹，随后一直上升，实现了中国经济 V 型反转。在宏观经济带动下，环渤海地区主要城市的经济发展呈现出向好趋势，北京市 2009 年 GDP 增长 10.1%[③]，天津市增长 16.5%。

经济发展状况是影响地价变化的重要因素之一。在宏观经济企稳回升，实现 V 型反转的影响下，2009 年环渤海地区综合地价小幅上涨，增长率为 2.83%，且总体地价水平呈现出由降到缓升的变动态势，在第二季度环比增长率止住了下跌趋势，全年地价出现了一个由跌到升的转折。

2. 固定资产投资加大，政府拉动内需效果明显，使得环渤海地区地价稳中有升

2008 年 11 月 5 日，国务院为进一步扩大内需促进经济平稳较快增长，提出十大措施和两年 4 万亿的经济刺激计划。为贯彻执行经济刺激方案，2009 年初的政府工作报告提出，2009 年中央政府投资总额 9080 亿元，主要用于民生工程建设、节能环保和生态建设、技术改造与重点基础设施建设、地震灾后恢复建设。

在 2009 年扩内需、保增长的宏观背景下，固定资产投资加大。据国家统计局公布的数据，2009 年全社会固定资产投资 224846 亿元，比 2008 年增长 30.1%，增速比 2008 年多 4.6 个百分点[④]。

环渤海地区地价增长率最高的城市固定资产投资增长率也较高。秦皇岛市 2009 年全年固定资产投资累计完成近 420.73 亿元，同比增长 38.6%；唐山市 2009 年全年固定资产投资完成 2180.86 亿元，同比增长 60.1%[⑤]；天津市 2009 年全年完成固定资产投资 334.89 亿元，同比增长 30.7%。

随着固定资产投资加大，全国及环渤海地区拉动内需效果逐步显现，环渤海地区综合地价有所上升。

3. 房地产市场政策刺激地产市场复苏，从而促使环渤海地区地价持续稳步上涨

第一，2009 年采取积极的财政政策和适度宽松的货币政策，有利于促进房地产市场复苏。2009 年 3 月 5 日，温家宝总理在政府工作报告中提出，支持居民购买自住型和改善型住房的信贷、税收和其他政策，对符合条件的第二套普通住房购买者，比照执行首次贷款购买普通自住房的政策。同时根据中国人民银行的数据显示，2009 年全年人民币各项贷款增加 9.59 万亿元，同比增加 4.69 万亿元；地产开发贷款新增 5764 亿元，同比增加 30.7%；个人住房消费贷款累计新增 1.4 万亿元，占全年新增贷款的 14.6%，同比增长 30.7%[⑥]。对于开发商，适度宽松的货币及信贷政策提供了充裕的资金，有利于进一步扩张；对于购房者，存贷款利率的下调，购房首付款比例的降低，使得住房需求放大。在住房供需双方因素的拉动下，环渤海地区房地产市场逐步复苏。

---

① 数据来源：国家统计局。
② 数据来源：财经网。
③ 数据来源：人民网。
④ 数据来源：新华网。
⑤ 数据来源：唐山统计局。
⑥ 数据来源：中国人民银行《2009 年金融机构贷款投向统计报告》。

第二，国家及各地方政府从2008年底开始相继出台一系列政策，直接刺激房地产市场复苏。2008年12月20日，国务院办公厅发布《关于促进房地产市场健康发展的若干意见》，鼓励普通商品住房消费；2008年12月29日，财政部、国家税务总局联合下发《关于个人住房转让营业税政策的通知》，个人住房转让营业税征免时限由5年改为2年；2009年3月5日，国务院总理温家宝在政府工作报告中提出，“采取更加积极有效的政策措施，稳定市场信心和预期，稳定房地产投资，推动房地产业平稳有序发展”；2009年5月13日，国土资源部发布《关于切实落实保障性安居工程用地的通知》，对廉租房和经济适用房用地将给予减免费用的政策支持；2009年5月25日，国务院发布《关于调整固定资产投资项目资本金比例的通知》，这一政策的出台进一步降低房地产开发门槛，刺激房地产市场回暖。

在国家政策的引导下，2009年初，北京市多部门联合印发了《关于贯彻国办发[2008]131号文件精神促进本市房地产市场健康发展的实施意见》，2009年6月13日，天津市多部门联合推出《关于促进我市房地产市场健康发展的若干意见》，这些政策不同程度都促进了环渤海地区房地产市场复苏。

第三，通货膨胀预期也在一定程度上推动环渤海地区房地产市场复苏。在通胀预期和我国投资渠道有限的情况下，置业买房成为我国居民实现保值增值的首要选择。

总之，在房地产政策刺激和通胀预期下，2009年房地产市场开始复苏，土地市场有效需求回弹，从而使环渤海地区土地价格稳中有升。

4. 居民购房和开发商拿地热情高涨，使得环渤海地区居住用地地价涨幅为地区不同用途地价涨幅中最高

为促进房地产市场的活跃性，国家先后出台首套住房贷款利率7折、契税减免优惠、营业税优惠、免收土地增值税等多项优惠政策。这些政策存在两方面影响：一方面，从居民购房的角度来说，拉动了居民购房需求，改变了2008年居民购房的观望态度，释放了部分2008年的购房需求；另一方面，从房地产开发企业的角度来说，新的利率政策降低信贷融资及开发门槛，使其融资更加便利，开发商拿地情绪高涨。

进入第四季度后，由于针对二手房交易的税费减免政策即将到期，二手房交易量达到历史顶峰。这一现象的出现，一方面说明了商品住宅的刚性需求依然旺盛，另一方面也说明了因恐慌性心理影响，房屋销售市场中逐渐出现非理性因素。在居民购房和开发商拿地情绪高涨因素的影响下，环渤海地区居住用地地价涨幅比商业和工业用地地价涨幅高。

5. 北京市、天津市“地王”频出，进一步加大了开发商对房地产市场的良好预期

经历了2008年房地产市场不景气、土地流拍频频发生之后，在2009年宽松的货币政策和国家刺激经济计划环境中，房地产行业迅速回暖，在一线城市中，“地王”涌现，并出现双料“地王”。

在北京，2009年6月30日，中国中化集团公司旗下成员企业方兴地产公司以40.6亿元竞得朝阳区广渠路15号地，楼面地价约为1.6万元/平方米，成为当时北京土地市场总价和楼面地价的双料“地王”；2009年12月17日，保利地产以30.4亿元竞得朝阳区东风乡高井村居住混合公建用地，楼面地价约为2.4万元/平方米。

在天津，2009年11月2日，中信集团以36亿元总价拿下津南区八里台镇天嘉湖北侧一块挂牌出让的土地。按照土地最终摘牌价36亿元计算，该地块楼面地价约为1434元/平方米。该地块是2009年天津土地市场地块面积和总价的双料“地王”。

“地王”的出现，加大了开发商和社会对未来房价的预期。良好的预期进一步增大了开发商之间在土地市场的竞争，从而促进北京和天津两地地价上涨。

（五）2010年环渤海地区地价变化趋势分析

在2009年土地市场发展的基础上，在宏观经济走向和国家政策导向的影响下，预计2010年环渤海地区土地价格将呈现多端变化趋势。

1. 2010年环渤海地区地价总体将趋于平稳，部分地区可能出现小幅波动

国家政策促进地价平稳发展。在2009年末及2010年初，国家连续出台了有关调控房地产方面的政策。2009年12月5日，中央经济工作会议召开，会议提出2010年经济工作的主要任务之一是要增加普通商品住房供给，支持居民自住和改善性购房需求；2009年12月9日，国务院常务会议决定，个人住房转让营业税征免时限由2年恢复到5年；2009年12月17日，财政部、国土资源部等五部委出台《关于进一步加强土地出让收支管理的通知》；国务院随后出台“国四条”与“国十一条”。

从这些连续出台的政策可以看出，增加住房供给、抑制投机和促进房地产市场平稳发展是2010年房地产业调控的主线。

但是，环渤海地区部分城市在2009年进行大规模的城市化建设或旧城区改造，因此预计其在2010年土地需求较大，地价可能出现小幅波动。

2. 国家和北京市出台的一系列调控政策措施逐步到位，2010年北京市地价增长率可能放缓

2009年，北京市综合地价保持上涨，其增长率为正。由于房地产市场需求的刚性和宏观政策的滞后性，所以在短期内北京市地价增长的趋势难以改变。

随着北京市加大保障性住房建设和政府出台调控房地产业政策效果的显现，北京市地价增长率可能放缓。截至2009年，北京市已实现保障性住房新开工938万平方米①。预计2010年北京市保障房用地面积达到住宅总用地面积的50%。

从以上分析可以看出，2010年，北京市居住地价在短期内可能还会有所上涨，但是随着政策效果的显现，居住地价增长率可能放缓；2009年，北京市商业地价增长率为负，随着金融危机影响的逐步减小，商业用地的有效需求将逐渐增加，但是在宏观政策的作用下，商业地价不会产生太大波动；2009年北京市工业地价增长缓慢，随着工业用地需求上升和各工业区基础设施建设日趋完备，以及2010年房地产调控方向，预计北京市工业地价将会缓慢上升。

3. 2010年天津市地价增长较快的趋势短期难以改变，但增长率可能出现变化

2009年，天津市综合地价增长率为6.9%，远远高于环渤海地区综合地价增长率的均值2.8%，其中，居住地价增长率9.31%为环渤海地区居住地价增长率中最高。

随着2009年天津市撤销塘沽区、汉沽区、大港区，设立天津市滨海新区，以及2010年1月滨海新区被科技部确定为2010年首批国家创新型试点城市（区）等举措的出台，滨海新区的产业将得到完善和发展，对天津市整体经济快速发展会起到推动作用。

结合2009年天津市土地价格变化以及未来天津市经济发展趋势和政策导向，预计2010年天津市地价增长趋势短期难以改变，增长率可能出现变化。其中，居住地价上半年可能稳中有升，增长率有所变化，下半年随着大量保障性住房入市（天津市到2009年底已经建成保障性住房744万平

---

① 数据来源：首都之窗。

方米、10.8万套）和土地政策效果的显现，其上升趋势可能逆转。虽然随着天津经济的发展，对商业用地需求增加，但是根据近年的总体情况看，商业地价增幅有放缓趋势；由于天津市中心城区工业新增项目较少，以存量工业项目为多，所以工业地价比较稳定，增长率保持较低水平。

4. 2010年环渤海地区其他城市地价水平存在一定上升空间

相对于京津两地来说，环渤海地区其他城市经济规模较小，房地产市场处于成长期。因此，在2009年上半年宏观政策的刺激下，环渤海地区其他城市与北京市、天津市相比在经济上复苏较快，除了辽阳市外其他9个城市2009年综合地价增长率都为正。

2010年中央一号文件强调当前要把加强中小城市和小城镇发展作为重点，因此，结合环渤海地区其他城市经济发展水平与2010年国家政策导向，预计环渤海地区其他城市2010年地价水平还存在一定上升空间。

其中，居住和商业地价将趋于平稳，部分城市可能小幅上升。如廊坊市居住和商业地价将小幅上升，其主要原因是由于廊坊市2009年进行城中村拆迁，居住用地和商业用地需求增加。

随着金融危机对环渤海地区工业影响逐步减弱和城市化建设的进一步推进，工业用地需求缓慢回升。结合2009年5月国土资源部出台的工业用地出让政策和未来城市经济发展状况，预计2010年环渤海地区其他城市工业用地地价将缓慢上涨，个别城市增长明显。如锦州市，其主要原因是锦州港、西海工业园、白沙湾行政生活区和娘娘宫海域“四大板块”的建设，使得该市工业用地交易将十分活跃。

二、2009 年长江三角洲地区城市地价动态监测报告

（一）2009 年长江三角洲地区主要城市地价总体情况

1. 综合地价水平值、增长率变化分析

（1）2009 年长江三角洲地区主要城市地价水平总体呈上升趋势，综合地价处于全国领先水平。2009 年，长江三角洲地区综合地价水平值为 4126 元／平方米。长江三角洲地区重点监测城市（上海市、南京市和杭州市）综合地价水平为 9059 元／平方米，均高于 2008 年的水平，总体呈上升趋势。

长江三角洲地区综合地价水平较全国平均值高出 1473 元／平方米，在重点区域中处于领先水平。从主要城市综合地价水平来看，杭州市地价水平达到 19556 元／平方米，较南京市、上海市高出 2 倍以上，比区域内较低的嘉兴市、扬州市、常州市等城市高出近 20 倍。除杭州市外，上海市、南京市、温州市、宁波市的综合地价均处于较高水平，超过 4000 元／平方米，分别为 9522 元／平方米、5949 元／平方米、5792 元／平方米、4703 元／平方米；其余城市综合地价水平均在 3000 元／平方米以下，其中嘉兴市的综合地价水平最低，仅为 1067 元／平方米（图 2-2-1）。

（2）2009 年长江三角洲地区城市综合地价增长率高于全国平均水平，与 2008 年相比增幅较大。2009 年，长江三角洲地区综合地价增长率为

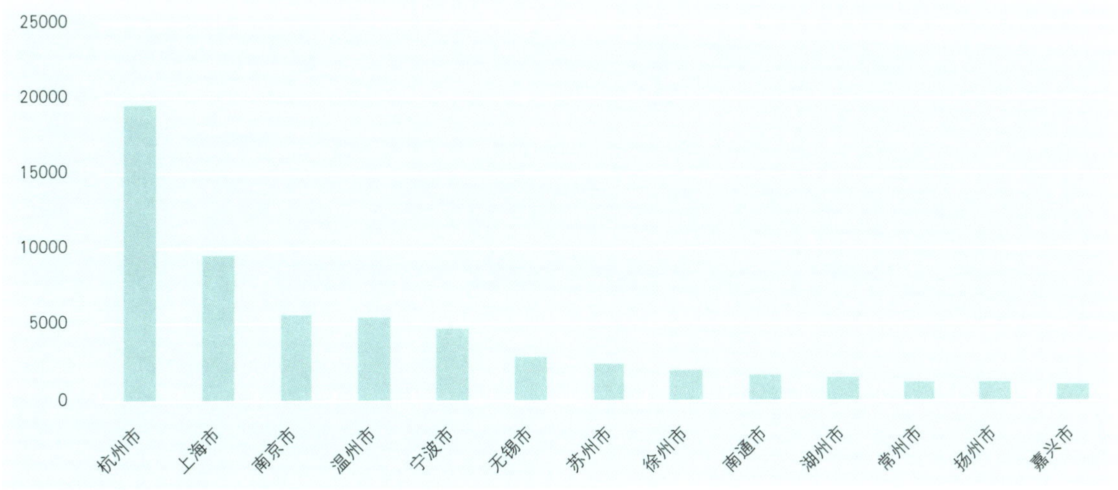

图2-2-1　2009年长江三角洲地区主要城市综合地价水平值（元/平方米）

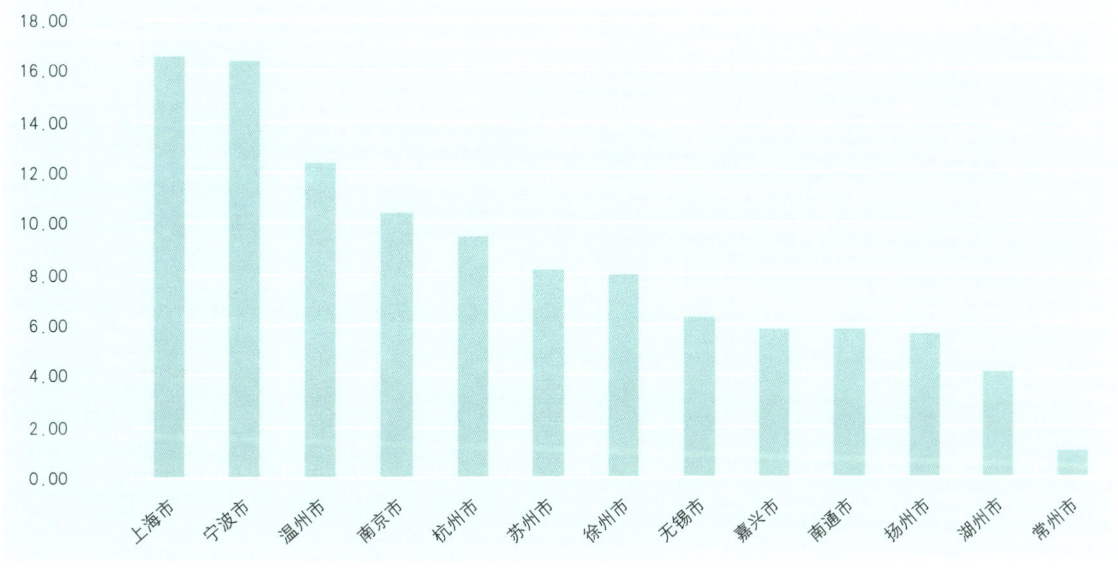

图2-2-2　2009年长江三角洲地区主要城市综合地价增长率（%）比较

6.37%，与2008年的-0.13%相比，提高了6.50个百分点。长江三角洲地区重点监测城市（上海、南京和杭州）平均综合地价增长率为9.24%，比2008年的-1.41%提高了10.65个百分点。从整个区域来看，地价水平明显上升。

长江三角洲地区城市综合地价增长率较全国平均综合地价增长率高1.32个百分点。从长江三角洲地区各城市地价变化情况来看，上海市、宁波市的地价增长率最高，分别为16.75%，16.56%；其次是温州市、南京市，分别为12.34%，10.40%；杭州市、苏州市、徐州市、无锡市、嘉兴市、南通市、扬州市、湖州市8个城市地价增长率为4%～10%；常州市的地价增长率最低，仅为1.11%（图2-2-2）。

2.2009 年长江三角洲地区除工业用地外，商业、居住用地地价增长率均高于全国，重点监测城市三种用途地价增长率较 2008 年均有较大幅度的上升，其中居住用地地价上升幅度最大

2009 年，长江三角洲地区各城市商业地价水平为 7063 元 / 平方米，增长率为 7.39%，与全国相比高出 1.85 个百分点，与 2008 年同比提高了 6.24 个百分点；居住地价水平为 6800 元 / 平方米，增长率为 12.35%，比全国高出 4.43 个百分点，与 2008 年同比提高了 13.19 个百分点；工业地价水平为 763 元 / 平方米，增长率为 0.07%，比全国低了 1.49 个百分点，与 2008 年同比提高了 0.18 个百分点。与珠江三角洲地区相比较，长江三角洲地区除商业地价水平较低外，居住、工业地价水平均高于珠江三角洲地区，但三种用途的地价增长率均低于珠江三角洲地区。与环渤海地区相比较，长江三角洲地区三种用途的地价水平均高于环渤海地区，但工业用途的地价增长率低于环渤海地区。2009 年长江三角洲地区各城市商业、居住、工业平均地价水平值之比为 1：0.96：0.11。

长江三角洲地区重点监测城市（上海市、南京市和杭州市）商业地价水平为 24218 元 / 平方米，增长率为 12.48%，与 2008 年同比上涨了 8.89 个百分点；居住地价水平为 15377 元 / 平方米，增长率为 18.76%，与 2008 年同比上涨了 20.15 个百分点；工业地价水平为 1174 元 / 平方米，增长率为 −0.83%，与 2008 年同比提高了 1.53 个百分点。从近 7 年长江三角洲地区重点监测城市商业、居住和工业地价增长率变化情况来看，2005 年该地区结束了之前高地价、高增长率的地价状态，三种用途地价增长率均出现了较大幅度的下降；2006 年地价增长率基本持平；2007 年又明显上升；2008 年大幅下降；2009 年三种用途地价增长率均回升，其中商业、居住地价增长率变化幅度大于之前任何一年，工业地价增长率上升幅度较小，基本趋于稳定（图 2−2−3）。

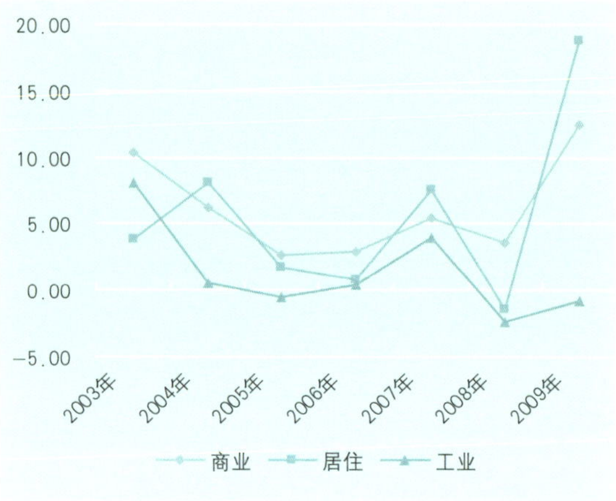

图2−2−3　2003～2009年长江三角洲地区重点监测城市地价增长率（%）比较

3.2009 年长江三角洲重点监测城市各季度综合地价增长率整体保持上升趋势，第四季度尤为突出

2009 年第一季度沪、宁、杭三个重点监测城市综合地价增长率在继 2008 年第三、第四季度持续下降后开始回升；2009 年第二季度重点监测城市综合地价增长率比第一季度有更大的上升幅度，并由负转正；在第三季度趋于平稳后，第四季度又大幅度上升，增幅尤为突出。由此看出，与 2008 年的持续下降显著不同，2009 年重点监测城市综合地价增长率前三季度保持较缓的增长趋势，第四季度呈现出强劲的增长势头（图 2−2−4）。

4. 上海市、南京市、杭州市三个重点监测城市各用途地价变化存在一定差异，上海商住地价增幅领先于区域其他城市

从上海市、南京市、杭州市三大区域重点监测城市地价增长率看，2009 年综合地价增长率分别为 16.75%，10.40%，9.49%；商业地价增长率分别为 13.70%，6.80%，8.58%；居住地价增长率分别为 21.90%，12.13%，9.65%；工业地价增长率分别为 −1.07%，0.76%，0.00%。三个重点监

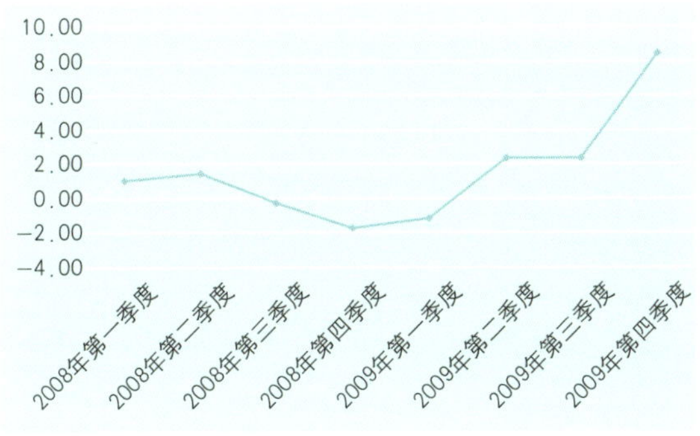

图2-2-4　2008～2009年长江三角洲地区重点监测城市各季度综合地价增长率（%）比较

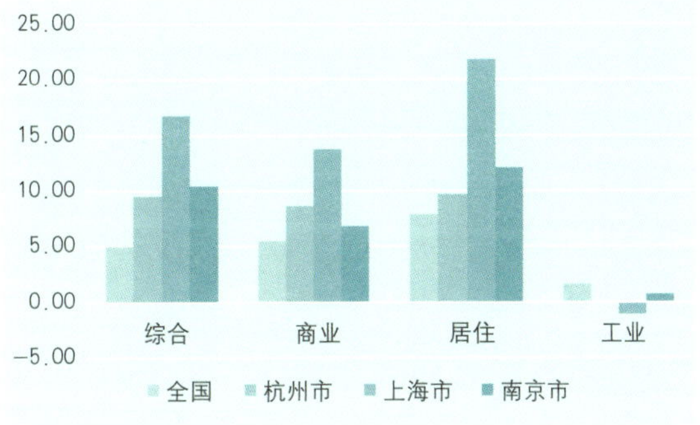

图2-2-5　长江三角洲地区重点监测城市与平均地价增长率（%）比较

测城市的地价变化与区域地价平均变化情况相比，三市的综合地价增长率均高于区域平均水平；就商业地价而言，呈“两高一低”特征，即上海市、杭州市的商业地价增长率高于区域平均水平，而南京市则较低；就居住用地而言，只有上海市高于区域平均水平，杭州市、南京市均较低；三市的工业地价增长率与区域平均水平差异不大，南京市略高于区域平均水平，而上海市、杭州市则低于区域平均水平（图2–2–5）。

长江三角洲地区各城市地价增长率情况显示，上海市综合、商业地价增长率最高，分别达16.75%、13.70%；宁波市以22.41%的增长率高居区域其他城市居住地价涨幅之首；湖州市则成为区域内工业地价增长率最高的城市，达到8.59%。总体而言，常州市地价变动较为平稳，综合、商业、居住地价增长率均

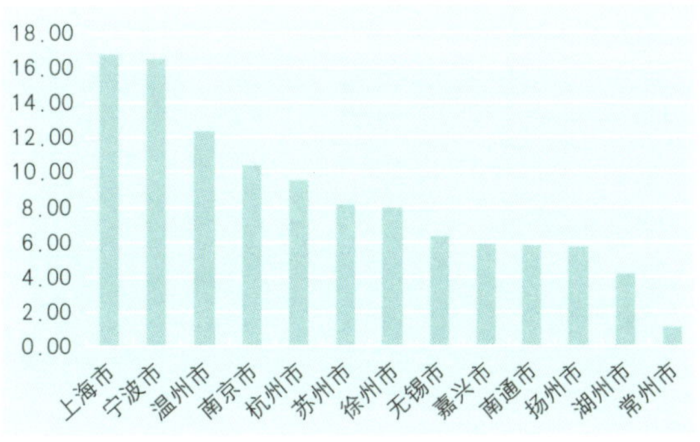

图2-2-6　2009年长江三角洲地区主要城市综合地价增长率（%）比较

最低，分别为1.11%，0.99%，1.46%；上海市工业地价增长率最低，为–1.07%（图2–2–6）。

（二）长江三角洲地区主要城市地价与房价关系

1.2009年长江三角洲地区各城市的房价、地价普遍上涨

根据国家统计局发布的2009年全国70个大中城市房屋销售价格指数数据，新建商品住宅价格指数由高到低依次为温州市113，宁波市111.7，南京市111.7，杭州市111.4，上海市109.2，无锡市106.1，扬州市105，徐州市104.6。重点监测城市中，上海市、南京市的居住地价增长率高于新建住宅价格指数的上升幅度，杭州市的居住地价增幅则低于新建住宅价格指数上升幅度。从总体来看，长江三角洲地区居住地价和房价走势基本一致，但从历年地价、房价的监测数据情况来看，各主要城市的地价增长率普遍远低于房价增长率。

2.长江三角洲地区重点监测城市地价占房价的比例高于全国平均水平

从上海市、南京市、杭州市三大区域重点监测城市的地价房价比看，2009年居住用地地价房价比分别为47.36%，47.89%，45.47%，均高于31.26%的全国平均水平。三大区域重点监测城市的商业用地地价房价比分别为45.86%，35.79%，40.15%，亦均高于全国平均水平32.22%。这反映

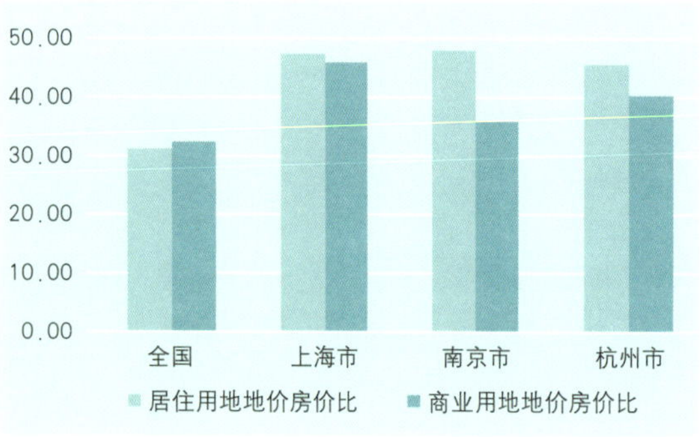

图2-2-7 2009年全国与长江三角洲地区重点监测城市地价房价比（%）比较

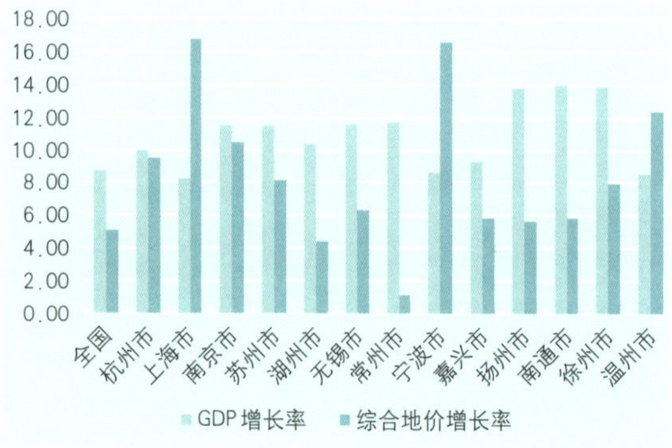

图2-2-8 全国和长江三角洲地区主要城市综合地价增长率与GDP增长率(%)比较

出在区域中心城市，土地的稀缺程度相对较高，地价占房价的比例也较高（图2-2-7）。

（三）地价变化与社会经济发展关系分析

1. 2009年，长江三角洲地区城市GDP稳定增长，除上海市、宁波市、温州市外，绝大部分城市综合地价增长率均低于GDP增长率

2009年，长江三角洲地区大部分城市GDP增长率比2008年有所下降，但仍高于全国平均水平，均在8.2%～14.0%之间。长江三角洲地区各城市GDP增长稳定，增长幅度相对接近，其中，南通市、徐州市、扬州市的GDP增长率最高，分别为14.0%，13.9%，13.8%；宁波市、温州市、上海市的GDP增长率相对较低，分别为8.6%，8.5%，8.2%，上海市GDP增长率继2008年之后再次低于10.0%。GDP增长率最高的南通市和最低的上海市相差5.8个百分点。各城市综合地价增长幅度差距较大，其中上海市增长率最高，达到16.75%，常州市增长率最低，为1.11%，增长率最高的上海市和增长率最低的常州市相差15.64个百分点（图2-2-8）。

从重点监测城市来看，上海市的GDP增长率为8.2%，综合地价增长率为16.75%；南京市的GDP增长率为11.5%，综合地价增长率为10.4%；杭州市GDP增长率为10.0%，综合地价增长率为9.49%。除上海市外，重点监测城市地价增长率与GDP增长率相差不大。其他监测城市中，除宁波市、温州市的综合地价增长率高于GDP增长率外，其余城市的综合地价增长率均大幅低于当地GDP增长率。两者之间相关程度并不明显，说明虽然城市地价水平在一定程度上受当地社会经济发展状况的影响，但地价变化还受到许多其他因素的综合影响。

2. 2009年，长江三角洲地区大部分城市固定资产投资增长率较2008年有所回升，除上海市、宁波市、温州市外，各城市综合地价增长率均低于固定资产投资增长率

2009年，长江三角洲地区各城市固定资产投资增长率在2008年普遍下降的基础下有所回升，各城市增长率均在9.2%～33.8%之间。上海市的固定资产投资增长率为9.2%，综合地价增长率为16.75%；南京市的固定资产投资增长率为21.6%，综合地价增长率为10.4%；杭州市的固定资产投资增长率为15.7%，综合地价增长率为9.49%。除上海市外，重点监测城市综合地价增长率均低于固定资产投资增长率；同时，除宁波市、温州市外的其他监测城市综合地价增长率也低于当地固定资产投资增长率（图2-2-9）。

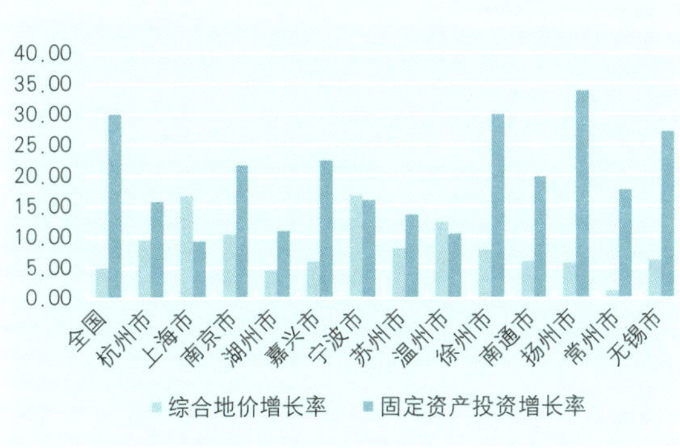

图2-2-9 全国和长江三角洲地区城市综合地价增长率与固定资产投资增长率(%)比较

（四）影响长江三角洲地区城市地价变化的主要因素分析

1. 国家宏观调控政策效果明显、区域经济明显好转是长江三角洲地区城市地价增长的主要诱因

为有效抵御国际金融危机，保障我国经济平稳快速发展态势，2008年底和2009年第一季度，国家高密度出台一系列调控政策，提出“保增长、扩内需、调结构”的战略，实施积极的财政政策和适度宽松的货币政策，首次下调商品房开发项目资本金比例。IPO重启、公司债放行、房企的融资渠道被放宽、融资门槛被降低等政策，大大刺激了土地及房地产投资需求的增加，促进了全国土地及房地产市场的迅速回暖，导致2009年地价、房价出现较为明显的上涨。2009年全国GDP增长8.7%。在宏观经济带动下，长江三角洲地区主要城市GDP增长率均超过8%，除上海市、宁波市、温州市，均高于全国平均水平，其中南通市、徐州市、扬州市等城市GDP增长率超过13%，远高于全国平均水平。区域经济明显好转，土地及房地产开发用地需求不断增加，导致地价进一步攀升。

2. 后金融危机时期，通胀预期及投资性需求的增加，成为地价上涨的动力

出于对全球经济复苏和国内经济快速发展的预判，房地产企业对房市和房价走高的预期再度乐观。通胀预期和房地产行业高回报的诱惑，使得资金充足的国有企业拿地热情高涨，开始大量购地。因此，在经历了2008年普遍存在的“流拍”和“底价成交”之后，2009年则是“地王频现”，这种现象在长江三角洲地区城市上海市和杭州市表现得尤为明显。在2009年楼面地价排名前五位的地块中，苏州市、上海市、杭州市占据三席，成交价分别为28057元/平方米、27232元/平方米和24295元/平方米，而2009年中国十大总价“地王”中，上海市两地块分别以72.45亿元、70.06亿元成交，名列总价第一、第三。在房价看涨、需求旺盛的形势下，许多房地产企业纷纷加入“抢地”行列。在盲目竞争下形成的高地价，不仅占用了企业大量的现金流，也迫使企业放慢开发节奏，延缓土地供应形成房屋的时间。

3. 区域及监测城市的经济发展规划，在一定程度上提升了长江三角洲地区城市土地价值

2009年4月14日，国务院颁布了《国务院关于推进上海加快发展现代服务业和先进制造业建设国际金融中心和国际航运中心的意见》；连云港市、盐城市、南通市三个城市，成为集中布局临港产业，形成功能清晰的沿海产业和城镇带的“桥头堡”；6月10日，国务院常务会议讨论并原则通过《江苏沿海地区发展规划》，将江苏沿海地区建设成为中国东部地区重要的经济增长极，江苏沿海开发正式上升为国家战略；即将出台的《长江三角洲地区区域规划纲要》中，高技术产业和战略性新兴产业被列入发展重点；随着长江三角洲地区及监测城市经济发展规划的相继出台，调整了长江三角洲地区经济增长结构，迫使低附加值企业升级改造，在市场竞争中优胜劣汰，带动该区域更快更好地发展，在一定程度上带动了长江三角洲地区城市土地价值的上涨。

（五）2010年长江三角洲地区城市地价变化趋势分析

1. 随着宏观经济逐步复苏，国家调控政策将有所调整，长江三角洲地区地价水平仍将处于领先水平，但增长速度必将放缓

针对2009年下半年地价过快上涨，部分城市房地产市场可能存在泡沫的情况，中央经济工作会议强调，要提高宏观调控水平，保持经济平稳较快发展；要继续实施积极的财政政策和适度宽松的货币政策，把握好政策实施的力度、节奏、重点；要增加普通商品住房供给，支持居民自住和改善性购房需求。长江三角洲地区城市也相继出台相关政策，比如上海市出台《上海市商品房销售方案备案管理暂行规定》，制止开发商捂盘惜售；全面修订通过了《上海市房地产登记技术规定》明确公益性服务设施权益归属，严格规范房地产市场；上海市住房保障和房屋管理局等六部门出台关于单位租赁房建设意见，缓解"夹心层"居民住房问题；浙江省政府发文，要求从2010年起，市、县政府要预先准备好征地补偿费以及被征地农民的保障资金，否则不得征地；招商银行南京分行明确规定首套房贷利率优惠上调为八折，成为全国首个上调优惠利率的金融机构。这些政策效应将在2010年逐渐显现，在一定程度上会遏制土地市场的非理性投资，抑制房地产企业捂盘惜售，减少囤积房源、恶意炒作、哄抬房价和地价的投机行为。预计2010年，长江三角洲地区经济总体继续向好，在适度宽松的货币政策、差异化的信贷政策下，在规范房地产市场、严厉打击囤地等细则文件陆续出台的背景下，长江三角洲区域城市地价增幅将有所回落。

2. 与重点监测城市相比，其他监测城市地价存在一定的上涨空间，须防止区域二、三线城市地价跟风过快上涨

长江三角洲区域的城市差距明显，区域发展不平衡、刚性需求差异化现象仍然比较突出。从城市层面看，既有上海市、杭州市、南京市这类成熟的特大城市，也有南通市、嘉兴市、湖州市等处于快速发展时期的中等城市，不同城市的土地市场的发展时期、供求关系存在较大差异，这必将影响其地价变化趋势。上海市、杭州市、南京市等重点监测城市对外开放程度较高，同时也更易受到全国乃至全球经济环境的影响，地价变化将处于高位震荡。而对于其他监测城市，经济外延型、粗放型增长方式仍然比较明显，这些城市综合竞争力指标大多处于区域绝对竞争劣势或相对竞争劣势，受到全国范围经济变化的影响较小或较迟缓。2009年重点监测城市地价过度上涨，拉高了其他监测城市的投资预期，同时宏观调控政策对这些城市的影响将会有一定的滞后性，因此，须防止区域二、三线城市地价滞后性跟风上涨。

3. 经济适用房、廉租房等保障性用房供地比例的增加将有助于缓解地价上涨过快的趋势

国家和部分地方政府已经提出，各地当年的保障性住房、棚户改造和自住型中小套型商品房建房用地不得低于住房建设用地供应总量的70%，并严格控制大套型住房建设用地，严禁向别墅供地等。长江三角洲地区城市为有效控制房价地价过快上涨，进一步加强市区保障性住房建设，支持自住型和改善型住房消费，改善广大市民居住条件，加强和改善对房地产市场的调控，进一步促进房地产市场健康稳定发展，制定适宜当地的住房保障条例。资料表明，上海市在2008～2013年间，新开工住房建筑面积约9300万平方米，其中经济适用房、配套商品房、廉租房的面积达4000万平方米，保障性住房占总量的43%。南京市2010年将规划建设600万平方米保障性住房，竣工300万平方米。杭州市主城区2010年将开工建设经济适用房50万平方米、竣工50万平方米；开工建设廉租房5万平方米；开工建设拆迁安置房400万平方米，竣工300万平方米；建设经济租赁房42万平方米（含大学毕业生公寓、外来务工人员公寓9万平方米）；开工建设人才专项用房50万平方米。这些扩大保障性住房建设政策的实施，将有利于改善普通居民的居住条件，也在一定程度上满足了中低收入阶层的住房刚性需求，有利于抑制地价房价过快上涨。

三、2009 年珠江三角洲地区城市地价动态监测报告

（一）2009 年珠江三角洲地区城市地价总体状况

1. 珠江三角洲地区商业地价水平高居全国重点监测区域之首，居住、工业地价水平则低于长江三角洲地区，各种用途地价水平比值相对悬殊

2009 年，珠江三角洲地区综合地价水平值为 3460 元／平方米，较全国平均水平高 30%，较环渤海地区高 19%，但比长江三角洲地区低 16%。其中，商业地价水平是全国平均水平的 2.07 倍，比长江三角洲地区、环渤海地区的平均水平分别高出 38% 和 93%；居住地价水平是全国平均水平的 1.54 倍，比环渤海地区高 35%，但比长江三角洲地区低 13%；工业地价水平是全国平均水平的 1.17 倍，比环渤海地区高出 13%，而比长江三角洲地区低 9%（图 2–3–1）。

珠江三角洲地区商业、居住、工业三种用途地价水平值之比约为 1∶0.60∶0.07，相对于长江三角洲地区的 1∶0.96∶0.11，环渤海地区的 1∶0.87∶0.12，以及全国的 1∶0.81∶0.13 而言，各用途地价水平间的差距更为悬殊，显著反映了现行土地市场特征下不同用途土地间的经济价值关系。

2. 珠江三角洲地区综合地价增长率居各重点监测区域之首，各用途地价增长幅度均显著高于全国平均水平及其他重点监测地区；商业和居

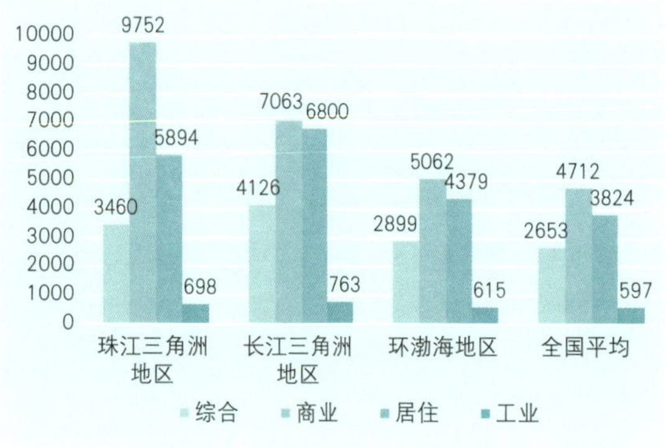

图2-3-1 2009年珠江三角洲地区各用途地价（元/平方米）与全国及其他地区对比图

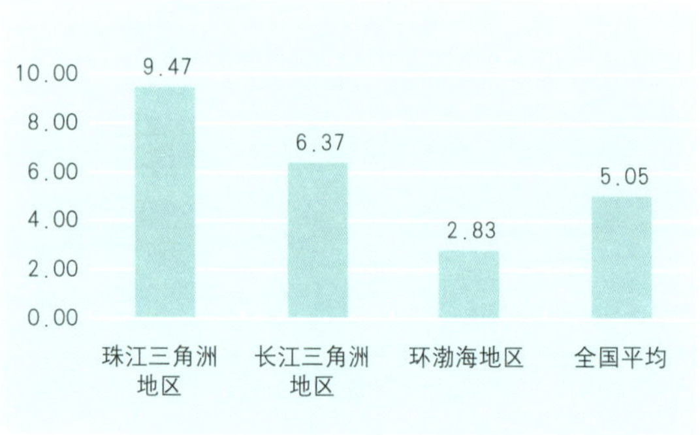

图2-3-2 2009年珠江三角洲地区综合地价增长率（%）与全国及其他地区对比图

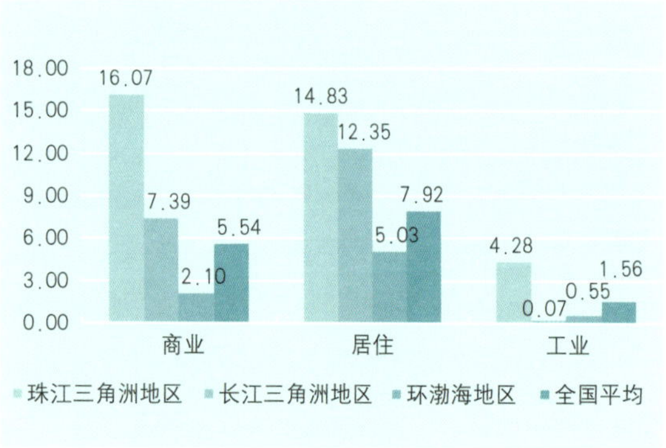

图2-3-3 2009年珠江三角洲地区各用途地价增长率（%）与全国及其他地区对比图

住用途的地价基本保持同步增长

2009 年，珠江三角洲地区成为全国地价增长最快的地区，综合地价水平值较上年增长 9.47%，增长率分别是长江三角洲地区和环渤海地区的 1.49 倍和 3.35 倍，是全国平均增长速度的 1.88 倍（图 2–3–2）。

2009 年，珠江三角洲地区各用途地价均实现了快速增长，且商业、居住地价增长速度基本同步。与其他重点监测区域相比，珠江三角洲地区的商业、居住地价增长率分别是长江三角洲地区的 2.17 倍、1.20 倍，是环渤海地区的 7.65 倍、2.95 倍；相对于长江三角洲地区和环渤海地区工业地价与 2008 年基本持平的态势，珠江三角洲地区的工业地价则呈较明显增长的态势（图 2–3–3）。

3. 珠江三角洲地区六市、区地价水平差异显著，商业、居住地价呈三级分布，工业地价呈二级分布状态

从各市、区地价水平来看，综合、居住、工业地价水平由高至低排序均为深圳市、广州市、珠海市、东莞市、佛山市顺德区、中山市，商业地价水平由高至低排序为深圳市、珠海市、广州市、佛山顺德区、东莞市、中山市。

2009 年，深圳市与其他五市、区的地价水平差值进一步扩大，是本区域中唯一各用途地价水平全部高于区域平均水平的城市，其商业、居住、工业地价水平分别是广州市的 2.83 倍、3.09 倍、2.82 倍，是中山市的 4.95 倍、15.49 倍、3.11 倍。除深圳市外，其他五市、区的工业地价水平相近，与深圳市工业地价水平比值变动区间为 0.32 ~ 0.35（图 2–3–4）。

总体而言，珠江三角洲地区城市地价水平呈三级分布：第一梯级为深圳市，其特点是各用途地价水平均列区域内最高，同时，在全国 105 个监测城市中也位居前五名之内；第二梯级是广州市和珠海市，综合地价水平在 3000 元 / 平方米以上，商业地价水平在 6000 元 / 平方米以上，居住地价水平在 5000 元 / 平方米以上；第三梯级是佛山市顺德区和东莞市、中山市，综合地价水平在 3000 元 / 平方米以下，商业地价水平在 5000 元 /

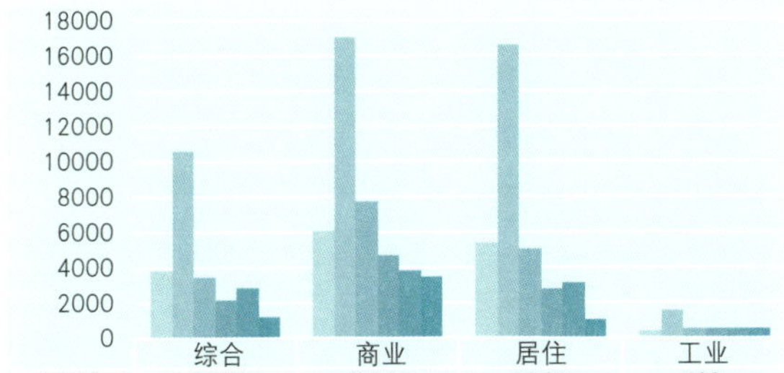

	综合	商业	居住	工业
广州市	3957	6045	5369	493
深圳市	10589	17084	16591	1571
珠海市	3446	7758	5055	537
佛山市顺德区	2161	4694	2789	530
东莞市	2856	3845	3135	537
中山市	1201	3453	1071	505

图2–3–4　2009年珠江三角洲地区主要城市各用途地价水平（元/平方米）

平方米以下，居住地价水平在3500元/平方米以下。

工业地价水平呈现显著的二级分布状态：深圳市属第一级，工业地价为1571元/平方米；其他五个市、区均属第二级，工业地价水平居于500～600元/平方米之间。

4. 深圳市各用途地价增长率远远高于珠江三角洲地区其他五市、区，但波动显著；中山市综合地价水平呈负增长，但全年整体走势平稳向上

深圳市的综合地价以33.16%的增长率从2008年的全国领跌扭转为全国领涨。而在全国105个监测城市中，中山市是7个综合地价负增长的城市之一。2009年，中山市只有商业地价增长了2.28%，在珠江三角洲地区内，中山市也是唯一的居住地价下跌的城市，跌幅为1.2%。2008～2009年，中山市的地价运行呈现与珠江三角洲地区整体地价走势相反的状态。初步分析，其原因在于：中山市各镇（区）经济发达但地域分散，中心城区对各镇（区）的经济辐射力不强，加之城镇居民住房自有率高且居住条件较好，因此自住需求及外来投资性需求均不明显，房地产市场表现一直比较理性；经历了2009年初的地价下跌后，跟随商品房市场的回暖步伐，地价缓慢、平稳增长，但

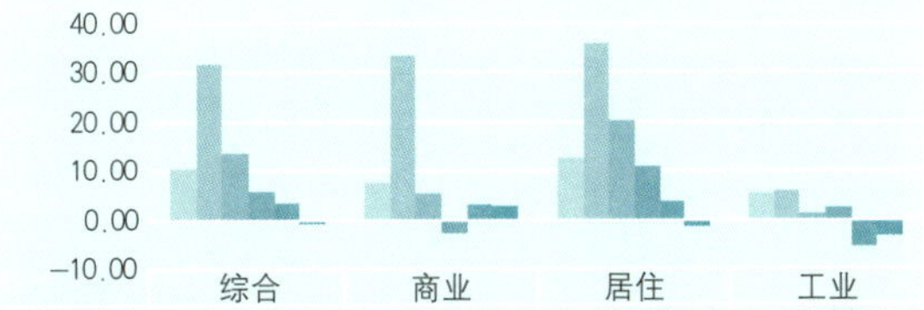

	综合	商业	居住	工业
广州市	10.44	8.04	12.18	4.89
深圳市	33.16	32.20	36.66	5.65
珠海市	13.02	4.06	20.09	0.91
佛山市顺德区	6.09	−2.49	10.41	2.32
东莞市	3.35	2.61	3.81	−5.28
中山市	−0.41	2.28	−1.20	−3.63

图2–3–5　2009年珠江三角洲地区主要城市各用途地价增长率（%）

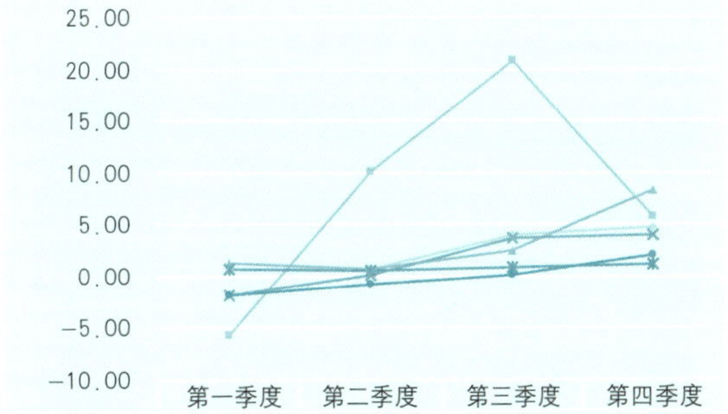

	第一季度	第二季度	第三季度	第四季度
广州市	0.7	0.69	3.99	4.47
深圳市	−5.73	10.17	20.86	5.86
珠海市	1.26	0.65	2.44	8.25
佛山市顺德区	−1.82	0.15	3.74	3.99
东莞市	0.7	0.54	0.94	1.13
中山市	−1.82	−0.84	0.17	2.12

图2–3–6　2009年珠江三角洲地区主要城市各季度综合地价环比增长率（%）示意图

2009年地价水平值仍略低于2008年（图2–3–5）。

综观2009年全年，珠江三角洲地区各市、区综合地价在第一季度涨跌互现，深圳市综合地价从第二季度起加速大幅上涨，第四季度涨幅急剧收缩，地价高位运行、波动剧烈；其他五市、区第二季度综合地价微幅波动，第三季度开始加速上涨，第四季度环比增长率达到全年最高，全年总体表现为综合地价增长率逐季温和提高（图2–3–6）。

5. 历年监测数据显示，珠江三角洲地区重点监测城市平均综合地价水平正处于加速上升阶段，其中商业地价波动剧烈，增长速度明显异于居住、工业地价

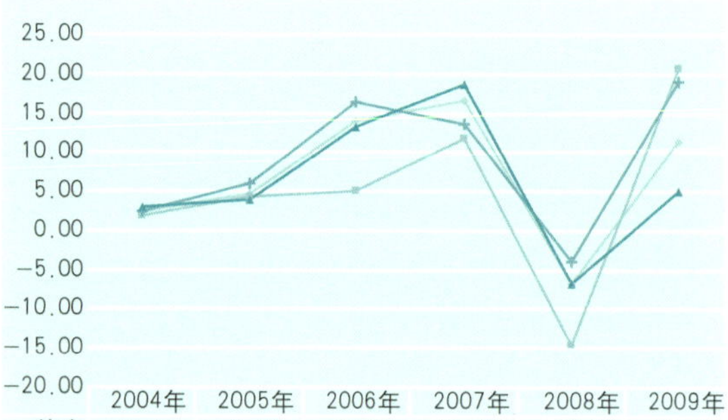

	2004年	2005年	2006年	2007年	2008年	2009年
综合	2.45	4.74	13.95	16.64	-6.75	11.34
商业	1.93	4.21	5.01	11.77	-14.57	20.67
居住	2.41	5.93	16.49	13.6	-3.92	19.03
工业	2.98	3.87	13.18	18.65	-6.68	5.04

图2-3-7 2004～2009年珠江三角洲重点监测城市各用途地价增长率（%）

2000 ～ 2005 年间，珠江三角洲地区重点监测城市地价整体走势平缓向上，平均综合地价年均增长 1.5%。2006 年开始加速增长，当年综合地价增长率为 13.95%，其中居住和工业地价增长均超过 13%，商业地价增长率则为 5.01%；2008 年综合地价下跌 6.75%，其中居住和工业地价跌幅均不足 7.0%，而商业地价跌幅为 14.57%；2009 年商业地价又以 20.67% 的高增长率超越居住和工业地价的增幅。2006 ～ 2009 年间商业地价的剧烈波动显示其较居住和工业地价对经济环境的变化更为敏感（图 2-3-7）。

（二）2009 年珠江三角洲地区城市地价与房地产市场关系分析

1. 各城市间市场需求的旺盛程度与地价房价比的变化呈现相对一致的态势

如表 2-3-1 所示，珠江三角洲地区主要城市的居住用途地价房价比值由高至低的位序，与居住地价水平的梯级分布规律基本相符。深圳市由于其特殊的城市发展历史造成特殊的人口结构，住

表2-3-1 2009年珠江三角洲地区主要城市居住地价房价比（%）①

城市	广州市	深圳市	珠海市	东莞市	中山市
地价房价比	29.17	39.37	24.20	26	15.31

房自有率仅为 33.6%，居住用房潜在需求量远远超过其他城市，投资、投机性需求十分旺盛，这一状况使得其土地资源稀缺的矛盾尤其突出，居住用途地价占房价比重远高于区域内其他城市。

结合城市地价动态监测之地价房价关系专题研究成果，珠江三角洲地区各城市内部地价房价比总体上呈现土地级别越高，地价房价比越高的规律。

2. 居住地价增长速度普遍低于新建商品住宅价格增长速度，商品房价格先于地价产生波动，且波动幅度较高

结合珠江三角洲地区各市、区房地产管理机构官方网站的有关数据，2009 年 12 月，广州市十区新建商品住宅均价比 2008 年同期上涨 40.6%，佛山市顺德区新建商品住宅交易均价较 2008 年同期上涨 26.36%，深圳市新建商品住宅价格 1 年之内上涨了近 1 倍，珠海市主城区新建商品住宅预购价格 1 年之内上涨了 38.89%②，新建商品住宅交易价格增长率均大幅度超越居住地价增长率。供求关系对房地产市场的影响，通常首先通过推动房屋价格上涨或下跌进而传导至承载房屋的土地上，因此在正常的自由交易市场上，商品房价格往往先于地价产生波动，且波动幅度大于地价波动幅度。在我国人地矛盾特别是区域性矛盾突出的状况下，地价与房价的这一关系特征尤其明显。

（三）2009 年珠江三角洲地区城市地价与社会经济发展关系分析③

2009 年是国家“扩内需、保增长”政策的实

① 数据来源：《2009 年中国城市地价与房价关系专题报告》及各城市 2009 年度动态监测报告。
② 数据来源：阳光家缘网站《2009 年 12 月广州市十区房地产交易登记情况通报》；佛山市顺德区商品房交易信息网；深圳市规划和国土资源委员会《2009 深圳房地产市场年终分析报告》；珠海建设信息网。
③ 本节数据来源：广东省统计信息网和相关市、区统计局网站。

施年。在该年度内，珠江三角洲地区生产总值、固定资产投资、房地产开发投资等经济指标呈现先抑后扬的增长趋势。监测区域内，除深圳市外，其余城市综合地价增长趋势与之相符，显示出城市地价变化与各项社会经济指标变化趋势协调一致。

2009 年 12 月，国家频繁出台直接针对房地产市场的调控政策，初步遏制了部分城市房价过快增长的势头，政策的影响延伸至土地市场，深圳市的地价增长反映明显，综合地价增长率从第三季度的 20.86% 迅速降低为 5.86%，从而影响到整个珠江三角洲地区的综合地价增长率从第三季度的 6.32% 下降为第四季度的 2.94%。调控政策对房地产市场迅速产生作用，阶段性地改变了价格走势，使得在特定时段内，城市地价与社会经济指标的变化表现出阶段性不相协调。

1. 珠江三角洲地区国民生产总值与综合地价水平均呈增长趋势，但各市、区 GDP 增长放缓，与地价增长速度的关系呈现明显差异

2009 年，广州市、深圳市、珠海市、佛山市顺德区、东莞市五市、区的 GDP 增长速度分别回落 0.8，4.69，2.4，5.2，8.7 个百分点，综合地价均实现正向增长，其中深圳市、珠海市的地价增长速度分别约为 GDP 增长速度的 3.10 倍、1.97 倍，而其他四市、区的地价增长率低于 GDP 增长率，中山市 10.2% 的 GDP 增长对应的则是地价的下降（图 2–3–8）。

2. 珠江三角洲地区主要城市固定资产投资加速增长，除深圳市、珠海市外，其他各市、区固定资产投资增长率均高于地价增长率

2009 年，珠江三角洲地区总体地价水平与固定资产投资均呈上升走势，除深圳市、珠海市外，其他各市、区的固定资产投资增长率均显著高于综合地价增长率。中山市固定资产投资高增长与地价增长率的下降相对应，呈现异常的关系态势（图 2–3–9）。

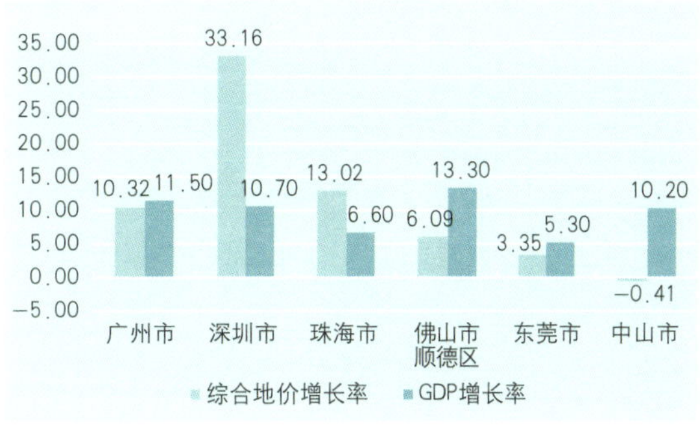

图2–3–8 2009年珠江三角洲地区主要城市综合地价增长率与GDP增长率（%）对比图

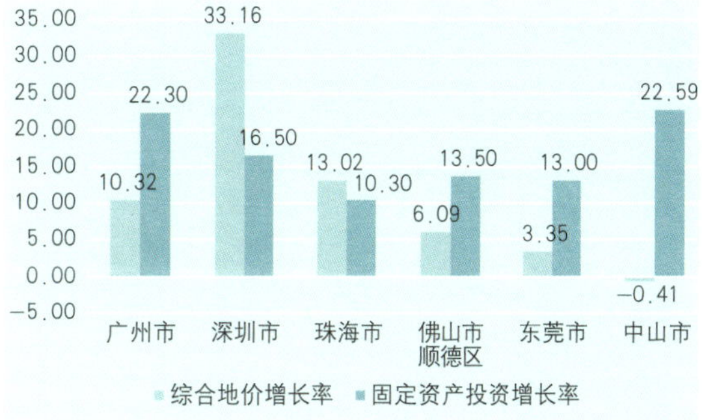

图2–3–9 2009年珠江三角洲地区主要城市综合地价增长率与固定资产投资增长率（%）对比图[①]

在“扩内需、保增长”的政策指引下，各地大规模开展基础设施等重大工程项目建设，并增加更新改造投入，积极推进产业结构升级，大量的投资对 GDP 增长作出贡献。但在建设期间，一些投资还不能即时实现其经济价值，也尚未传导至土地市场，使得地价的增长滞后于投资增长，表现为地价增长率落后于固定资产投资增长率。

3. 珠江三角洲地区主要城市房地产开发投资增长趋势与综合地价走势基本协调，但地价的增长速度快于房地产开发投资增长速度

2009 年，珠江三角洲地区主要城市房地产投资明显放缓。全年逐季分析，房地产投资在第一季度负增长、第二季度迅速恢复增长后，第三、第四季度平稳增长，这与综合地价水平第一季度负

① 数据来源：各市固定资产投资增长率来自各市统计信息网；房地产投资季度环比增长率根据广东统计信息网各市房地产开发投资月度数据计算。

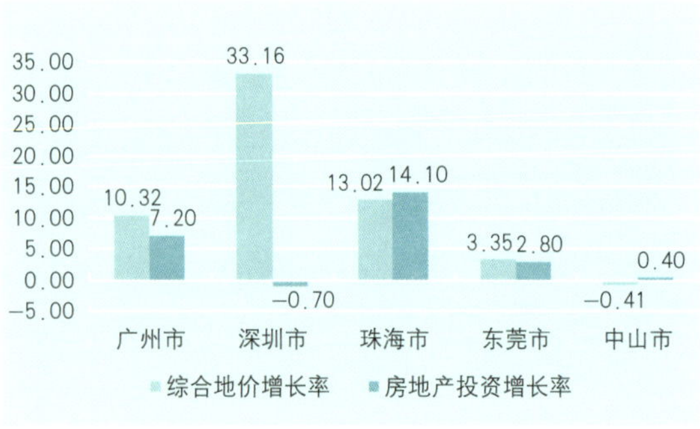

图2−3−10　2009年珠江三角洲地区主要城市综合地价增长率与房地产投资增长率（%）对比图

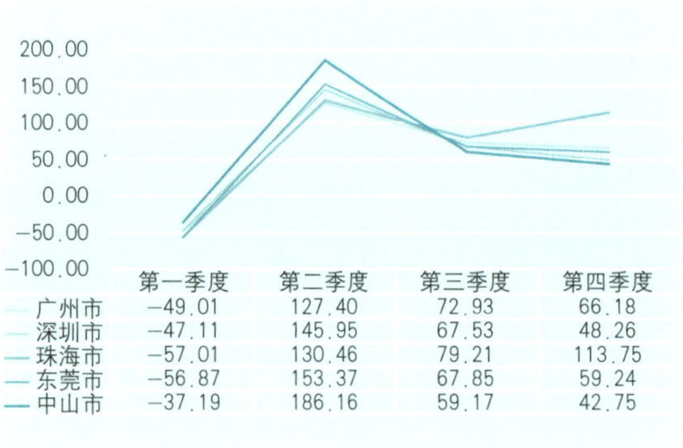

图2−3−11　2009年珠江三角洲地区主要城市房地产投资环比增长率（%）对比图[1]

增长或微涨，第二季度后逐步加快增长的总体走势基本协调。地价全年的增长速度普遍快于房地产开发投资增长速度。深圳市全年房地产开发投资较2008年相比为负增长，与地价的大幅上升呈现明显错位（图2−3−10，图2−3−11）。

（四）2009年影响珠江三角洲地区城市地价的主要因素分析

1. 鼓励性住房消费政策和宽松的金融货币环境，促使房地产市场迅速反转，带动土地市场活跃，刺激地价总体水平攀升；而商品房价格增长过快，致使年底国家再出调控措施，房地产市场重现观望态度

2009年3月初，跟随国家的一系列经济刺激政策，广东省政府发布了《关于促进我省房地产市场健康发展的若干意见》（粤府办[2009]16号），给予购房者更多的置业优惠，出台了可以申请缓交土地款、分期缴纳土地增值税、给予信贷支持等扶持房地产开发企业的政策。部分反应敏锐的消费者和投资者进入市场，广州市、深圳市等城市商品房销量大增，开发商开始提价。

5月27日，国务院发布《关于调整固定资产投资项目资本金比例的通知》（国发[2009]27号），降低房地产开发项目资本金比例，紧缩的房地产信贷政策走向宽松。广州市、深圳市城市中心地段楼盘价格高开高走，加之市场对于通胀的预期，引发具有刚性需求的消费者恐慌性入市，商品房市场迅速反转，土地市场随后开始活跃。6月10日，广州市珠江新城诞生了“新地王”，创下了住宅用地楼面地价15323元/平方米的纪录。

12月9日，国务院常务会议明确规定个人住房转让营业税征免时限由2年恢复到5年，投机、投资性购房行为成为被调控的对象。12月14日，国务院常务会议出台了遏制房价过快上涨，抑制投资及投机性购房的四条政策，强调“地方政府要切实负起责任”。12月17日，财政部、国土资源部、中国人民银行、监察部等五部委公布《关于进一步加强土地出让收支管理的通知》（财综[2009]74号），将开发商拿地的首付款比例提高到50%，且分期缴纳全部价款的期限原则上不超过一年。频繁的调控政策让房地产市场买卖双方再次进入谨慎、观望状态。

2009年12月，深圳市商品住宅供应面积环比下降18.77%，成交量环比下滑22.7%，住宅价格指数环比上升2.58%，写字楼指数和商铺指数环比分别下降1.57%和0.23%，地价增长势头明显放

[1] 数据来源：根据广东统计信息网相关市房地产开发投资月度数据计算。

缓。而广州市则因住宅新盘集中供应带动市场小幅升温，尽管12月涨价项目有所减少，但由于高档大户型物业仍占主导，住宅价格指数环比上升1.59%，写字楼和商铺指数继续上扬。同期，亚运城地块以255亿元出让，带动亚运板块项目售价持续上扬，其中东湖洲花园均价环比上升三成。

2. 经济企稳向好增强了市场信心，被压抑的投资需求、刚性需求强劲释放；高房价预期下，商住用地需求增加，催涨商业、居住用地价格

商品房价格过快上涨迫使消费需求向二级市场转移。2009年广州全市十区一手住宅成交量和成交金额分别达到978.3万平方米和914.4亿元，分别同比增长76.9%和77%；二手住宅成交量和成交金额分别为958.7万平方米和460.2亿元，分别同比增长111.6%和132.1%，楼市成交量和成交金额均创历史最高纪录。

在住房需求旺盛及高房价预期下，土地市场对商住用地的需求增加。广州全市十区供应商品住宅用地4.1平方千米，合同总地价为377.6亿元（含亚运城2.63平方千米用地和255亿元的成交地价），平均成交楼面地价4135元／平方米，分别同比增长137%，362.4%和74.5%，地价水平比2008年有较大幅度的增长，但与2007年相比，投资更为理性、稳健（平均成交楼面地价较2007年下降3.8%）①。

一直作为珠江三角洲地区商品房市场价值洼地的佛山市顺德区，2009年1～11月新建商品房住宅共成交275.08万平方米、21141套，分别较2008年同比上涨62.44%，68.27%，总成交额138.23亿元，同比增长85.59%；存量商品房共成交226.62万平方米、15968套，分别较2008年同比上涨61.94%，63.56%②。截至2009年12月24日，顺德区公开出让土地总面积是2008年全年的5.88倍，其中商服、居住、工业用途土地供应面积分别是2008年的1.46倍、5.88倍、7.65倍。

3. 规划决定土地价值。珠江三角洲地区经济一体化发展背景下，城市、城际交通网络的完善致使二、三线城市地价增值空间得到提升，轨道交通建设对城市土地升值影响尤其显著

2009年1月8日，国务院正式发布《珠江三角洲地区改革发展规划纲要（2008～2020年）》，珠江三角洲九座城市按照地缘关系划分成广州市、佛山市、肇庆市、深圳市、东莞市、惠州市和珠海市、中山市、江门市三大经济圈。

广州市自地铁开通以来，周边物业的升值效应显著。2009年，受地铁5号线开通的利好影响，沿线辐射区域内的地价明显上升，沉寂多年的二手楼市成交均价也超过了番禺区。将于2010年10月前开通的广佛地铁的影响则不仅限于住宅项目涨价，沿线物业的供应结构也发生了变化，2010年将要在几个重要站点附近推出的均为商住综合项目。

自“中珠江”一体化概念提出后，中山市坦州部分楼盘的珠海客户占到7成以上，房价一年内上涨1000～2000元／平方米。一些镇（区）甚至吸引了原来打算在珠海购房的外省置业者。2011年广珠轻轨建成通车，预计2016年港珠澳大桥建成，将拉近大珠江三角洲地区各城市间的距离，促进镇（区）的城市化发展。

在“深莞惠”经济圈背景下，深圳投资超过1000亿元建设“七横十三纵”快速路网和轨道交通等交通设施，有力推动龙岗区打造“城际中心”，吸引东莞市、惠州市的投资者加入龙岗中心城，尤其是“大运新城”的发展建设。

随着规划的调整和完善，城市功能定位日益清晰，极大地影响着土地经济质量的空间分布，全

① 资料来源：广州市国土资源和房屋管理局网站。
② 资料来源：《2009年顺德区地价状况分析报告》。

面提升了地价总体水平。城市土地开发的热点区域推陈出新，其中交通条件对土地升值潜力影响明显。

（五）2010年珠江三角洲地区地价变化趋势分析

2009年珠江三角洲地区产业结构加快调整，经济复苏明显，但其外向型经济在2010年仍然面临严峻考验。在宏观调控、旧城改造、区域经济一体化进程、亚运经济预期、产业结构调整等多项因素的综合影响下，预计2010年该地区总体地价水平将保持稳定。

1. 大规模保障性住房建设对普通商品房市场产生冲击，短期内抑制区域房价、地价增长

2010年1月7日，国务院办公厅发布《关于促进房地产市场平稳健康发展的通知》（国办发[2010]4号），各城市将加快保障性住房建设作为房地产市场调控的一项重要措施。

预计2010年，广州市将有5.6万套包括廉租房、经济适用房等在内的保障性住房入市，并针对中间群体首次推出经济租赁房。此外，广州市国土资源房屋管理局已开展了限价房需求调查，根据调查结果，相关部门将从防范和平抑房价过快增长出发，及时调整限价房销售政策，因地、因时、因需地确定限价房用地供应规模、布局和时机。

2009年10月以来，深圳市陆续推出《深圳市城市更新办法》、《深圳市住房建设规划2010年度实施计划》（征求意见稿）、《深圳市土地利用总体规划（2006～2020)》（草案）三个相关文件，针对土地资源紧缺的现状，通过年度新增住房用地、旧改用地、存量土地组合供应，增加普通商品住房供应量。2010年，深圳市商品房供应量将达到7.29万套，保障性住房2.23万套，其中近一半将从更新用地中获得。

大量保障性住房及其用地的供应，在短期内产生房价走低的预期，导致土地交易量下降，或将抑制本区域的地价增长；但从长远来看，大规模推出保障性住房必将使商品房走向高端化发展，从而带动地价空间分布差异的加大。

2. “三旧”改造及各项大型市政、基础设施建设工程铺开，将有效提升城市土地升值空间，但在“大拆大建”期间或对地价水平造成负面影响

2010年，广州市继续优化中心城市的地位，加大产业结构调整的力度，加大城区内“三旧”改造的力度，适当增加居住用地和商业用地供应规模。亚运会前将拆除9座城中村，拆建投资1000亿元。深圳市2009年启动了城中村（旧村）、工业区升级改造和旧城改造用地面积3.3平方千米项目，加快特区内的工业区升级改造，提升特区外城市化建设水平，重点推动大运新城、轨道3号线及深惠路沿线、广深公路沿线等重点地段的城中村（旧村）与旧城改造。佛山市通过“三旧”改造，已成为全国节约集约用地的先进城市。根据《佛山市三旧改造专项规划》，全市将对25.3万亩的粗放、低效用地重新规划，通过改造升级，大力发展服务业，促进产业优化提升和发展模式向轻污染、低能耗、高附加值的资金技术型转变。

中心城区土地稀缺，地段优势明显，虽然从商品市场的供求关系上来看，增加供应有助于降低商品价格，但“三旧”改造是对存量土地的优化利用，形成的将是更高价值的土地资源。同时政府不断加大基础设施和公共设施的投资力度，城市及城际交通网络不断扩张和完善，加上城乡统筹规划发展，城市化步伐加快，城郊的土地价格将明显上升。

尽管存在上述促进土地价值提升的因素，但在“大拆大建”期间，会给居住环境和商业经营环境带来不利影响，相关地段的物业租金水平将有所下降，空置率上升，因此，在短期内对地价水平或将产生负面影响。

3. 区域经济一体化发展利于城市间优势互补，促进土地资源优化利用，增强中心城市的辐射作用，提升周边城市土地价值

区域经济一体化发展有利于促进生产要素资源在更大的空间范围内优化配置，推进珠江三角洲地区城市群转型升级，提升整体竞争力，甚至带动泛珠江三角洲地区加快发展。

珠江三角洲地区经济一体化发展规划中三个经济圈的区域中心分别是广州市、深圳市、珠海市。其中广州市、深圳市具有较强的辐射力，而且广州市对三个经济圈都有辐射作用和服务功能；珠海市则因经济实力偏弱对周边的辐射能力有待培育。根据《深圳综合配套改革试验总体方案》，深圳市2010年将向国家申报将特区范围扩大至全市。基于此预期，关外的龙岗、宝安有地价上涨的要求，而短期内关内土地资源紧缺的局面不能改观。港珠澳大桥不仅将从根本上改变珠海市长期处于端点边缘城市的不利地位，更将成为大珠江三角洲的一条交通干线和未来经济发展的纽带，推动粤港澳地区的经济互动。横琴岛的开发不仅扩大了珠海市的发展空间，推动了珠海市的产业升级而且进一步推动了粤澳合作，也利于澳门产业适度的多元化。两大建设工程都为珠海市提升了土地增值潜力。以上种种，加上天赋的宜居环境、稳步增长的经济水平，都使得珠海市土地和房产市场发展空间广阔。

目前三个经济圈内一体化进展顺利，城市居民充满信心和期待，房地产市场发展的空间正在重新布局，佛山市、东莞市、中山市将分别直接受惠于广州市、深圳市、珠海市的辐射作用，为自身的发展提速，使城市土地资源的价值得到更大发挥。

4. 取消“限外令”使深圳市商业物业投资需求增长；对亚运经济、国家中心城市的良好预期将促进广州市商业地产市场活跃

深圳市商品房市场投资性需求旺盛，因此，2009年11月17日，深圳市正式取消了商业“限外令”。2009年底国家对房地产市场调控政策的密集出台，使投资性需求由住宅市场转向写字楼市场。

2009年下半年以来，广州市写字楼大宗租售成交活跃，高端项目市场份额越来越大。12月28日，广州市政府常务会议原则通过了《关于加快发展总部经济的实施意见》，明确广州市将重点引进世界500强、中国500强等大企业入驻设立总部，希望到2020年，把广州市建设成为辐射环珠江三角洲、泛珠江三角洲，影响全中国、面向世界的亚太地区最具活力“总部经济之都”。广州市被定位为5个国家中心城市之一，也为总部经济发展提供了支撑。2010年在经济整体回暖的大背景下，总部经济政策将进一步拉动广州写字楼特别是甲级、超甲级写字楼的需求。而预计2010年写字楼新增供应量巨大，因此物业租金及地价将保持平稳，而成交趋于活跃。同时，在亚运经济和太古汇招商双重影响下，广州市零售商场加快了扩张步伐，并注重租户升级。预计2010年广州市新增商业物业供应量巨大，而市场存量供应处于相对成熟的运营状态，市场整体租金水平将保持稳定。

5. 虽然金融危机的影响犹在，但产业结构调整有助于城市整体素质提高，从而带动工业地价平稳增长

外贸形势趋暖的珠江三角洲地区发生了严重的民工荒，这将迫使低附加值企业升级改造，在市场竞争中优胜劣汰。但产业升级不可能一蹴而就，因此，珠江三角洲地区在2010年仍然面临着一方面传统工业用地需求减少，价格下降，另一方面用于发展“三高”产业的工业用地供应增加，地价上升的局势。工业用地整体价格水平将平稳、小幅上升。

四、2009 年长江沿线经济带城市地价动态监测报告

（一）2009 年长江沿线经济带城市地价总体情况

1. 综合地价水平值大幅上升，增长率提高明显

2009 年，长江沿线经济带城市综合地价水平值为 3774 元／平方米，高于全国 105 个城市综合地价平均水平。其中，商业地价水平值为 6557 元／平方米，居住地价水平值为 5463 元／平方米，工业地价水平值为 705 元／平方米，各用途地价水平均高于全国平均水平（图 2–4–1）。

2009 年，长江沿线经济带城市综合地价增长率为 13.04%，高于全国 105 个城市平均综合地价增长率 7.99 个百分点；与 2008 年同期相比提升明显，上升了 12.47 个百分点。综合地价涨幅较大的主要原因是各个城市房地产市场普遍火爆，高价楼盘的推出大大提升了当地政府土地出让的底价，交易地价和监测地价同期均出现较大幅度的提升（图 2–4–2）。

2. 居住地价增幅相对较大，工业地价水平小幅下跌

2009 年，长江沿线经济带城市居住地价水平值为 5463 元／平方米，年增长率为 16.38%；商业地价水平值为 6557 元／平方米，年增长率为 9.34%；工业地价水平值为 705 元／平方米，年增长率为 –1.40%（图 2–4–3）。

从长江沿线经济带各城市来看，商业地价增幅最大的是荆州市，增长率为 27.06%，增幅最小的为常州市，增长率为 0.99%；居住地价增幅最大的同为荆州市，增长率为 30.05%，增幅最小的同为常州市，增长

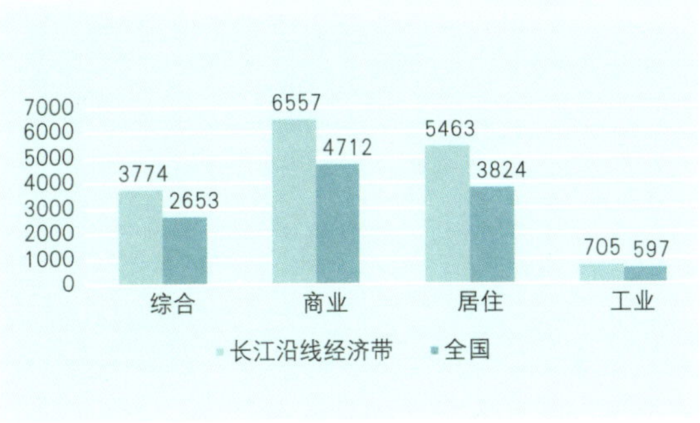

图2-4-1　2009年长江沿线经济带与全国各用途地价水平值（元/平方米）比较

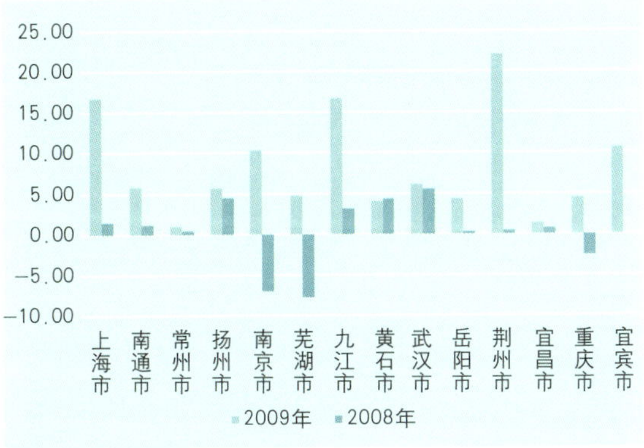

图2-4-2　2009年与2008年长江沿线经济带城市综合地价增长率（%）比较

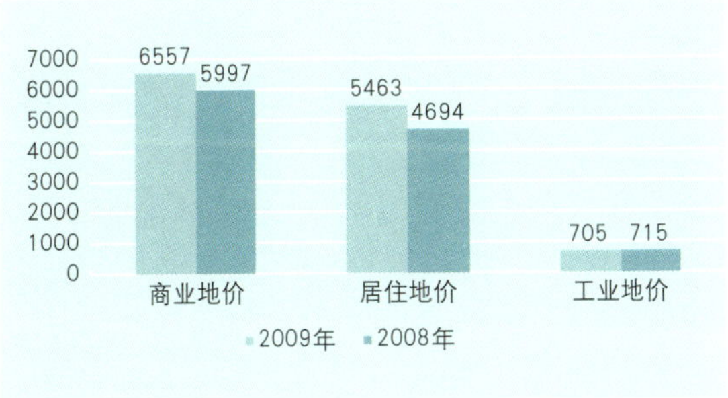

图2-4-3　2009年与2008年长江沿线经济带各类用地价格（元/平方米）比较

率为1.46%；工业地价增幅最大的为岳阳市，增长率为2.20%，跌幅最大的为九江市，增长率为−5.30%。在经济复苏的大形势下，世博会为上海市带来了巨大的商机，直接引起商、住用地价格的快速增长；荆州市和九江市在火爆的市场环境下

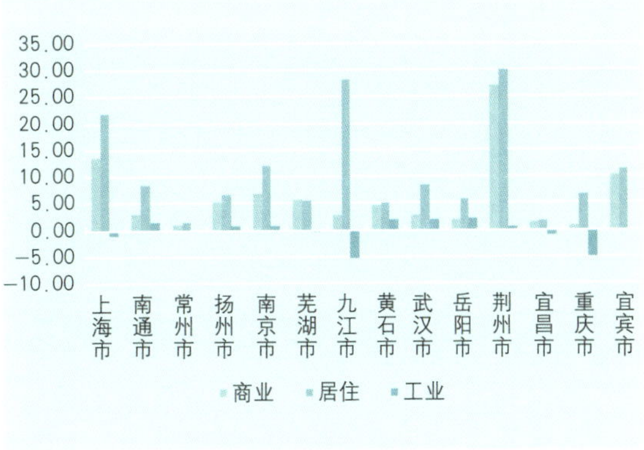

图2-4-4　2009年长江沿线经济带城市各类用地增长率（%）比较

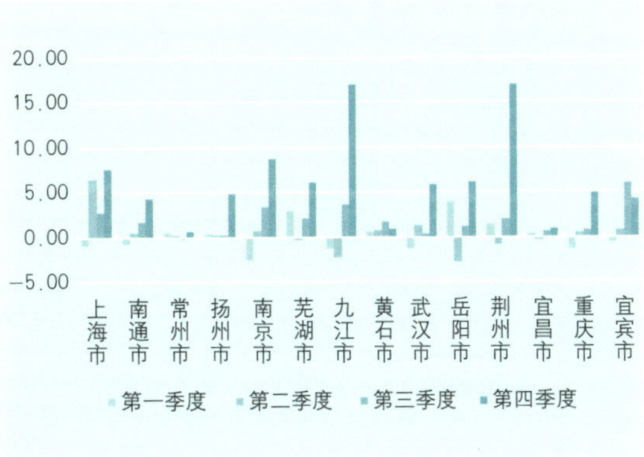

图2-4-5　2009年长江沿线经济带城市各季度综合地价环比增长率（%）比较

由于大型房地产项目推出高价楼盘，成交的活跃大大提升了当地政府对土地出让底价的预期，使得荆州市的商业、居住地价增长率和九江市的居住地价增长率均超过25%（图2-4-4）。

3.2009年各季度综合地价环比增长率总体呈上升趋势

从监测结果来看，2009年长江沿线经济带城市各季度的综合地价环比增长率总体上升，大部分城市各季度环比增长率保持递增的态势，随着国家宏观经济的强势复苏，下半年环比增长率普遍高于上半年，其中第四季度环比增长率明显提高（图2-4-5）。

4.各城市地价水平差异明显，总体呈东高西低之势

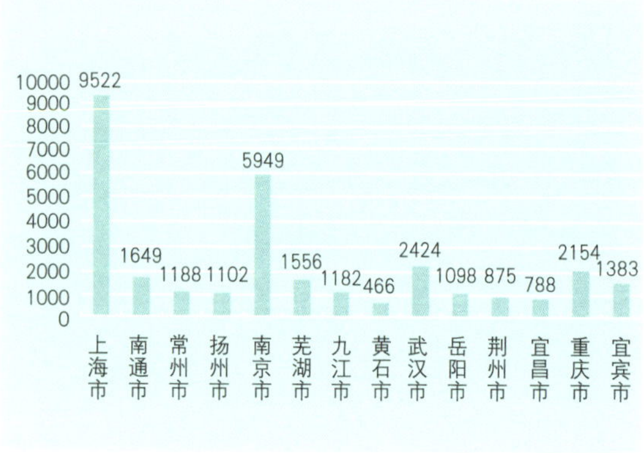

图2–4–6　2009年长江沿线经济带城市综合地价水平值（元/平方米）

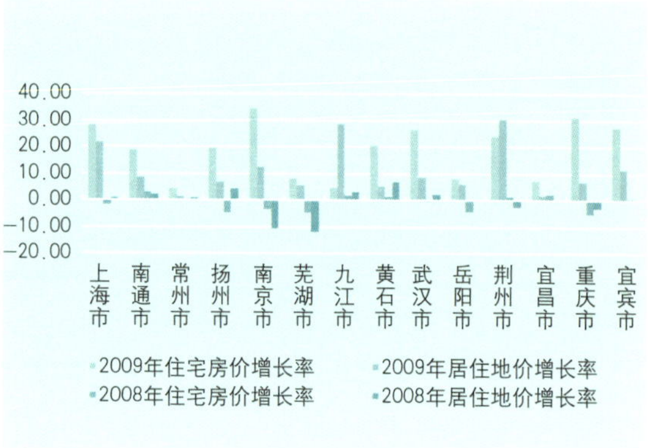

图2–4–7　2009年长江沿线经济带城市地价增长率与房价增长率（%）比较

2009 年，长江沿线经济带各城市之间的地价水平存在规律性差异，四大重点城市的综合地价水平明显高于长江沿线经济带其他城市，且总体呈东高西低之势。其中，在长江沿线经济带各城市中，上海市最高，为 9522 元／平方米，黄石市最低，仅为 466 元／平方米，上海市地价水平是黄石市地价水平的 20.43 倍。同时四大重点城市地价水平都在 2100 元／平方米之上，其他城市地价水平都在 1700 元／平方米之下，且只有上海市和南京市综合地价水平值超过了长江沿线经济带综合地价水平值（图 2–4–6）。

（二）2009 年长江沿线经济带城市地价与房地产市场关系分析

1. 房价增长速度加快，二、三线城市房价涨幅接近一线城市，大部分城市房价涨幅高于地价涨幅

从住宅房价和居住地价看，2009 年，长江沿线经济带城市的商品住房价格增长速度明显加快①，一线城市商品住房价格增长率均超过 20%，其中南京市和重庆市涨幅超过 30%；在其他二、三线城市中，位于长江三角洲地区的南通市和扬州市房价增长率也接近 20%，黄石市、荆州市、宜宾市由于商品住房价格基数小（均低于 3300 元／平方米），其增长率也略超过 20%。长江沿线经济带城市楼市的火爆也使各城市土地市场走出 2008 年的低谷。2009 年，上海市住宅房价涨幅达 28.15%，居住地价上涨 21.9%；南京市住宅房价涨幅达 34.56%，居住地价上涨 12.13%；武汉市住宅房价涨幅达 26.46%，居住地价上涨 8.43%；重庆市住宅房价涨幅达 31.22%，居住地价上涨 6.68%。除九江市和荆州市外，2009 年长江沿线经济带城市房价增长幅度均大于地价增长幅度（图 2–4–7）。

2. 东部城市楼面地价占房价的比例高于中西部城市

从成本的角度分析，楼面地价是房价的一个构成部分，楼面地价占房价的比例体现了该区域土地资源的优化配置的水平，经济越发达、地租越贵的地区该比例越高。从长江沿线经济带一线城市居住用地楼面地价占住宅房价的比例来看，上海市与南京市均达到 47% 以上，武汉市与重庆市均低于 37%，其中重庆市还低于全国平均水平（31.29%）3.39 个百分点；从长江沿线经济带一线城市商业用地楼面地价占商业物业

① 数据来源：上海市、武汉市和重庆市数据来源于中国指数研究院发布的《2009 年中国主要城市住宅市场交易年报》；扬州市、芜湖市、黄石市、岳阳市数据来源于各市房地产信息网；南京市、南通市、常州市、九江市、荆州市和宜宾市数据来源于城市地价动态监测资料；宜昌市数据来源于亿房网。

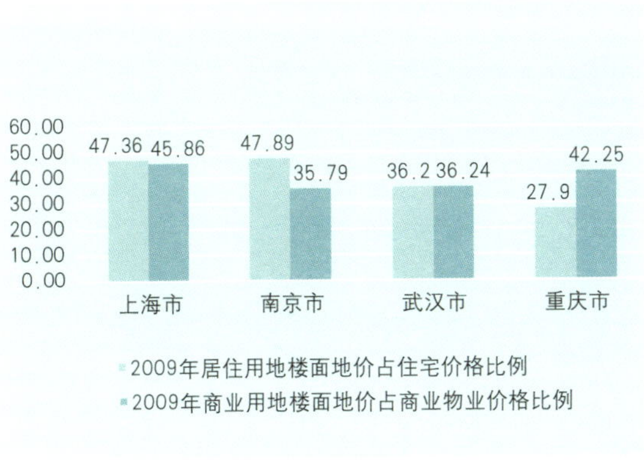

图2-4-8 2009年长江沿线经济带一线城市楼面地价占房价比例（%）对比

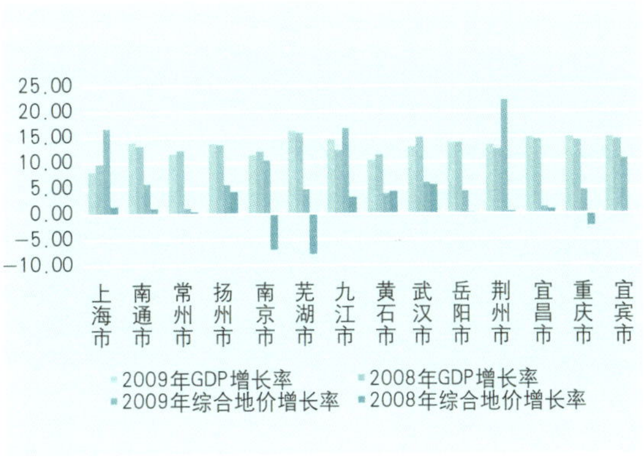

图2-4-9 2009年与2008年长江沿线经济带城市综合地价增长率与GDP增长率（%）比较

价格的比例来看，上海市和重庆市均超过42%，南京市与武汉市均处于37%以下，但均超过全国平均水平（32.22%）。总体来看，长江沿线经济带东部城市楼面地价占房价的比例普遍高于中西部城市（图2-4-8）。

（三）2009年长江沿线经济带城市地价与社会经济发展关系分析

1.2009年长江沿线经济带一线城市GDP增幅下降，二、三线城市GDP增幅有所回升，大部分城市GDP增长率高于地价增长率

经历了2008年的国际金融危机，在国家“保增长”的宏观经济政策基调下，2009年国民经济增长动力强劲。长江沿线经济带一线城市上海市、南京市、武汉市GDP增幅均较2008年有所下降，只有重庆市GDP增幅提高0.6个百分点；长江沿线经济带二、三线城市中，除常州市和黄石市GDP增幅较2008年有所下降，其他城市GDP增幅均有所回升。从2009年地价监测的结果可以看出，长江沿线经济带的综合地价增长率为13.04%，而长江沿线经济带主要城市GDP增长率在8.2%～16.2%之间[①]，2009年长江沿线经济带各城市的综合地价增长率高于GDP增长率的有上海市、九江市和荆州市；2009年长江沿线经济带各城市的综合地价增长率低于GDP增长率的有南通市、常州市、扬州市、南京市、芜湖市、黄石市、武汉市、岳阳市、宜昌市、重庆市和宜宾市（图2-4-9）。

2.2009年长江沿线经济带各城市固定资产投资继续保持快速增长，地价增长率明显低于固定资产投资增长率

随着国民经济的进一步复苏，为了保持经济持续、稳定发展，国务院制定了扩大内需的一系列计划，在国家4万亿投资的推动下，我国2009年固定资产投资持续快速增长，全年全社会固定资产投资224846亿元，比2009年增长30.1%，增速比2009年加快4.6个百分点。2009年，长江沿线经济带各城市固定资产投资增长率在9.2%～58.4%之间，而综合地价增长率在1.11%～22.21%之间，低于固定资产投资增长率。各城市固定资产投资增长率之间存在明显差异，中西部城市固定资产投资增长率明显高于东部城市固定资产投资增长率（图2-4-10）。

① 数据来源：上海市、常州市、南京市、岳阳市、荆州市、宜昌市、重庆市和宜宾市数据来源于该市统计局；南通市、扬州市、芜湖市、九江市、黄石市和武汉市数据来源于相关各市2010年政府工作报告。下文固定资产投资增长率的数据来源与此处相同。

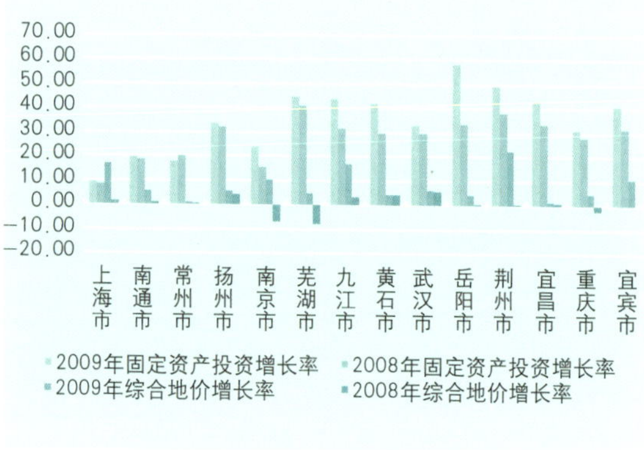

图2-4-10 2009年与2008年长江沿线经济带城市地价增长率与固定资产投资增长率（%）比较

（四）2009 年影响长江沿线经济带城市地价主要因素分析

1. 随着国民经济形势好转，投资计划的逐步落实，房地产市场强势复苏，长江沿线经济带城市地价水平增长提速

2008 年，美国次贷危机演变成席卷全球的金融危机，此次危机从虚拟经济向实体经济蔓延，导致我国经济增长放缓。进入 2009 年，国家果断出台“保增长、调结构、促改革、惠民生”的一系列宏观调控计划，实行积极的财政政策和适度宽松的货币政策，实现了经济的总体回升，经济形势出现“V”型反转。2009 年，我国 GDP 第一季度增长 6.1%，第二季度增长 7.9%，第三季度增长 8.9%，第四季度增长 10.7%，呈明显的逐季回升状态，全年 GDP 增长 8.7%，顺利完成“保八”目标，而长江沿线经济带各城市 GDP 增长率除上海市（7.1%）和黄石市（8.3%）以外，均达到 13% 以上。

随着国民经济形势的转好，国家的 4 万亿投资成为拉动经济发展的引擎，其中与房地产直接相关的投资占 32%（12800 亿元），资金的充裕和国企的强势进入推动长江沿线经济带城市土地市场走出 2008 年“流标”或“底价”成交的阴影，回到高价地频出的时代。其中，中建集团拿下的上海市新江湾城 C6 地块成为当时全国楼面地价最高的住宅用地；绿地集团拿下上海市徐汇区龙华路 1960 号地，创上海市土地总价最高纪录。不仅如此，土地市场的活跃还体现在 2008 年流拍地块重新挂牌并高价成交，如南京市建邺区所街叶圩村地块重新挂牌后以 4326 元 / 平方米的楼面地价水平成交，上海长风 6B（B6）、7C 地块重新挂牌后更是以高达 70.06 亿元的总价成交[①]。在如此火爆的市场情形下，长江沿线经济带各城市地价增幅普遍提高，上海市综合地价涨幅高达 16.75%，荆州市综合地价涨幅更是高达 22.21%。

2. 宽松的货币政策促进房地产市场回暖，推动地价加速上升

2008 年第四季度以后，国家金融政策由紧缩的货币政策转变为宽松的货币政策。2008 年 10 月 27 日，央行决定将商业性个人住房贷款利率的下限扩大为贷款利率的 0.7 倍，首付降至 20%；12 月，国务院办公厅相继发布了《国务院办公厅关于当前金融促进经济发展的若干意见》（国办发 [2008]126 号）和《国务院办公厅关于促进房地产市场健康发展的若干意见》（国办发 [2008]131 号）两个文件，明确进一步鼓励普通商品住房消费，加大对自住型和改善型住房消费的信贷支持力度，减免住房转让环节营业税等政策。为了响应国家的宏观调控政策，中国民生银行南京分行和南京银行于 2009 年 1 月率先实行 0.7 倍的利率优惠，而 2009 年 7 月 22 日武汉市政府通过了《武汉住房公积金管理

① 数据来源：搜房网。

条例》，为住房公积金贷款松绑。考虑到市场对政策的滞后性，这些宽松的货币政策对2009年的楼市成交起到了极大的推动作用，成为促成2009年房地产市场快速回暖的重要原因。

2009年3月5日，温家宝总理在政府工作报告中提出支持居民购买自住型和改善型住房的信贷、税收和其他政策，对符合条件的第二套普通自住房购买者，比照执行首次贷款购买普通自住房的优惠政策，放出了继续实施宽松货币政策的信号。3月31日，中国人民银行第一季度例会又提出适度宽松货币政策的连续性和稳定性，坚定执行了国务院的决定。据统计，2009年全国个人消费性住房贷款累计新增1.4万亿元，年末余额同比增长47.9%，增速比2008年末大37.4个百分点[①]，分别是2007年8400亿元、2008年4500亿元的1.7倍和3.1倍，创历年新高，表明商业银行在个人贷款方面较为放松。同时房地产开发企业在2009年得到大量资金支持，2009年我国主要金融机构房地产开发贷款累计新增5764亿元，年末余额同比增长30.7%，增速比2008年末大20.4个百分点[②]，房地产开发商资金普遍比较充裕，大量的拿地行为推动了地价的快速上涨。

3. 积极的土地供应政策配合宽松的货币政策，对繁荣房地产市场效果明显

土地政策从2004年被国家确定为宏观调控的重要手段以来，在抑制我国房地产价格上涨过快、盲目投资、低水平重复建设、非法压低地价招商等方面发挥了重要作用。2009年，我国实行积极的土地供应政策，从供地情况来看，全年房地产开发用地供应102840.16公顷，同比增加36.7%，房地产开发用地出让平均价款为1527元／平方米，同比增加26.7%。其中，上海市全年房地产开发用地1013公顷，房地产开发用地出让平均价款为6317元／平方米；南京市全年房地产开发用地769公顷，房地产开发用地出让平均价款为2656元／平方米；武汉市全年房地产开发用地822公顷，房地产开发用地出让平均价款为1574元／平方米；重庆市全年房地产开发用地2062公顷，房地产开发用地出让平均价款为1550元／平方米[③]。各项数据均大大超过2008年同期水平，反映出了2009年房地产市场的繁荣景象。

4. 城市化的快速推进，城市交通建设的飞速发展，城市区位的改善促使地价不断上涨

在长江沿线经济带上有我国重要的三个经济区域组团：长江三角洲经济区、武汉“1+8”城市圈和成渝经济区。三个经济区凭借其强大的影响力辐射着整个长江流域，成为城市化的先锋。随着宏观经济形势逐渐转好以及长江沿线经济带城市化的快速推进，大量人口向城市集中，形成对城市土地的刚性需求，如快速城镇化带来的购房需求，收入增长引致的改善性需求，投资、投机需求进一步释放，必将引起城市规模的扩大，促进城市郊区的地价上涨。

同时，交通和区位条件对土地价格的变动也有着极为重要的影响。从城市交通来看，一方面，地铁、轻轨等城市轨道交通建设缓解了城市中心区路面交通的拥挤，提高了交通效率，同时也对城市中心特别是地铁沿线的房地产价格产生了正

① 数据来源：中国人民银行。
② 数据来源：中国人民银行。
③ 数据来源：国土资源部土地利用司。

外部性；另一方面，更加丰富、便捷的交通线路也拉近了城市中心区与城市边缘的距离，缩短了城市中心与城市边缘的房地产价格差距，扩大了城市发展空间，释放了巨大的房地产需求。例如武汉市，从2006年地铁规划通过审批到2009年地铁开挖，地铁沿线房价全部翻番，位于汉口远城区的常青花园两个楼盘的平均售价从2005年的3100元/平方米上涨到2009年的6100元/平方米；地处武汉中心城区徐东武青四干道的花畔里项目由2007年的5000元/平方米上涨到2009年的7000元/平方米；远离市中心的光谷片也因地铁的通过，商品住宅均价从3000元最高涨到7000元，中心城区地铁沿线房地产价格还有很大的提升空间。

从城际交通来看，武广高铁的通车打通了产业转移的通道，珠江三角洲城市带、武汉城市圈和长株潭经济圈在武广高铁的串联下，将会形成崭新的“武广经济带”。时间成本的极大节约将给武汉城市圈带来上千亿元的产业投资、房地产投资和物流投资，促进其与珠江三角洲地区、长株潭经济圈优势互补、携手共赢，很大程度上将拉动长江沿线经济带中部城市的地价上涨。

（五）2010年长江沿线经济带城市地价变化趋势分析

1. 预计2010年宏观经济走势平稳，地价整体水平将稳步上涨

2009年，在国家一系列投资计划的刺激之下，我国经济形势逐步回升，鉴于回升过程中还存在不稳定因素，以及投资项目的延续性和消费增长对于政府政策的依赖，预计2010年对经济增长的刺激性政策不会马上退出。2009年12月5日，中央的经济工作会议召开，给2010年经济工作定调为“保增长，促转变”，一些宏观经济管理的政策已经逐渐明朗，积极的财政政策和适度宽松的货币政策将保持灵活性，4万亿投资政策继续实行；支持消费信贷，加大保障性和棚户区住房改造，增加土地供给等政策在2010年会进一步采用；加强市场监管，对房地产市场的监管采取不同的动作，对开发商囤地和捂盘惜售增加查处的力度。预计2010年全国GDP增速将较2009年持续回升，中国经济开始进入由“政策刺激性反弹阶段”向“市场需求反弹阶段”过渡的阶段，地价将持续稳定上涨。

2. 部分城市地价的涨幅将受到抑制

2009年12月9日，温家宝总理主持召开国务院常务会议，研究完善促进消费的若干政策措施，针对房地产市场提出“个人住房转让营业税征免时限由2年恢复到5年，其他住房消费政策继续实施”，明确释放出了调控房地产市场的信号。紧接着，12月14日的国务院常务会议又提出“加快保障性住房建设，加强市场监管，稳定市场预期，遏制部分城市房价过快上涨的势头”。本次政策明确了以“部分城市”为调控对象，理清了一线城市和二、三线城市的区别，由于长江沿线经济带中三线城市占71.43%，政策的区别对待将有利于这些城市地价的进一步上涨，从而对长江沿线经济带城市地价总体水平产生重要影响；由于从紧调控房地产市场，对于一些房价涨幅过大的一线城市来说，预计2010年地价涨幅将受到抑制。

3. 随着宏观经济形势的回暖和产业转移战略的深入实施，中西部城市地价上涨空间较大

近年来，为了实现国民经济的又好又快发展，解决长江三角洲、珠江三角洲等经济发达地区产业结构调整和产业园土地不足的问题，带动中西部欠发达地区经济的发展，我国将沿海发达地区的劳动密集型产业、加工制造业和资源型加工业逐步向欠发达地区转移。据国家统计局数据，到2010年，仅广东省、上海市、浙江省、福建省四省（市）需要转出的产业产值将达到14000亿元左右，这为以武汉市和重庆市为首的中西部城市提供了巨大的发展机遇。2009年，重庆市凭借“一小时经济圈”的巨大吸引力，实际利用内资首次突破1000亿元大关，达1468.02亿元，比2008年增长74.2%；利用内资项目达8175个，比2008年增长30.7%[①]。据统计，2007～2009年，重庆市实际利用广东省投资近400亿元人民币。与此同时，武汉市也与广州市缔结为友好城市，重点协作发展轨道交通、现代服务业、制造业和纺织业等，首批项目24个，仅广州市就投资63.37亿元，总投资117.6亿元[②]。

随着产业转移战略的深入实施，处于长江沿线经济带的各城市作为中西部的区域中心，将迎来大量的工厂、公司，以及大量的人流，对土地的需求激增，再加上长江沿线经济带城市的地价基数较低，其上涨的空间比较大。

① 数据来源：重庆市人民政府。
② 数据来源：武汉市人民政府。

03 部分 重点城市地价整体状况

一、2009 年 北京市地价整体状况

1. 地价整体水平

2009 年，北京市城市地价综合水平值为 7198 元 / 平方米。其中，商业地价水平值为 10316 元 / 平方米，居住地价水平值为 10785 元 / 平方米，工业地价水平值为 1198 元 / 平方米。居住地价高于商业地价，工业地价水平也较高，水平值之比为 1∶1.05∶0.12。居住地价最高，工业地价最低，见图 3–1–1。

2. 地价整体增长率

与 2008 年相比，2009 年北京市城市地价总体呈小幅上升趋势，地价综合增长率（平均值）为 2.58%，其中，商业地价平均增长率为 –0.83%，居住地价平均增长率为 3.84%，工业地价平均增长率为 0.93%。其中，居住地价增长率较大，工业地价增长率较小，商业地价增长率为负，见图 3–1–2。

北京市地价整体增长率历年状况如表 3–1–1。

3. 城市地价指数

2009 年，北京市城市综合地价指数为 178，比 2008 年增加 4 个点数；商业地价指数为 172，比 2008 年减少 2 个点数；居住地价指数为 192，比 2008 年增加 7

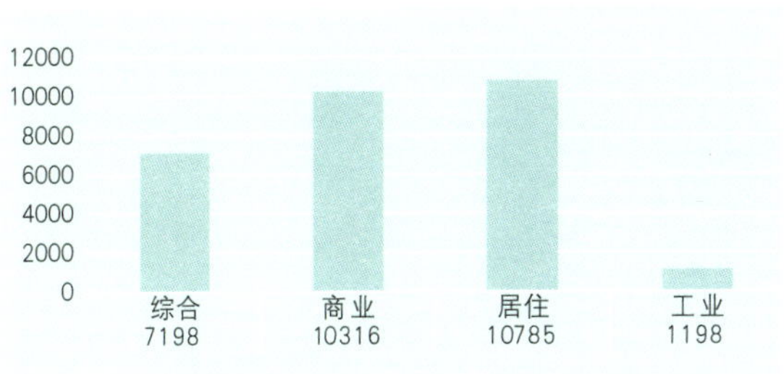

图3–1–1　北京市地价整体水平值（元/平方米）

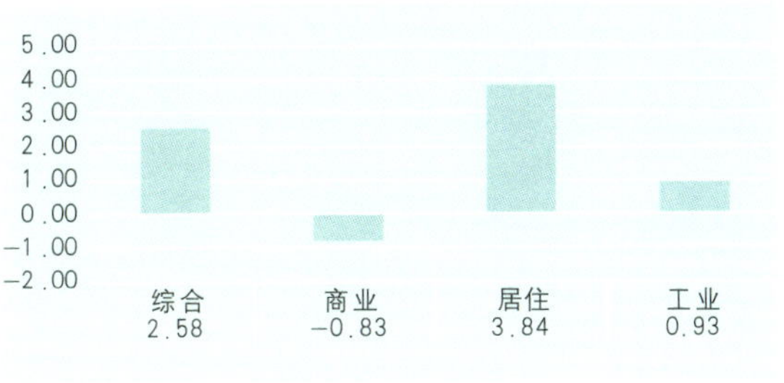

图3–1–2　北京市地价整体增长率（%）

表3–1–1　北京市地价整体增长率历年状况

单位：%

	综合	商业	居住	工业
2005年	13.90	7.49	24.92	6.51
2006年	15.10	7.43	26.26	7.60
2007年	18.24	16.74	30.16	20.71
2008年	13.34	13.74	13.99	12.60
2009年	2.58	–0.83	3.84	0.93

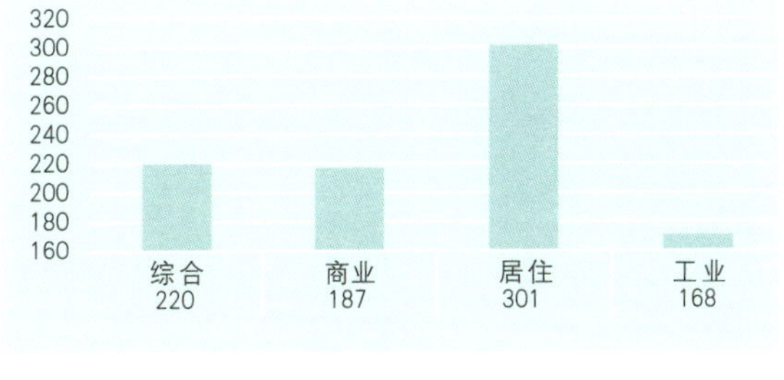

图3–1–3　北京市地价整体指数

表3–1–2　北京市地价整体指数历年状况

	综合	商业	居住	工业
2005年	138	131	155	114
2006年	159	141	195	122
2007年	188	165	254	148
2008年	214	188	289	166
2009年	220	187	301	168

个点数；工业地价指数为164，比2008年增加1个点数。其中，居住地价指数较高，商业地价指数次之，工业地价指数最低，见图3–1–3。

北京市地价整体指数历年状况如表3–1–2。

4. 居住地价与相关经济指标协调状况①

与2008年相比，2009年北京市地区生产总值增长率为10.10%，城镇固定资产投资增长率为23.20%，商品住宅销售价格增长率为13.53%。居住地价增长率为3.84%，比地区生产总值增长率低6.26个百分点，比城镇固定资产投资增长率低19.36个百分点，比商品住宅销售价格增长率低9.69个百分点，居住用地地价、房价比为37.22%。北京市居住地价增长率与地区生产总值、城镇固定资产投资及商品住宅销售价格增长率比较，见图3–1–4。

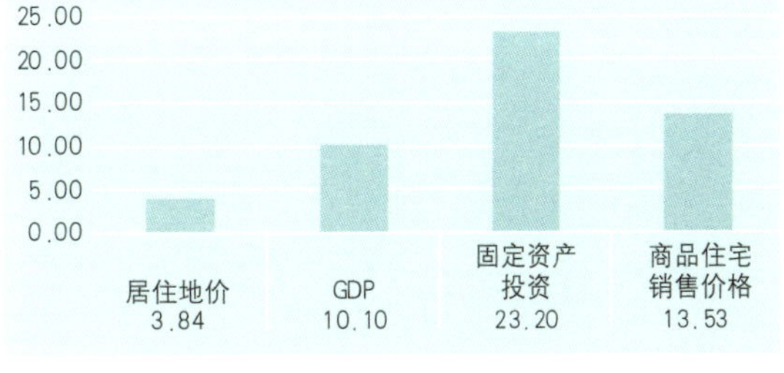

图3–1–4　北京市居住地价与相关经济指标增长率（%）比较

① 数据来源：北京统计信息网、中国城市地价动态监测系统、《中国统计年鉴》、中国房地产指数系统数据库。

二、2009 年 天津市地价整体状况

1. 地价整体水平

2009 年，天津市城市地价综合水平值为 4263 元 / 平方米。其中，商业地价水平值为 7154 元 / 平方米，居住地价水平值为 4369 元 / 平方米，工业地价水平值为 713 元 / 平方米。商业地价、居住地价、工业地价水平呈梯状排列，水平值之比为 1 : 0.61 : 0.10。商业地价最高，工业地价最低，见图 3-2-1。

2. 地价整体增长率

与 2008 年相比，2009 年天津市城市地价总体增幅明显，地价综合增长率（平均值）为 6.92%。其中，商业地价平均增长率为 4.15%，居住地价平均增长率为 9.31%，工业地价平均增长率为 2.59%。其中，居住地价增长率最大，商业地价增长率次之，工业地价增长率较小，见图 3-2-2。

天津市地价整体增长率历年状况如表 3-2-1。

3. 城市地价指数

2009 年，天津市城市综合地价指数为 173，比 2008 年增加 11 个点数；商业地价指数为 170，比 2008 年增加 6 个点数；居住地价指数为 203，比 2008 年增加 18

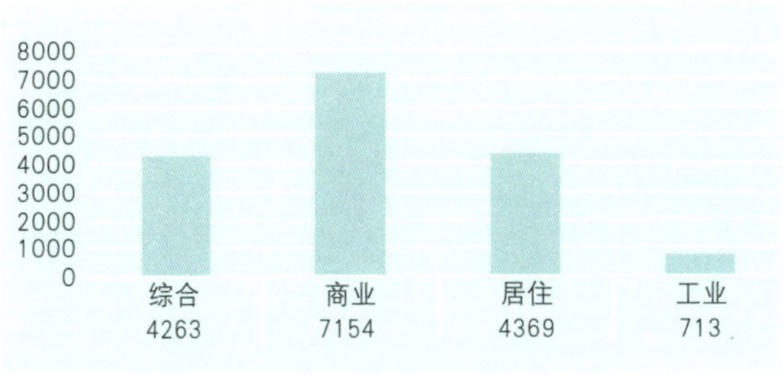

图3-2-1 天津市地价整体水平值（元/平方米）

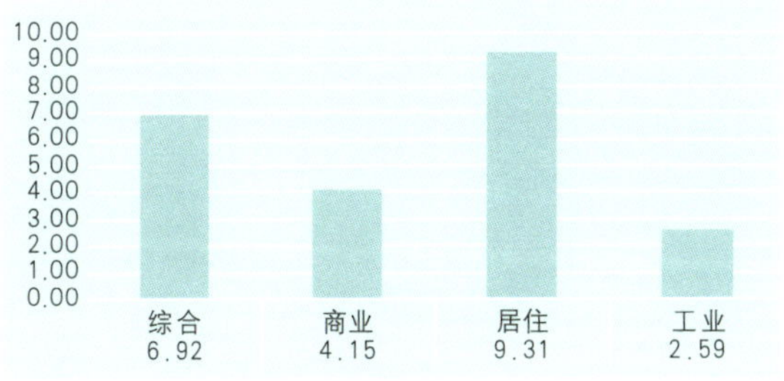

图3-2-2 天津市地价整体增长率（%）

表3-2-1 天津市地价整体增长率历年状况

单位：%

	综合	商业	居住	工业
2005年	6.08	8.49	6.55	3.20
2006年	3.06	3.17	3.85	0.47
2007年	10.83	11.32	10.74	8.17
2008年	7.93	10.01	6.21	1.18
2009年	6.92	4.15	9.31	2.59

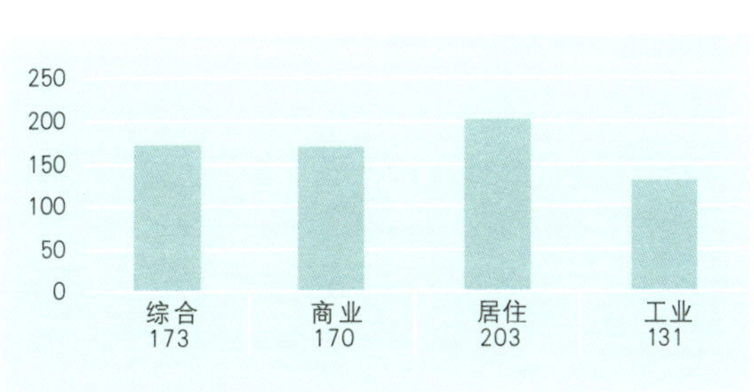

图3-2-3 天津市地价整体指数

表3-2-2 天津市地价整体指数历年状况

	综合	商业	居住	工业
2005年	131	129	152	116
2006年	135	134	158	116
2007年	150	149	174	126
2008年	162	164	185	127
2009年	173	170	203	131

个点数；工业地价指数为131，比2008年增加4个点数。其中，居住地价指数较高，商业地价指数次之，工业地价指数最低，见图3-2-3。

天津市地价整体指数历年状况如表3-2-2。

4. 居住地价与相关经济指标协调状况①

与2008年相比，2009年天津市全市生产总值增长率为16.50%，城镇固定资产投资增长率为47.40%，商品住宅销售价格增长率为18.00%。居住地价增长率为9.31%，比全市生产总值增长率低7.19个百分点，比城镇固定资产投资增长率低38.09个百分点，比商品住宅销售价格增长率低8.69个百分点，居住用地地价、房价比为42.08%。天津市居住地价增长率与全市生产总值、城镇固定资产投资及商品住宅销售价格增长率比较，见图3-2-4。

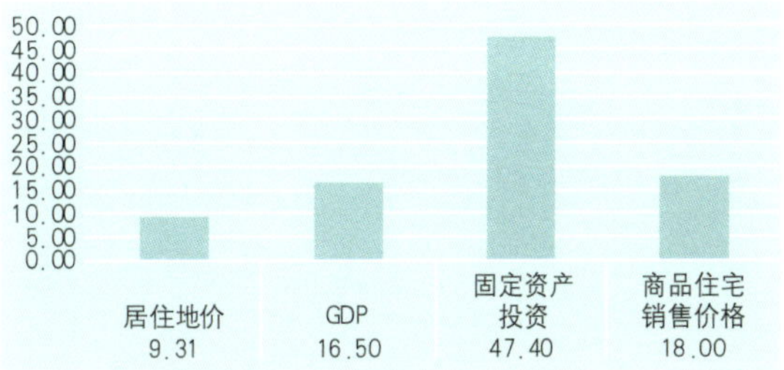

图3-2-4 天津市居住地价与相关经济指标增长率（%）比较

① 数据来源：天津统计信息网、中国城市地价动态监测系统、《中国统计年鉴》、中国房地产指数系统数据库。

三、2009年 石家庄市地价整体状况

1. 地价整体水平

2009年，石家庄市城市地价综合水平值为1265元/平方米。其中，商业地价水平值为1746元/平方米，居住地价水平值为1330 /平方米，工业地价水平值为667元/平方米。商业地价、居住地价、工业地价水平呈梯状排列，水平值之比为1：0.76：0.38。商业地价最高，工业地价最低，见图3-3-1。

2. 地价整体增长率

与2008年相比，2009年石家庄市城市地价总体略有上升，地价综合增长率（平均值）为0.12%。其中，商业地价平均增长率为0.12%，居住地价平均增长率为0.14%，工业地价平均增长率为0.05%。其中，居住地价增长率略大，商业地价增长率次之，工业地价增长率最小，见图3-3-2。

石家庄市地价整体增长率历年状况如表3-3-1。

3. 城市地价指数

2009年，石家庄市城市综合地价指数为120，与2008年持平；商业地价指数为120，比2008年增加1个点数；居住地价指数为127，与2008年持平；工业地价指

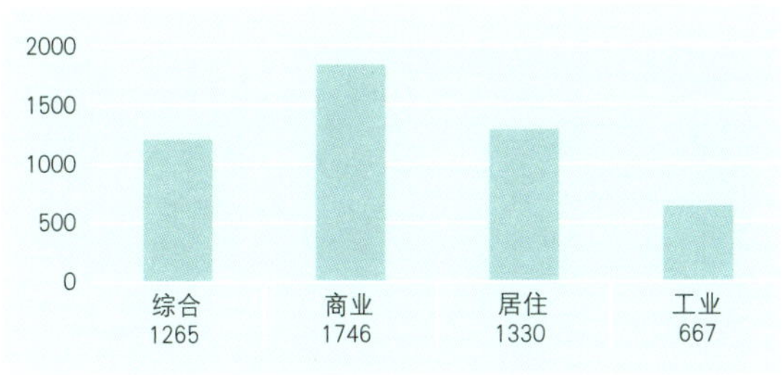

图3–3–1　石家庄市地价整体水平值（元/平方米）

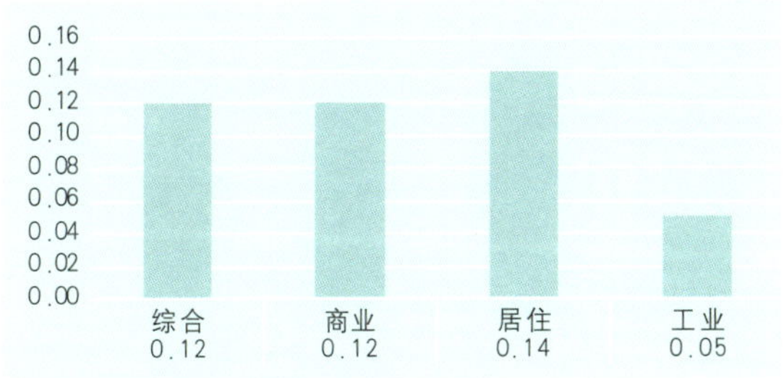

图3–3–2　石家庄市地价整体增长率（%）

表3–3–1　石家庄市地价整体增长率历年状况

单位：%

	综合	商业	居住	工业
2005年	0.93	0.23	2.35	0.22
2006年	7.88	7.17	9.51	6.71
2007年	2.14	2.11	2.61	0.00
2008年	1.43	1.22	0.64	0.83
2009年	0.12	0.12	0.14	0.05

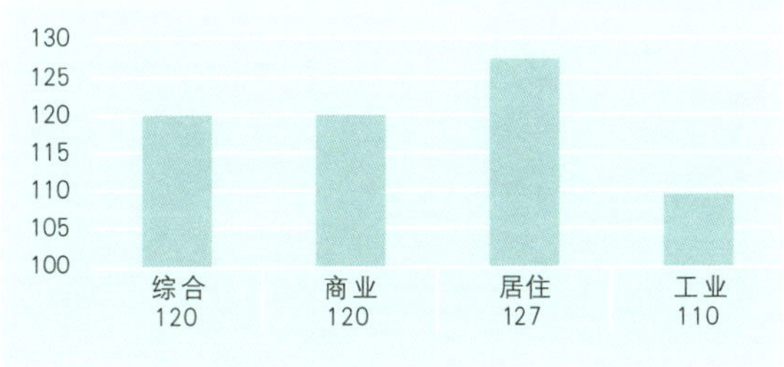

图3–3–3　石家庄市地价整体指数

表3–3–2　石家庄市地价整体指数历年状况

	综合	商业	居住	工业
2005年	107	108	113	102
2006年	116	116	123	109
2007年	118	118	126	109
2008年	120	119	127	110
2009年	120	120	127	110

数为110，与2008年持平。其中，居住地价指数较高，商业地价指数次之，工业地价指数最低，见图3–3–3。

石家庄市地价整体指数历年状况如表3–3–2。

4. 居住地价与相关经济指标协调状况①

与2008年相比，2009年石家庄市地区生产总值增长率为11.10%，城镇固定资产投资增长率为41.30%，商品住宅销售价格增长率为41.98%。居住地价增长率为0.14%，比地区生产总值增长率低10.96个百分点，比城镇固定资产投资增长率低41.16个百分点，比商品住宅销售价格增长率低41.84个百分点，居住用地地价、房价比为20.23%。石家庄市居住地价增长率与地区生产总值、城镇固定资产投资及商品住宅销售价格增长率比较，见图3–3–4。

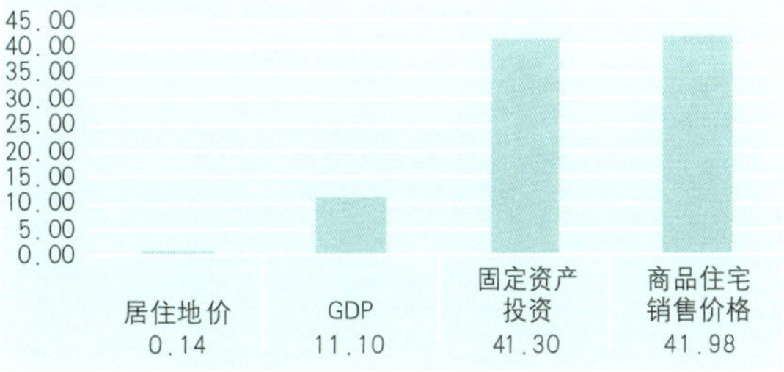

图3–3–4　石家庄市居住地价与相关经济指标增长率（%）比较

① 数据来源：石家庄统计信息网、中国城市地价动态监测系统、《中国统计年鉴》、中国房地产指数系统数据库。

四、2009 年
太原市地价整体状况

1. 地价整体水平

2009 年，太原市城市地价综合水平值为 1172 元 / 平方米。其中，商业地价水平值为 1690 元 / 平方米，居住地价水平值为 1192 元 / 平方米，工业地价水平值为 569 元 / 平方米。商业地价、居住地价、工业地价水平呈梯状排列，水平值之比为 1 : 0.71 : 0.34。商业地价最高，工业地价最低，见图 3-4-1。

2. 地价整体增长率

与 2008 年相比，2009 年太原市城市地价总体呈上升趋势，地价综合增长率（平均值）为 2.09%。其中，商业地价平均增长率为 0.60%，居住地价平均增长率为 4.01%，工业地价平均增长率为 2.71%。其中，居住地价增长率较大，工业地价增长率次之，商业地价增长率最小，见图 3-4-2。

太原市地价整体增长率历年状况如表 3-4-1。

3. 城市地价指数

2009 年，太原市城市综合地价指数为 135，比 2008 年增加 4 个点数；商业地价指数为 143，比 2008 年增加 1 个点数；居住地价指数为 133，比 2008 年增加 5 个

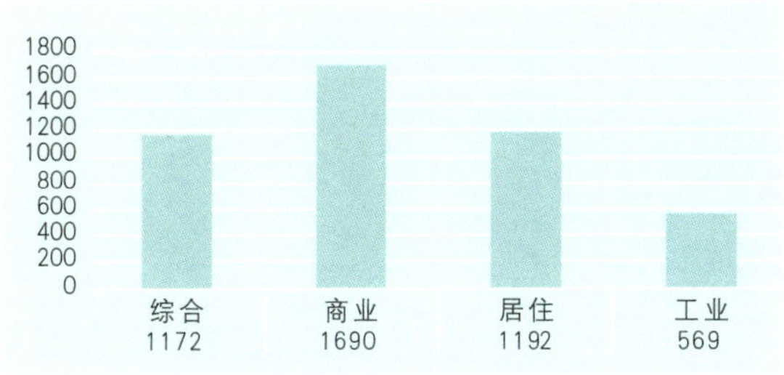

图3–4–1　太原市地价整体水平值（元/平方米）

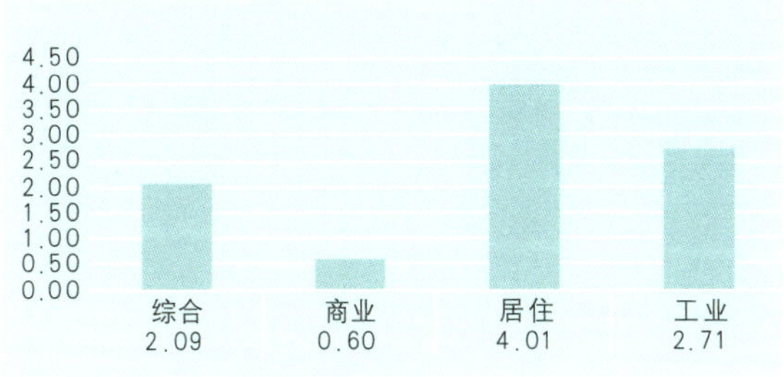

图3–4–2　太原市地价整体增长率（%）

表3–4–1　太原市地价整体增长率历年状况

单位：%

	综合	商业	居住	工业
2005年	2.42	8.31	−1.05	0.00
2006年	4.60	3.82	6.22	3.75
2007年	15.61	13.28	14.73	18.82
2008年	1.68	5.86	0.79	6.54
2009年	2.09	0.60	4.01	2.71

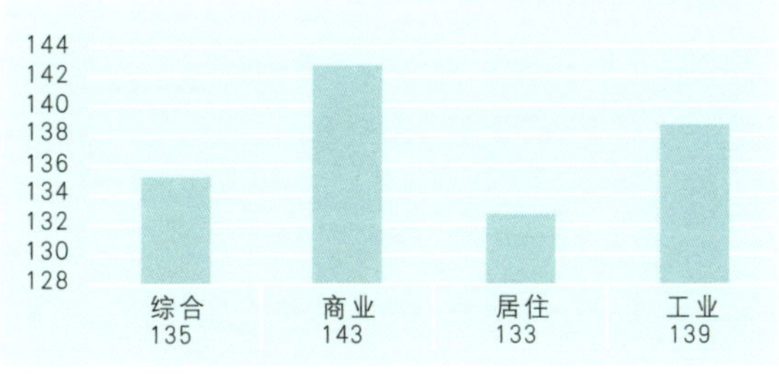

图3–4–3　太原市地价整体指数

表3–4–2　太原市地价整体指数历年状况

	综合	商业	居住	工业
2005年	107	114	104	102
2006年	112	119	110	106
2007年	129	134	127	126
2008年	131	142	128	135
2009年	135	143	133	139

点数；工业地价指数为139，比2008年增加4个点数。其中，商业地价指数较高，工业地价指数次之，居住地价指数最低，见图3–4–3。

太原市地价整体指数历年状况如表3–4–2。

4. 居住地价与相关经济指标协调状况①

与2008年相比，2009年太原市地区生产总值增长率为2.60%，城镇固定资产投资增长率为9.70%，商品住宅销售价格增长率为20.20%。居住地价增长率为4.01%，比地区生产总值增长率高1.41个百分点，比城镇固定资产投资增长率低5.69个百分点，比商品住宅销售价格增长率低16.19个百分点，居住用地地价、房价比为20.51%。太原市居住地价增长率与地区生产总值、城镇固定资产投资及商品住宅销售价格增长率比较，见图3–4–4。

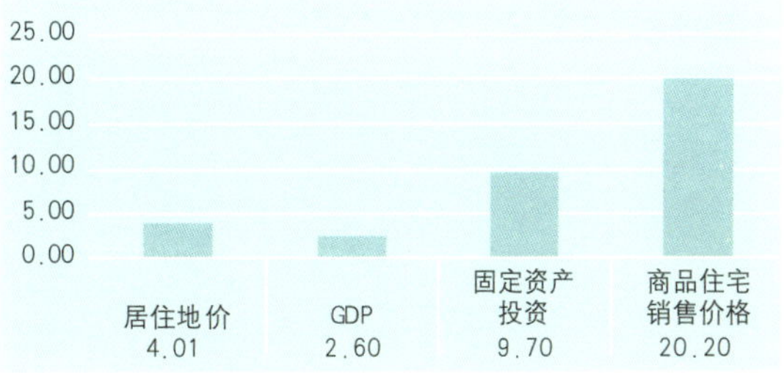

图3–4–4　太原市居住地价与相关经济指标增长率（%）比较

① 数据来源：太原市统计信息网、中国城市地价动态监测系统、《中国统计年鉴》、中国房地产指数系统数据库。

五、2009 年
呼和浩特市地价整体状况

1. 地价整体水平

2009 年，呼和浩特市城市地价综合水平值为 1077 元 / 平方米。其中，商业地价水平值为 1740 元 / 平方米，居住地价水平值为 875 元 / 平方米，工业地价水平值为 328 元 / 平方米。商业地价、居住地价、工业地价水平呈梯状排列，水平值之比为 1∶0.50∶0.19。商业地价最高，工业地价最低，见图 3–5–1。

2. 地价整体增长率

与 2008 年相比，2009 年呼和浩特市城市地价总体增幅明显，地价综合增长率（平均值）为 7.16%。其中，商业地价平均增长率为 8.21%，居住地价平均增长率为 5.42%，工业地价平均增长率为 4.79%。其中，居住地价增长率较大，商业地价增长率次之，工业地价增长率最小，见图 3–5–2。

呼和浩特市地价整体增长率历年状况如表 3–5–1。

3. 城市地价指数

2009 年，呼和浩特市城市综合地价指数为 151，比 2008 年增加 10 个点数；商业地价指数为 176，比 2008 年增加 12 个点数；居住地价指数为 148，比 2008

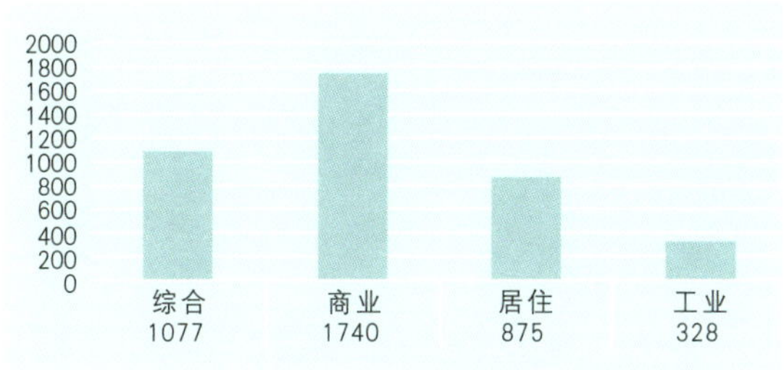

图3–5–1　呼和浩特市地价整体水平值（元/平方米）

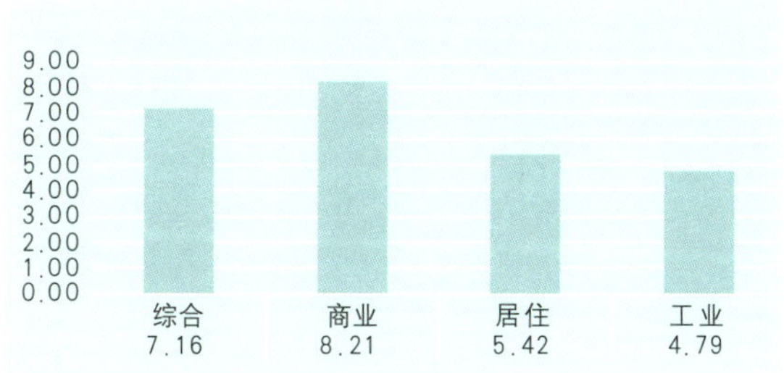

图3–5–2　呼和浩特市地价整体增长率（%）

表3–5–1　呼和浩特市地价整体增长率历年状况

单位：%

	综合	商业	居住	工业
2005年	4.13	4.30	8.00	0.00
2006年	3.96	4.20	4.64	3.03
2007年	2.00	8.78	3.54	3.12
2008年	5.12	5.28	6.52	3.25
2009年	7.16	8.21	5.42	4.79

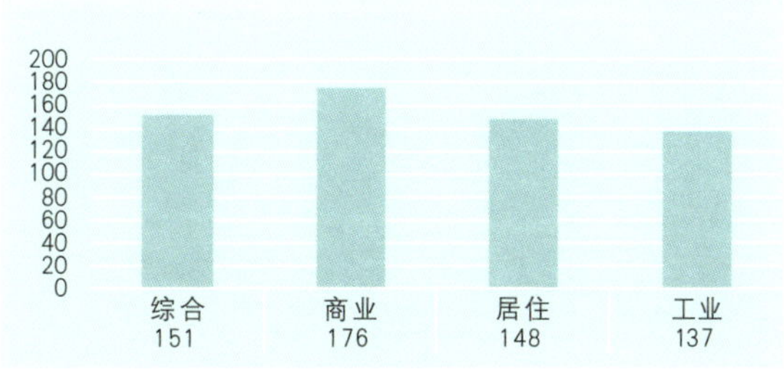

图3–5–3　呼和浩特市地价整体指数

表3–5–2　呼和浩特市地价整体指数历年状况

	综合	商业	居住	工业
2005年	126	137	122	119
2006年	131	143	127	123
2007年	134	155	132	127
2008年	141	164	141	131
2009年	151	176	148	137

年增加7个点数；工业地价指数为137，比2008年增加6个点数。其中，商业地价指数较高，居住地价指数次之，工业地价指数最低，见图3–5–3。

呼和浩特市地价整体指数历年状况如表3–5–2。

4. 居住地价与相关经济指标协调状况①

与2008年相比，2009年呼和浩特市地区生产总值增长率为15.90%，全市固定资产投资增长率为25.00%，商品住宅销售价格增长率为29.51%。居住地价增长率为5.42%，比地区生产总值增长率低10.48个百分点，比全市固定资产投资增长率低19.58个百分点，比商品住宅销售价格增长率低24.09个百分点，居住用地地价、房价比为22.76%。呼和浩特市居住地价增长率与地区生产总值、全市固定资产投资及商品住宅销售价格增长率比较，见图3–5–4。

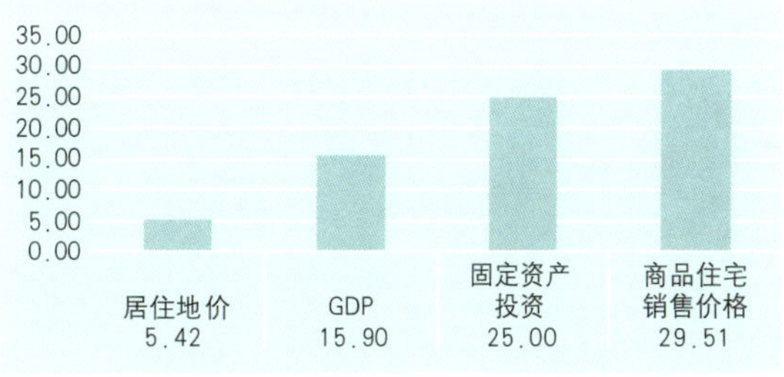

图3–5–4　呼和浩特市居住地价与相关经济指标增长率（%）比较

① 数据来源：中国统计信息网、中国城市地价动态监测系统、《中国统计年鉴》、中国房地产指数系统数据库。

六、2009 年 沈阳市地价整体状况

1. 地价整体水平

2009 年，沈阳市城市地价综合水平值为 1876 元 / 平方米。其中，商业地价水平值为 2448 元 / 平方米，居住地价水平值为 2145 元 / 平方米，工业地价水平值为 583 元 / 平方米。商业地价、居住地价、工业地价水平呈梯状排列，水平值之比为 1：0.88：0.24。商业地价最高，工业地价最低，见图 3–6–1。

2. 地价整体增长率

与 2008 年相比，2009 年沈阳市城市地价总体呈上升趋势，地价综合增长率（平均值）为 2.57%。其中，商业地价平均增长率为 2.64%，居住地价平均增长率为 2.05%，工业地价平均增长率为 1.75%。其中，商业地价增长率较大，居住地价增长率次之，工业地价增长率最小，见图 3–6–2。

沈阳市地价整体增长率历年状况如表 3–6–1。

3. 城市地价指数

2009 年，沈阳市城市综合地价指数为 164，比 2008 年增加 4 个点数；商业地价指数为 180，比 2008 年增加 5 个点数；居住地价指数为 176，比 2008 年增加 3 个点数；工

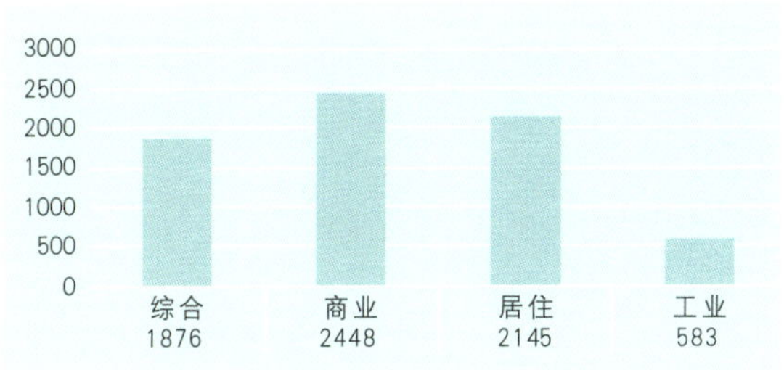

图3-6-1　沈阳市地价整体水平值（元/平方米）

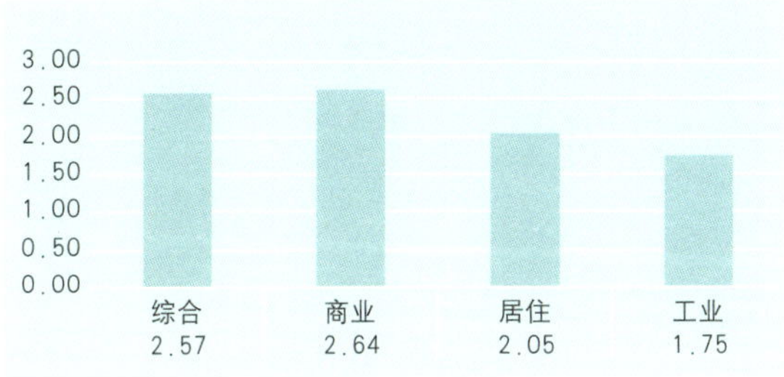

图3-6-2　沈阳市地价整体增长率（%）

表3-6-1　沈阳市地价整体增长率历年状况

单位：%

	综合	商业	居住	工业
2005年	6.14	6.55	8.97	2.91
2006年	10.72	10.95	12.34	3.94
2007年	6.56	5.95	4.45	17.47
2008年	3.16	2.39	3.76	3.58
2009年	2.57	2.64	2.05	1.75

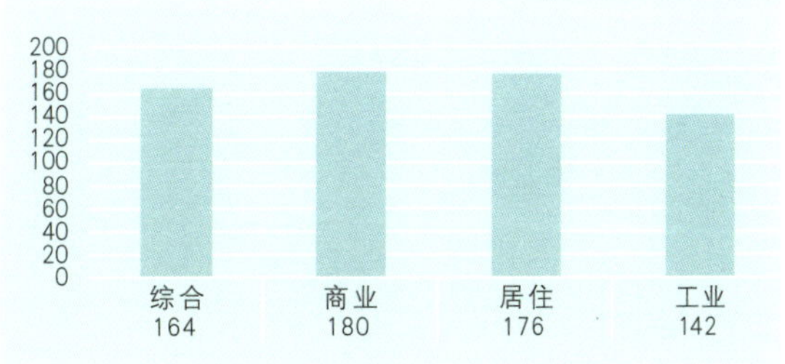

图3-6-3　沈阳市地价整体指数

表3-6-2　沈阳市地价整体指数历年状况

	综合	商业	居住	工业
2005年	131	145	142	110
2006年	146	161	159	114
2007年	155	171	167	134
2008年	160	175	173	139
2009年	164	180	176	142

业地价指数为142，比2008年增加3个点数。其中，商业地价指数较高，居住地价指数次之，工业地价指数最低，见图3-6-3。

沈阳市地价整体指数历年状况如表3-6-2。

4. 居住地价与相关经济指标协调状况①

与2008年相比，2009年沈阳市地区生产总值增长率为14.10%，城镇固定资产投资增长率为20.80%，商品住宅销售价格增长率为8.82%。居住地价增长率为2.05%，比地区生产总值增长率低12.05个百分点，比城镇固定资产投资增长率低18.75个百分点，比商品住宅销售价格增长率低6.77个百分点，居住用地地价、房价比为32.90%。沈阳市居住地价增长率与地区生产总值、城镇固定资产投资及商品住宅销售价格增长率比较，见图3-6-4。

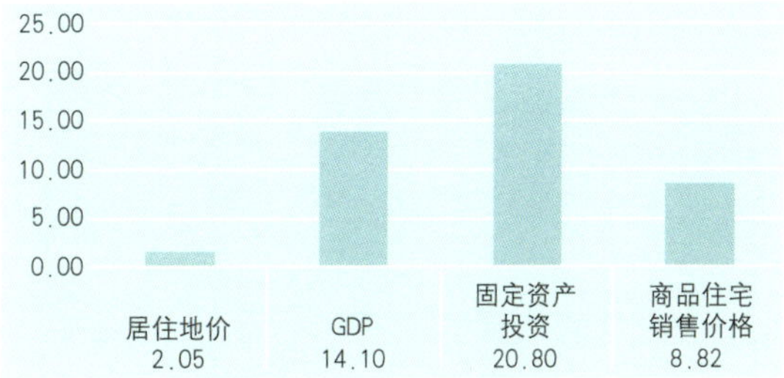

图3-6-4　沈阳市居住地价与相关经济指标增长率（%）比较

① 数据来源：沈阳统计信息网、中国城市地价动态监测系统、《中国统计年鉴》、中国房地产指数系统数据库。

七、2009 年
大连市地价整体状况

1. 地价整体水平

2009 年，大连市城市地价综合水平值为 1780 元 / 平方米。其中，商业地价水平值为 4147 元 / 平方米，居住地价水平值为 2075 元 / 平方米，工业地价水平值为 619 元 / 平方米。商业地价、居住地价、工业地价水平呈梯状排列，水平值之比为 1 : 0.50 : 0.15。商业地价最高，工业地价最低，见图 3-7-1。

2. 地价整体增长率

与 2008 年相比，2009 年大连市城市地价总体呈上升趋势，地价综合增长率（平均值）为 4.89%。其中，商业地价平均增长率为 2.27%，居住地价平均增长率为 6.57%，工业地价平均增长率为 0.49%。其中，居住地价增长率较大，商业地价增长率次之，工业地价增长率最小，见图 3-7-2。

大连市地价整体增长率历年状况如表 3-7-1。

3. 城市地价指数

2009 年，大连市城市综合地价指数为 170，比 2008 年增加 8 个点数；商业地价指数为 122，比 2008 年增加 2 个点数；居住地价指数为 203，比 2008 年增加 13 个

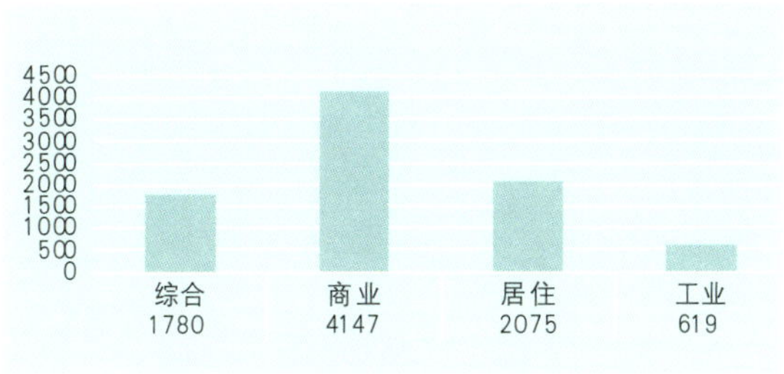

图3-7-1　大连市地价整体水平值（元/平方米）

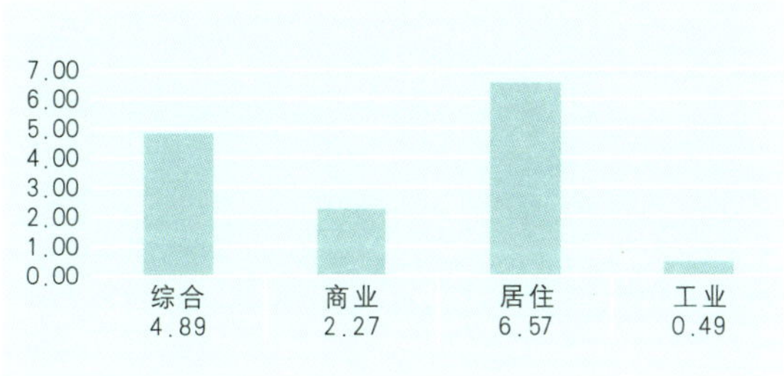

图3-7-2　大连市地价整体增长率（%）

表3-7-1　大连市地价整体增长率历年状况

单位：%

	综合	商业	居住	工业
2005年	6.50	2.29	9.30	-0.90
2006年	16.65	1.07	16.78	0.91
2007年	6.00	0.70	8.47	11.70
2008年	4.69	1.35	6.34	0.49
2009年	4.89	2.27	6.57	0.49

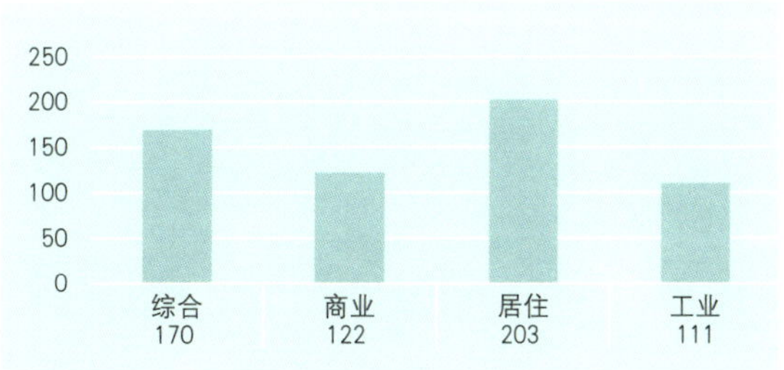

图3-7-3　大连市地价整体指数

表3-7-2　大连市地价整体指数历年状况

	综合	商业	居住	工业
2005年	125	116	141	97
2006年	146	117	165	98
2007年	155	118	179	110
2008年	162	120	190	110
2009年	170	122	203	111

点数；工业地价指数为111，比2008年增加1个点数。其中，居住地价指数较高，商业地价指数次之，工业地价指数最低，见图3-7-3。

大连市地价整体指数历年状况如表3-7-2。

4. 居住地价与相关经济指标协调状况①

与2008年相比，2009年大连市地区生产总值增长率为15.00%，全社会固定资产投资增长率为30.20%，商品住宅销售价格增长率为9.93%。居住地价增长率为6.57%，比地区生产总值增长率低8.43个百分点，比固定资产投资增长率低23.63个百分点，比商品住宅销售价格增长率低3.36个百分点，居住用地地价、房价比为32.54%。大连市居住地价增长率与地区生产总值、固定资产投资及商品住宅销售价格增长率比较，见图3-7-4。

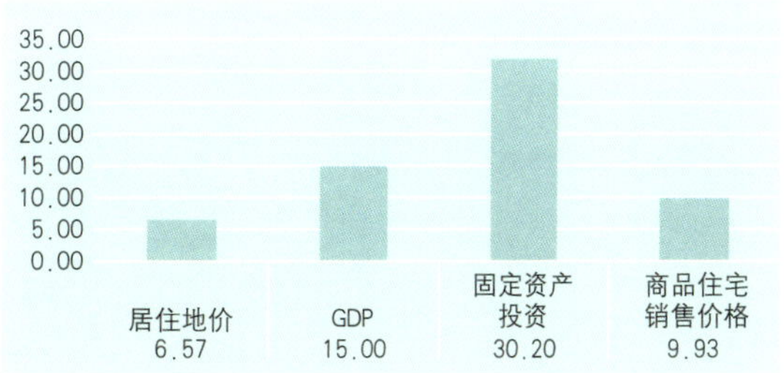

图3-7-4　大连市居住地价与相关经济指标增长率（%）比较

① 数据来源：大连市2010年政府工作报告、中国城市地价动态监测系统、《中国统计年鉴》、中国房地产指数系统数据库。

八、2009 年
长春市地价整体状况

1. 地价整体水平

2009 年，长春市城市地价综合水平值为 1687 元 / 平方米。其中，商业地价水平值为 3339 元 / 平方米，居住地价水平值为 2058 元 / 平方米，工业地价水平值为 393 元 / 平方米。商业地价、居住地价、工业地价水平呈梯状排列，水平值之比为 1∶0.62∶0.12。商业地价最高，工业地价最低，见图 3–8–1。

2. 地价整体增长率

与 2008 年相比，2009 年长春市城市地价总体呈明显上升趋势，地价综合增长率（平均值）为 7.45%。其中，商业地价平均增长率为 8.30%，居住地价平均增长率为 8.15%，工业地价平均增长率为 0。其中，商业地价增长率较大，居住地价增长率次之，工业地价与 2008 年持平，见图 3–8–2。

长春市地价整体增长率历年状况如表 3–8–1。

3. 城市地价指数

2009 年，长春市城市综合地价指数为 217，比 2008 年增加 15 个点数；商业地价指数为 191，比 2008 年增加 14 个点数；居住地价指数为 227，比 2008 年增加 17

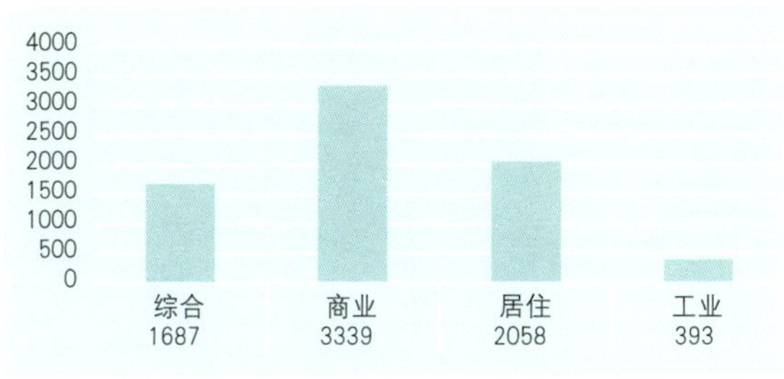

图3-8-1　长春市地价整体水平值（元/平方米）

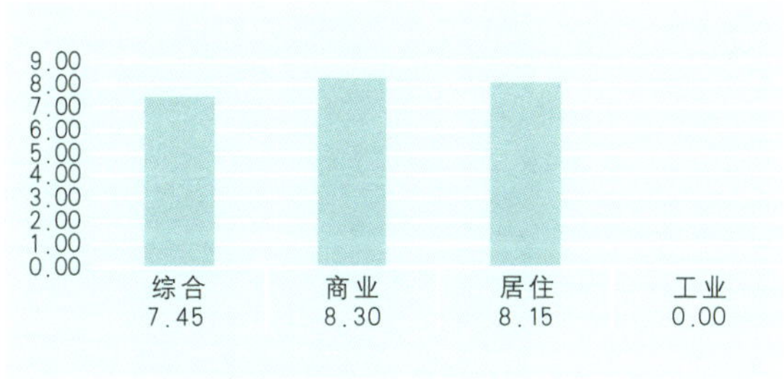

图3-8-2　长春市地价整体增长率（%）

表3-8-1　长春市地价整体增长率历年状况

单位：%

	综合	商业	居住	工业
2005年	1.06	1.03	1.07	1.05
2006年	3.85	4.44	3.95	2.76
2007年	39.83	19.54	40.48	71.80
2008年	4.06	7.88	1.56	0.00
2009年	7.45	8.30	8.15	0.00

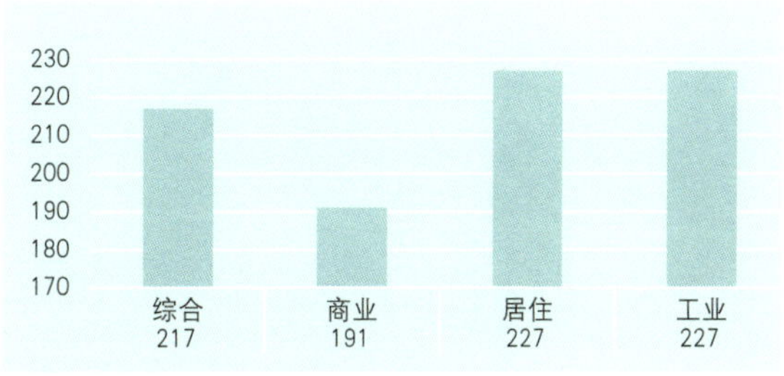

图3-8-3　长春市地价整体指数

表3-8-2　长春市地价整体指数历年状况

	综合	商业	居住	工业
2005年	134	131	142	128
2006年	139	137	147	132
2007年	194	164	207	227
2008年	202	177	210	227
2009年	217	191	227	227

个点数；工业地价指数为227，与2008年相同。其中，工业地价、居住地价指数较高，商业地价指数较低，见图3-8-3。

长春市地价整体指数历年状况如表3-8-2。

4. 居住地价与相关经济指标协调状况①

与2008年相比，2009年长春市地区生产总值增长率为15.00%，全社会固定资产投资增长率为31.90%，商品住宅销售价格增长率为19.98%。居住地价增长率为8.15%，比地区生产总值增长率低6.85个百分点，比固定资产投资增长率低23.75个百分点，比商品住宅销售价格增长率低11.83个百分点。长春市居住地价增长率与地区生产总值、固定资产投资及商品住宅销售价格增长率比较，见图3-8-4。

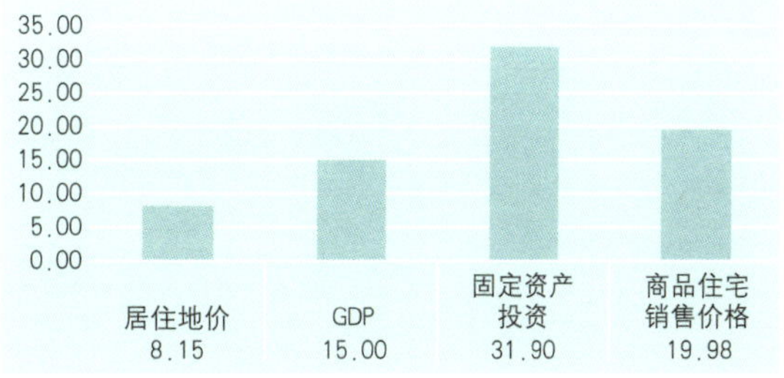

图3-8-4　长春市居住地价与相关经济指标增长率（%）比较

① 数据来源：长春市2010年政府工作报告、中国城市地价动态监测系统、《中国统计年鉴》、中国房地产指数系统数据库。

九、2009 年 哈尔滨市地价整体状况

1. 地价整体水平

2009 年，哈尔滨市城市地价综合水平值为 3242 元 / 平方米。其中，商业地价水平值为 5899 元 / 平方米，居住地价水平值为 2476 元 / 平方米，工业地价水平值为 459 元 / 平方米。商业地价、居住地价、工业地价水平呈梯状排列，水平值之比为 1：0.42：0.08。商业地价最高，工业地价最低，见图 3-9-1。

2. 地价整体增长率

与 2008 年相比，2009 年哈尔滨市城市地价总体呈上升趋势，地价综合增长率（平均值）为 2.86%。其中，商业地价平均增长率为 1.97%，居住地价平均增长率为 4.12%，工业地价平均增长率为 7.75%。其中，工业地价增长率较大，居住地价增长率次之，商业地价增长率较小，见图 3-9-2。

哈尔滨市地价整体增长率历年状况如表 3-9-1。

3. 城市地价指数

2009 年，哈尔滨市城市综合地价指数为 129，比 2008 年增加 4 个点数；商业地价指数为 126，比 2008 年增加 3 个点数；居住地价指数为 134，比 2008 年增加 6 个

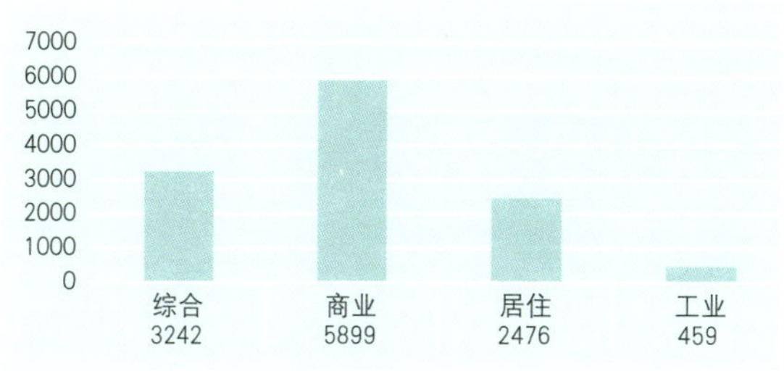

图3–9–1　哈尔滨市地价整体水平值（元/平方米）

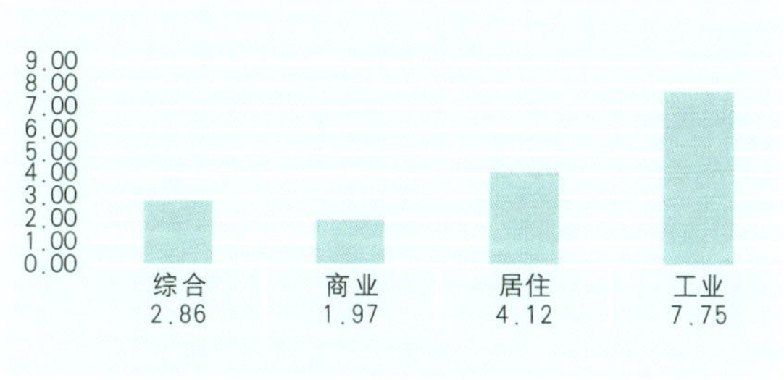

图3–9–2　哈尔滨市地价整体增长率（%）

表3–9–1　哈尔滨市地价整体增长率历年状况

单位：%

	综合	商业	居住	工业
2005年	2.96	3.21	2.97	0.37
2006年	3.60	3.64	4.36	0.00
2007年	9.70	7.97	10.96	29.41
2008年	3.00	2.53	4.53	−2.29
2009年	2.86	1.97	4.12	7.75

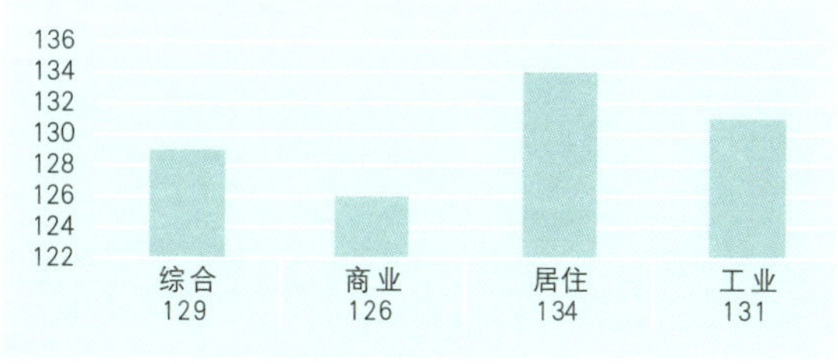

图3–9–3　哈尔滨市地价整体指数

表3–9–2　哈尔滨市地价整体指数历年状况

	综合	商业	居住	工业
2005年	107	107	106	96
2006年	111	111	110	96
2007年	122	120	122	124
2008年	125	123	128	121
2009年	129	126	134	131

点数；工业地价指数为131，比2008年增加10个点数。其中，居住地价指数较高，工业地价指数次之，商业地价指数最低，见图3–9–3。

哈尔滨市地价整体指数历年状况如表3–9–2。

4. 居住地价与相关经济指标协调状况①

与2008年相比，2009年哈尔滨市地区生产总值增长率为13.00%，全社会固定资产投资增长率为41.10%，商品住宅销售价格增长率为17.98%。居住地价增长率为4.12%，比地区生产总值增长率低8.88个百分点，比固定资产投资增长率低36.98个百分点，比商品住宅销售价格增长率低13.86个百分点，居住用地地价、房价比为22.62%。哈尔滨市居住地价增长率与地区生产总值、固定资产投资及商品住宅销售价格增长率比较，见图3–9–4。

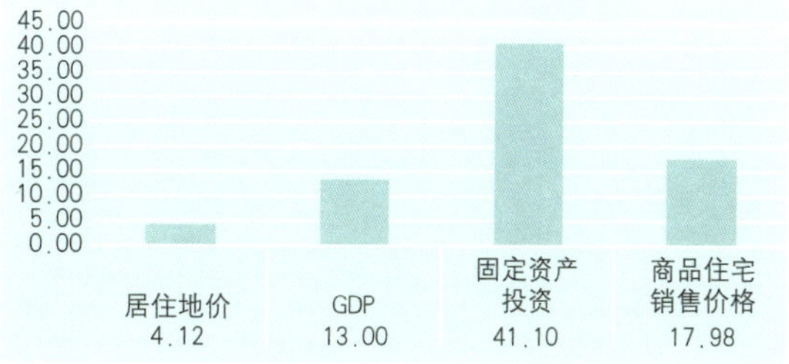

图3–9–4　哈尔滨市居住地价与相关经济指标增长率（%）比较

① 数据来源：哈尔滨统计信息网、中国城市地价动态监测系统、《中国统计年鉴》、中国房地产指数系统数据库。

十、2009 年 上海市地价整体状况

1. 地价整体水平

2009 年，上海市城市地价综合水平值为 9522 元 / 平方米。其中，商业地价水平值为 26027 元 / 平方米，居住地价水平值为 16685 元 / 平方米，工业地价水平值为 1204 元 / 平方米。商业地价、居住地价、工业地价水平呈梯状排列，水平值之比为 1：0.64：0.05。商业地价最高，工业地价最低，见图 3–10–1。

2. 地价整体增长率

与 2008 年相比，2009 年上海市城市地价总体呈大幅上升趋势，地价综合增长率（平均值）为 16.75%。其中，商业地价平均增长率为 13.70%，居住地价平均增长率为 21.90%，工业地价平均增长率为 –1.07%。其中，居住地价增长率较大，商业地价增长率次之，工业地价继续下降，见图 3–10–2。

上海市地价整体增长率历年状况如表 3–10–1。

3. 城市地价指数

2009 年，上海市城市综合地价指数为 153，比 2008 年增加 22 个点数；商业地价指数为 178，比 2008 年增加 22 个点数；居住地价指数为 177，比 2008 年增加 32

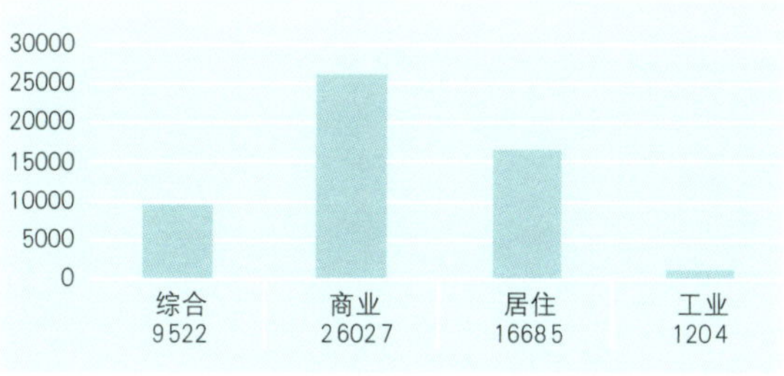

图3–10–1 上海市地价整体水平值（元/平方米）

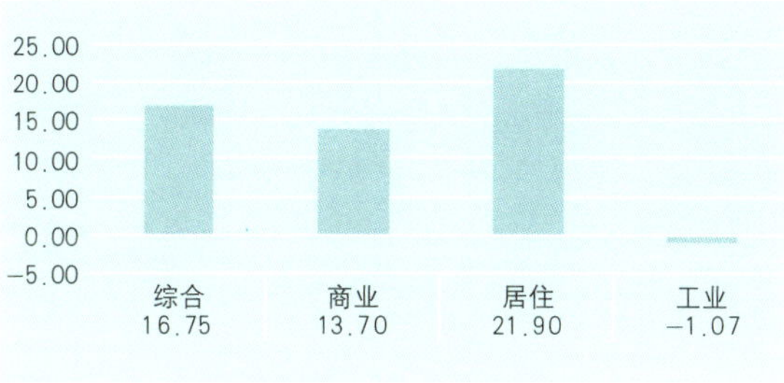

图3–10–2 上海市地价整体增长率（%）

表3–10–1 上海市地价整体增长率历年状况

单位：%

	综合	商业	居住	工业
2005年	2.44	2.09	0.32	–1.66
2006年	–0.27	1.54	–3.27	0.10
2007年	4.25	3.83	4.65	7.59
2008年	1.57	4.97	1.03	–2.56
2009年	16.75	13.70	21.90	–1.07

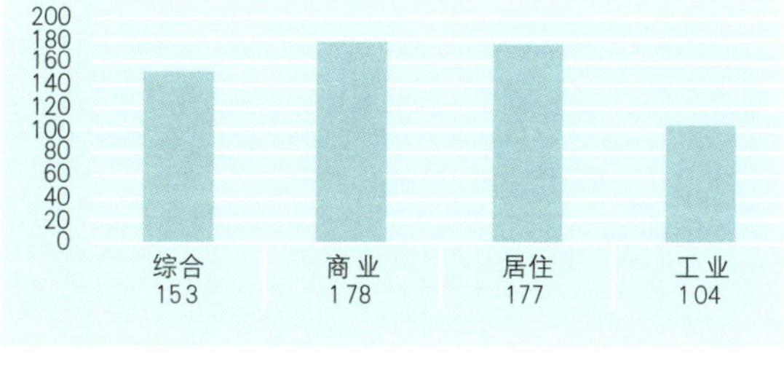

图3–10–3 上海市地价整体指数

表3–10–2 上海市地价整体指数历年状况

	综合	商业	居住	工业
2005年	124	141	142	101
2006年	124	143	137	101
2007年	129	149	144	108
2008年	131	156	145	106
2009年	153	178	177	104

个点数；工业地价指数为104，比2008年降低2个点数。其中，商业地价指数较高，居住地价指数次之，工业地价指数最低，见图3–10–3。

上海市地价整体指数历年状况如表3–10–2。

4. 居住地价与相关经济指标协调状况①

与2008年相比，2009年上海市地区生产总值增长率为8.20%，全社会固定资产投资增长率为9.20%，商品住宅销售价格增长率为52.36%。居住地价增长率为21.90%，比地区生产总值增长率高13.70个百分点，比固定资产投资增长率高12.70个百分点，比商品住宅销售价格增长率低30.46个百分点，居住用地地价、房价比为47.36%。上海市居住地价增长率与地区生产总值、固定资产投资及商品住宅销售价格增长率比较，见图3–10–4。

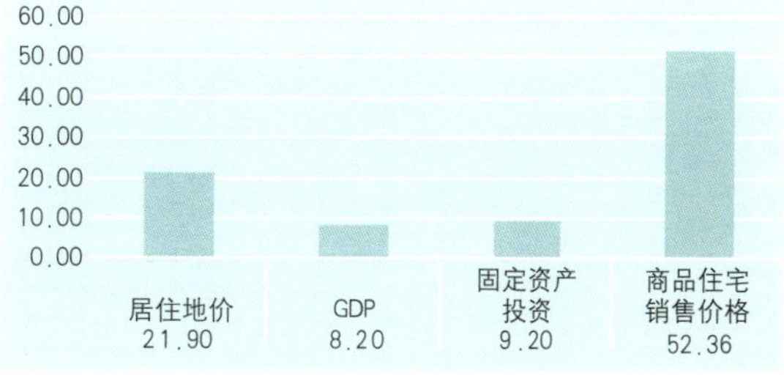

图3–10–4 上海市居住地价与相关经济指标增长率（%）比较

① 数据来源：上海统计网、中国城市地价动态监测系统、《中国统计年鉴》、中国房地产指数系统数据库。

十一、2009 年 南京市地价整体状况

1. 地价整体水平

2009 年，南京市城市地价综合水平值为 5949 元 / 平方米。其中，商业地价水平值为 14486 元 / 平方米，居住地价水平值为 7951 元 / 平方米，工业地价水平值为 1031 元 / 平方米。商业地价、居住地价、工业地价水平呈梯状排列，水平值之比为 1 : 0.55 : 0.07。商业地价最高，工业地价最低，见图 3-11-1。

2. 地价整体增长率

与 2008 年相比，2009 年南京市城市地价总体呈明显上升趋势，地价综合增长率（平均值）为 10.40%。其中，商业地价平均增长率为 6.80%，居住地价平均增长率为 12.13%，工业地价平均增长率为 0.76%。其中，居住地价上升幅度较大，商业地价上升幅度次之，工业地价上升幅度最小，见图 3-11-2。

南京市地价整体增长率历年状况如表 3-11-1。

3. 城市地价指数

2009 年，南京市城市综合地价指数为 163，比 2008 年上升 15 个点数；商业地价指数为 175，比 2008 年上升 11 个点数；居住地价指数为 191，比 2008 年上升 21

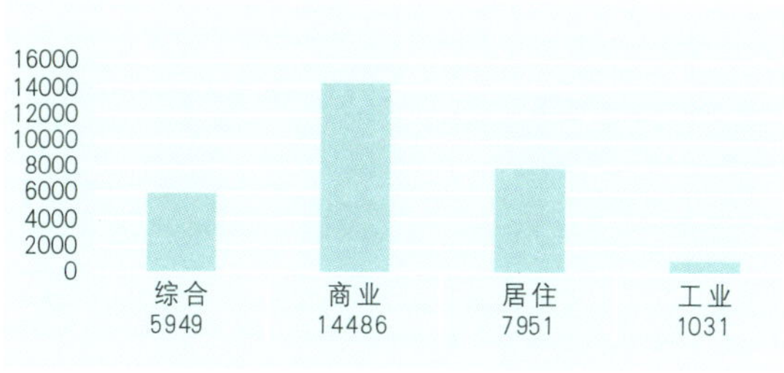

图3-11-1　南京市地价整体水平值（元/平方米）

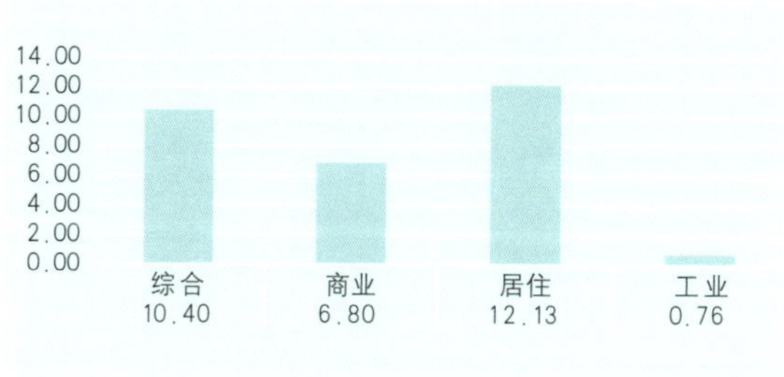

图3-11-2　南京市地价整体增长率（%）

表3-11-1　南京市地价整体增长率历年状况

单位：%

	综合	商业	居住	工业
2005年	2.59	4.18	3.57	0.03
2006年	4.62	4.52	5.29	1.03
2007年	6.87	5.69	12.11	4.42
2008年	−6.99	−4.37	−10.74	−1.20
2009年	10.40	6.80	12.13	0.76

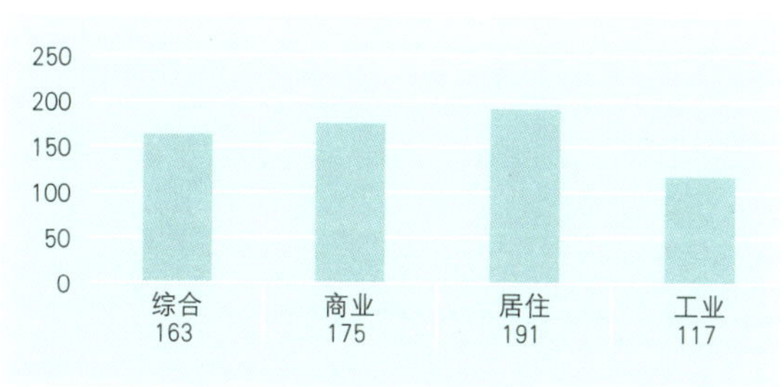

图3-11-3　南京市地价整体指数

表3-11-2　南京市地价整体指数历年状况

	综合	商业	居住	工业
2005年	142	155	162	112
2006年	149	162	170	113
2007年	159	172	191	118
2008年	148	164	170	117
2009年	163	175	191	117

个点数；工业地价指数为117，与2008年相同。其中，居住地价指数较高，商业地价指数次之，工业地价指数最低，见图3–11–3。

南京市地价整体指数历年状况如表3–11–2。

4. 居住地价与相关经济指标协调状况①

与2008年相比，2009年南京市地区生产总值增长率为11.50%，全市固定资产投资增长率为23.90%，商品住宅销售价格增长率为43.36%。居住地价增长率为12.13%，比地区生产总值增长率高0.63个百分点，比固定资产投资增长率低11.77个百分点，比商品住宅销售价格增长率低31.23个百分点，居住用地地价、房价比为47.89%。南京市居住地价增长率与地区生产总值、固定资产投资及商品住宅销售价格增长率比较，见图3–11–4。

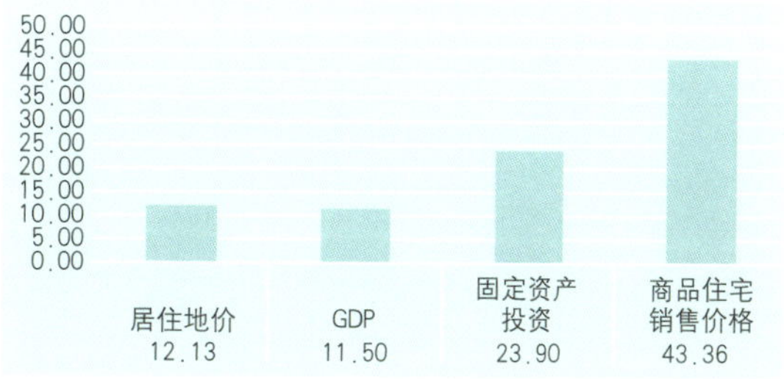

图3–11–4　南京市居住地价与相关经济指标增长率（%）比较

① 数据来源：南京市统计局、中国城市地价动态监测系统、《中国统计年鉴》、中国房地产指数系统数据库。

十二、2009 年 杭州市地价整体状况

1. 地价整体水平

2009 年，杭州市城市地价综合水平值为 19556 元 / 平方米。其中，商业地价水平值为 22636 元 / 平方米，居住地价水平值为 21526 元 / 平方米，工业地价水平值为 483 元 / 平方米。商业地价、居住地价、工业地价水平呈梯状排列，水平值之比为 1∶0.95∶0.02。商业地价最高，工业地价最低，见图 3–12–1。

2. 地价整体增长率

与 2008 年相比，2009 年杭州市城市地价总体呈明显上升趋势，地价综合增长率（平均值）为 9.49%。其中，商业地价平均增长率为 8.58%，居住地价平均增长率为 9.65%，工业地价平均增长率为 0。其中，居住地价增长率较大，商业地价增长率次之，工业地价与 2008 年持平，见图 3–12–2。

杭州市地价整体增长率历年状况如表 3–12–1。

3. 城市地价指数

2009 年，杭州市城市综合地价指数为 163，比 2008 年增加 14 个点数；商业地价指数为 193，比 2008 年增加 15 个点数；居住地价指数为 182，比 2008 年增加 16

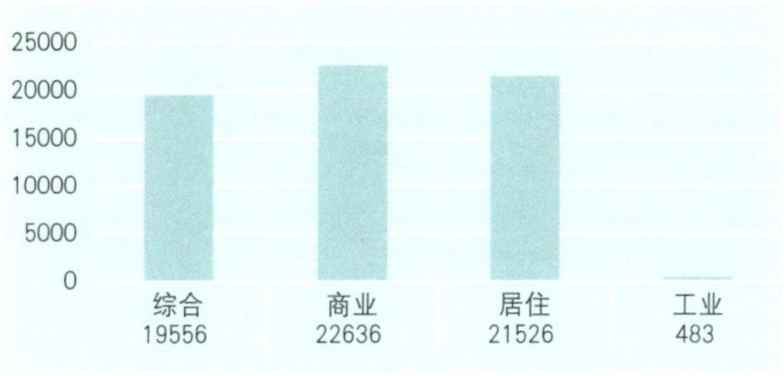

图3–12–1　杭州市地价整体水平值（元/平方米）

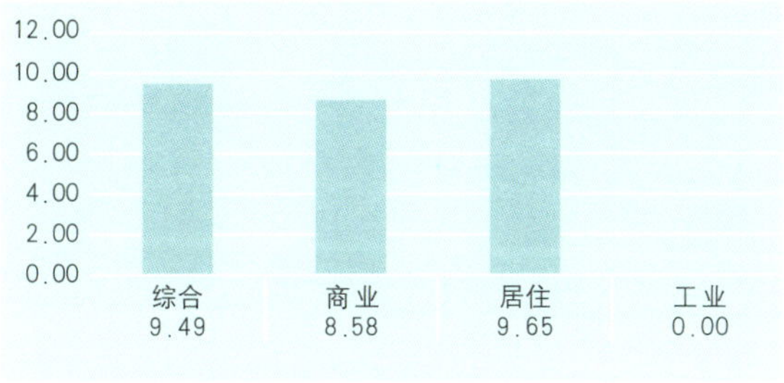

图3–12–2　杭州市地价整体增长率（%）

表3–12–1　杭州市地价整体增长率历年状况

单位：%

	综合	商业	居住	工业
2005年	1.60	1.80	1.30	0.00
2006年	1.19	2.66	0.55	0.00
2007年	5.67	6.83	6.03	0.00
2008年	0.36	2.62	0.26	0.00
2009年	9.49	8.58	9.65	0.00

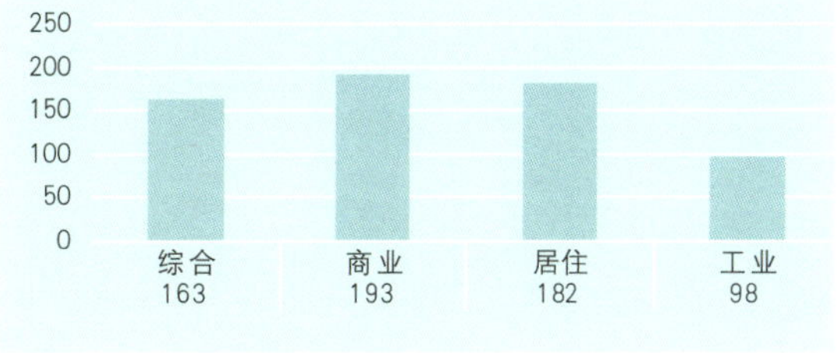

图3–12–3　杭州市地价整体指数

表3–12–2　杭州市地价整体指数历年状况

	综合	商业	居住	工业
2005年	139	158	156	98
2006年	140	163	156	98
2007年	148	174	166	98
2008年	149	178	166	98
2009年	163	193	182	98

个点数；工业地价指数为98，与2008年相同。其中，商业地价指数较高，居住地价指数次之，工业地价指数最低，见图3–12–3。

杭州市地价整体指数历年状况如表3–12–2。

4. 居住地价与相关经济指标协调状况①

与2008年相比，2009年杭州市地区生产总值增长率为10.00%，全社会固定资产投资增长率为15.70%，商品住宅销售价格增长率为28.62%。居住地价增长率为9.65%，比地区生产总值增长率低0.35个百分点，比固定资产投资增长率低6.05个百分点，比商品住宅销售价格增长率低18.97个百分点，居住用地地价、房价比为45.47%。杭州市居住地价增长率与地区生产总值、固定资产投资及商品住宅销售价格增长率比较，见图3–12–4。

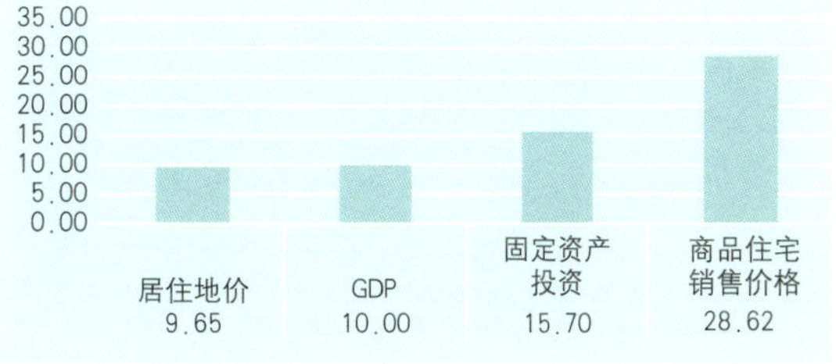

图3–12–4　杭州市居住地价与相关经济指标增长率（%）比较

① 数据来源：杭州统计信息网、中国城市地价动态监测系统、《中国统计年鉴》、中国房地产指数系统数据库。

十三、2009 年 宁波市地价整体状况

1. 地价整体水平

2009 年，宁波市城市地价综合水平值为 4703 元 / 平方米。其中，商业地价水平值为 6828 元 / 平方米，居住地价水平值为 7178 元 / 平方米，工业地价水平值为 811 元 / 平方米。商业地价水平低于居住地价水平，水平值之比为 1 : 1.05 : 0.12。居住地价最高，工业地价最低，见图 3-13-1。

2. 地价整体增长率

与 2008 年相比，2009 年宁波市城市地价总体呈明显上升趋势，地价综合增长率（平均值）为 16.56%。其中，商业地价平均增长率为 4.87%，居住地价平均增长率为 22.41%，工业地价平均增长率为 4.11%。其中，居住地价增长率最大，商业地价增长率次之，工业地价增长率较小，见图 3-13-2。

宁波市地价整体增长率历年状况如表 3-13-1。

3. 城市地价指数

2009 年，宁波市城市综合地价指数为 335，比 2008 年增加 48 个点数；商业地价指数为 327，比 2008 年增加 16 个点数；居住地价指数为 562，比 2008 年增加 103

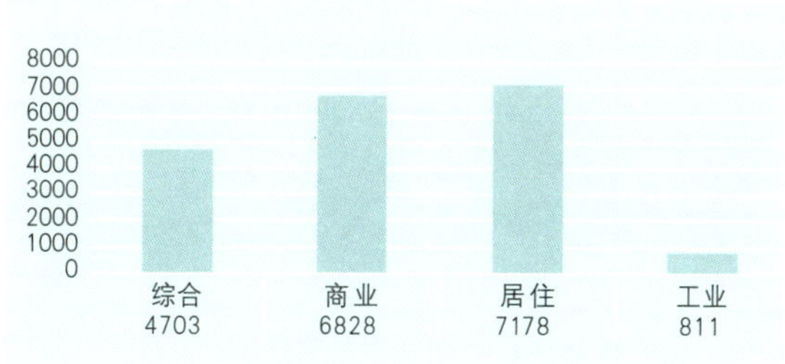

图3-13-1　宁波市地价整体水平值（元/平方米）

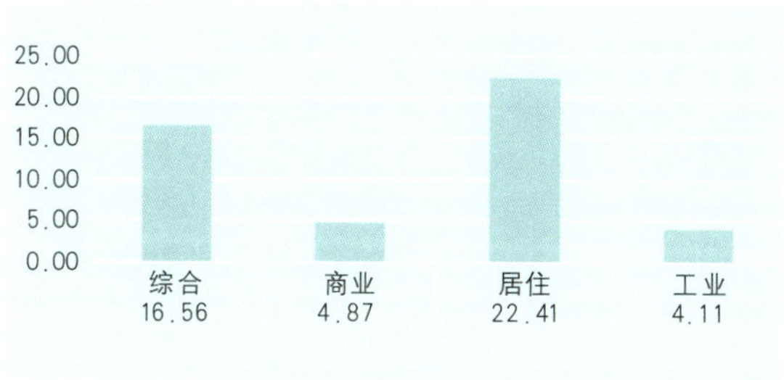

图3-13-2　宁波市地价整体增长率（%）

表3-13-1　宁波市地价整体增长率历年状况

单位：%

	综合	商业	居住	工业
2005年	1.00	2.01	1.00	1.00
2006年	1.43	3.31	-0.70	0.14
2007年	24.60	16.68	37.72	17.32
2008年	-3.75	5.00	5.58	-5.23
2009年	16.56	4.87	22.41	4.11

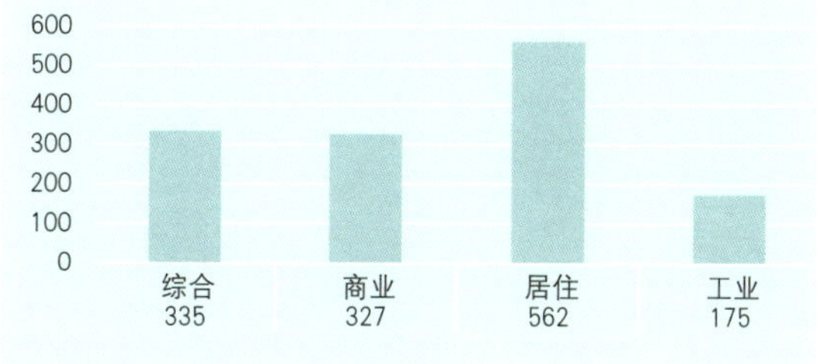

图3-13-3　宁波市地价整体指数

表3-13-2　宁波市地价整体指数历年状况

	综合	商业	居住	工业
2005年	236	246	318	151
2006年	239	254	316	151
2007年	298	297	435	177
2008年	287	311	459	168
2009年	335	327	562	175

个点数；工业地价指数为175，比2008年增加7个点数。其中，居住地价指数最高，商业地价指数次之，工业地价指数较低，见图3-13-3。

宁波市地价整体指数历年状况如表3-13-2。

4. 居住地价与相关经济指标协调状况①

与2008年相比，2009年宁波市地区生产总值增长率为8.60%，全社会固定资产投资增长率为16.00%，商品住宅销售价格增长率为32.51%。居住地价增长率为22.41%，比地区生产总值增长率高13.81个百分点，比固定资产投资增长率高6.41个百分点，比商品住宅销售价格增长率低10.1个百分点，居住用地地价、房价比为50.34%。宁波市居住地价增长率与地区生产总值、固定资产投资及商品住宅销售价格增长率比较，见图3-13-4。

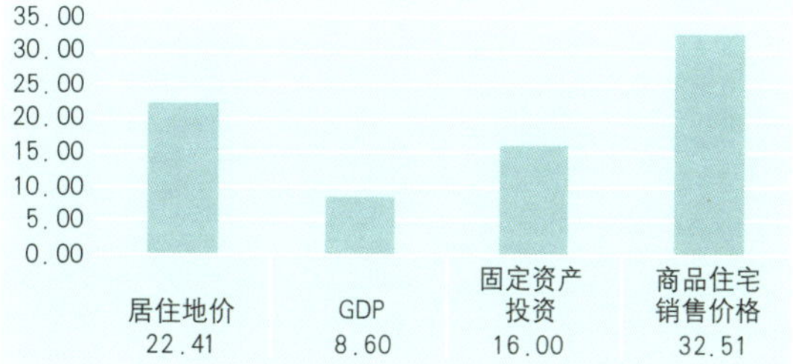

图3-13-4　宁波市居住地价与相关经济指标增长率（%）比较

① 数据来源：宁波市统计局、中国城市地价动态监测系统、《中国统计年鉴》、中国房地产指数系统数据库。

十四、2009 年 合肥市地价整体状况

1. 地价整体水平

2009 年，合肥市城市地价综合水平值为 2277 元 / 平方米。其中，商业地价水平值为 4873 元 / 平方米，居住地价水平值为 3177 元 / 平方米，工业地价水平值为 408 元 / 平方米。商业地价、居住地价、工业地价水平呈梯状排列，水平值之比为 1∶0.65∶0.08。商业地价最高，工业地价最低，见图 3−14−1。

2. 地价整体增长率

与 2008 年相比，2009 年合肥市城市地价总体呈明显上升趋势，地价综合增长率（平均值）为 4.02%。其中，商业地价平均增长率为 6.51%，居住地价平均增长率为 3.93%，工业地价平均增长率为 0。其中，商业地价增长率较大，居住地价增长率次之，工业地价与 2008 年持平，见图 3−14−2。

合肥市地价整体增长率历年状况如表 3−14−1。

3. 城市地价指数

2009 年，合肥市城市综合地价指数为 189，比 2008 年增加 7 个点数；商业地价指数为 164，比 2008 年增加 10 个点数；居住地价指数为 230，比 2008 年增加 9 个

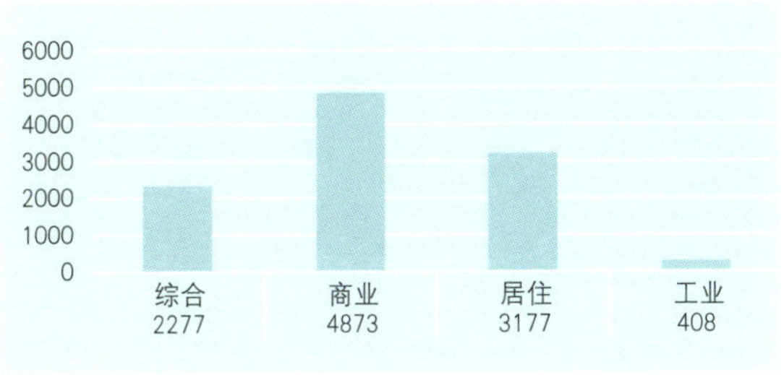

图3-14-1 合肥市地价整体水平值（元/平方米）

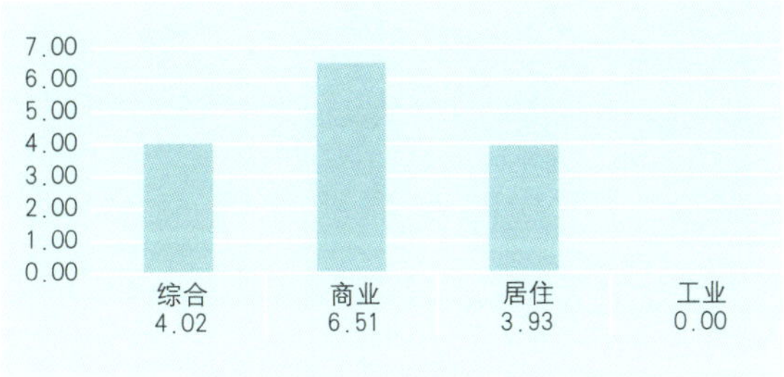

图3-14-2 合肥市地价整体增长率（%）

表3-14-1 合肥市地价整体增长率历年状况

单位：%

	综合	商业	居住	工业
2005年	2.56	0.19	5.78	0.00
2006年	2.56	1.63	2.73	5.82
2007年	15.03	10.30	13.58	40.55
2008年	9.12	5.49	10.64	0.00
2009年	4.02	6.51	3.93	0.00

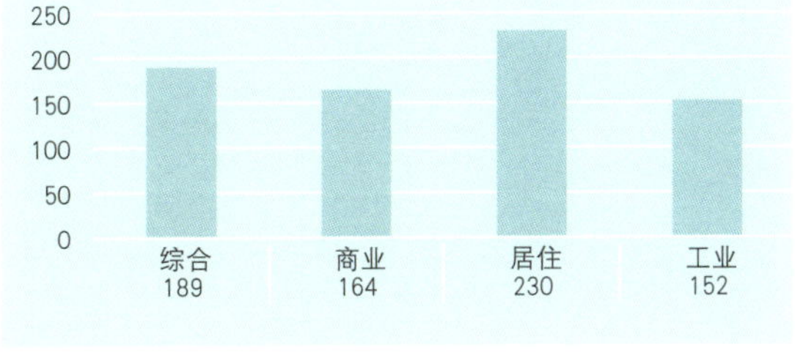

图3-14-3 合肥市地价整体指数

表3-14-2 合肥市地价整体指数历年状况

	综合	商业	居住	工业
2005年	141	130	171	102
2006年	145	132	176	108
2007年	166	146	200	152
2008年	182	154	221	152
2009年	189	164	230	152

点数；工业地价指数为152，与2008年相同。其中，居住地价指数较高，商业地价指数次之，工业地价指数最低，见图3-14-3。

合肥市地价整体指数历年状况如表3-14-2。

4. 居住地价与相关经济指标协调状况①

与2008年相比，2009年合肥市地区生产总值增长率为17.30%，城镇固定资产投资增长率为33.90%，商品住宅销售价格增长率为19.56%。居住地价增长率为3.93%，比地区生产总值增长率低13.37个百分点，比城镇固定资产投资增长率低29.97个百分点，比商品住宅销售价格增长率低15.63个百分点，居住用地地价、房价比为31.70%。合肥市居住地价增长率与地区生产总值、城镇固定资产投资及商品住宅销售价格增长率比较，见图3-14-4。

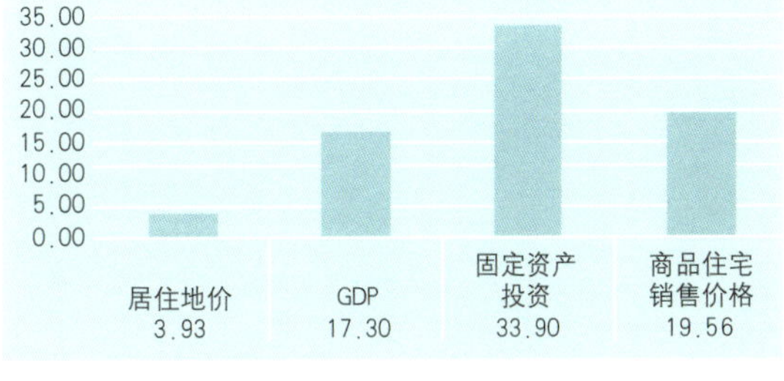

图3-14-4 合肥市居住地价与相关经济指标增长率（%）比较

① 数据来源：合肥统计信息公众网、中国城市地价动态监测系统、《中国统计年鉴》、中国房地产指数系统数据库。

十五、2009 年福州市地价整体状况

1. 地价整体水平

2009 年，福州市城市地价综合水平值为 3810 元 / 平方米。其中，商业地价水平值为 6770 元 / 平方米，居住地价水平值为 4026 元 / 平方米，工业地价水平值为 536 元 / 平方米。商业地价、居住地价、工业地价水平呈梯状排列，水平值之比为 1 : 0.59 : 0.08。商业地价最高，工业地价最低，见图 3–15–1。

2. 地价整体增长率

与 2008 年相比，2009 年福州市城市地价总体呈明显上升趋势，地价综合增长率（平均值）为 5.86%。其中，商业地价平均增长率为 3.04%，居住地价平均增长率为 7.16%，工业地价平均增长率为 0。其中，居住地价上升幅度较大，商业地价上升幅度次之，工业地价与 2008 年持平，见图 3–15–2。

福州市地价整体增长率历年状况如表 3–15–1。

3. 城市地价指数

2009 年，福州市城市综合地价指数为 201，比 2008 年增加 11 个点数；商业地价指数为 168，比 2008 年增加 5 个点数；居住地价指数为 264，比 2008 年增加 18

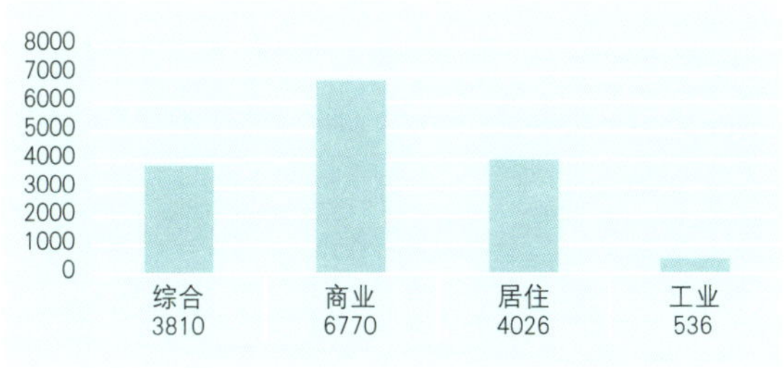

图3–15–1 福州市地价整体水平值（元/平方米）

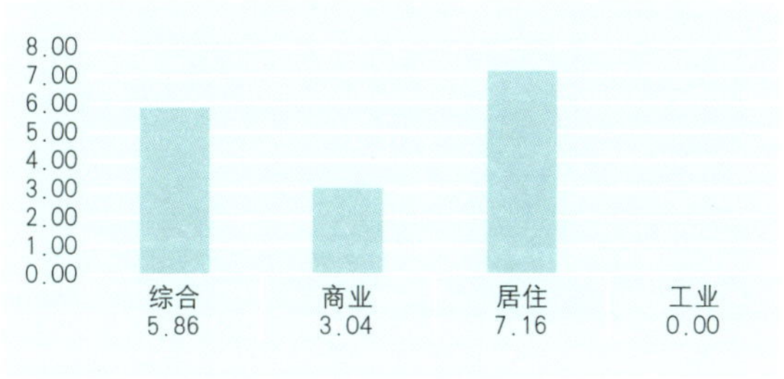

图3–15–2 福州市地价整体增长率（%）

表3–15–1 福州市地价整体增长率历年状况

单位：%

	综合	商业	居住	工业
2005年	17.27	11.24	20.92	10.14
2006年	23.80	13.70	26.20	0.00
2007年	18.08	16.11	26.07	54.49
2008年	−8.69	−5.91	−11.65	0.00
2009年	5.86	3.04	7.16	0.00

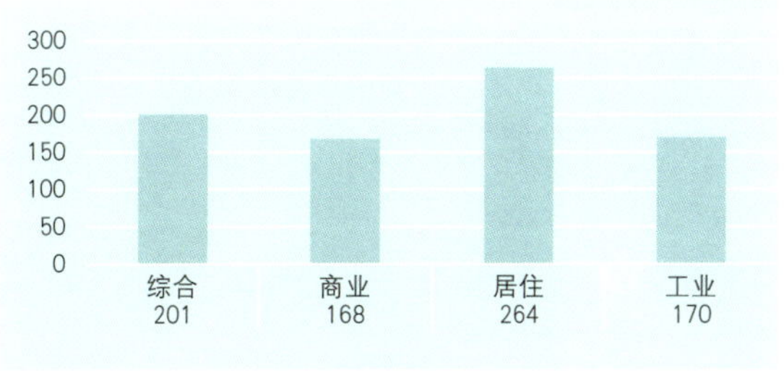

图3–15–3 福州市地价整体指数

表3–15–2 福州市地价整体指数历年状况

	综合	商业	居住	工业
2005年	142	131	175	110
2006年	176	149	221	110
2007年	208	173	279	170
2008年	190	163	246	170
2009年	201	168	264	170

个点数；工业地价指数为170，与2008年相同。其中，居住地价指数较高，工业地价指数次之，商业地价指数最低，见图3–15–3。

福州市地价整体指数历年状况如表3–15–2。

4. 居住地价与相关经济指标协调状况①

与2008年相比，2009年福州市地区生产总值增长率为12.80%，城镇固定资产投资增长率为32.30%，商品住宅销售价格增长率为22.83%。居住地价增长率为7.16%，比地区生产总值增长率低5.64个百分点，比城镇固定资产投资增长率低25.14个百分点，比商品住宅销售价格增长率低15.67个百分点，居住用地地价、房价比为30.12%。福州市居住地价增长率与地区生产总值、城镇固定资产投资及商品住宅销售价格增长率比较，见图3–15–4。

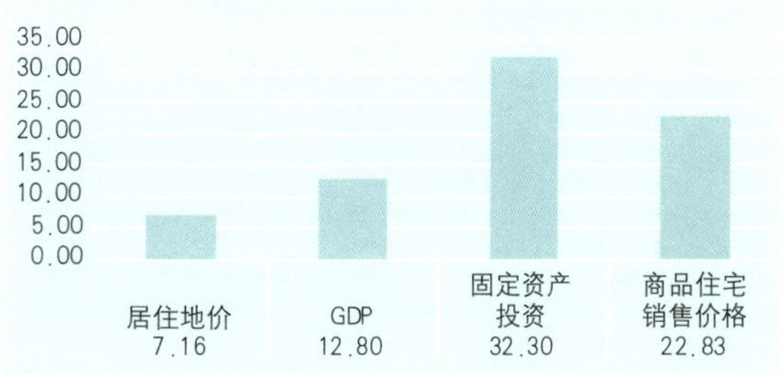

图3–15–4 福州市居住地价与相关经济指标增长率（%）比较

① 数据来源：福州市政府网、中国城市地价动态监测系统、《中国统计年鉴》、中国房地产指数系统数据库。

十六、2009 年
厦门市地价整体状况

1. 地价整体水平

2009 年，厦门市城市地价综合水平值为 14836 元 / 平方米。其中，商业地价水平值为 23638 元 / 平方米，居住地价水平值为 16210 元 / 平方米，工业地价水平值为 794 元 / 平方米。商业地价、居住地价、工业地价水平呈梯状排列，水平值之比为 1∶0.68∶0.03。商业地价最高，工业地价最低，见图 3–16–1。

2. 地价整体增长率

与 2008 年相比，2009 年厦门市城市地价总体呈上升趋势，地价综合增长率（平均值）为 2.39%。其中，商业地价平均增长率为 1.16%，居住地价平均增长率为 3.20%，工业地价平均增长率为 –1.32%。其中，居住地价上升幅度较大，商业地价上升幅度次之，工业地价呈负增长，见图 3–16–2。

厦门市地价整体增长率历年状况如表 3–16–1。

3. 城市地价指数

2009 年，厦门市城市综合地价指数为 233，比 2008 年增加 6 个点数；商业地价指数为 146，比 2008 年增加 2 个点数；居住地价指数为 275，比 2008 年增

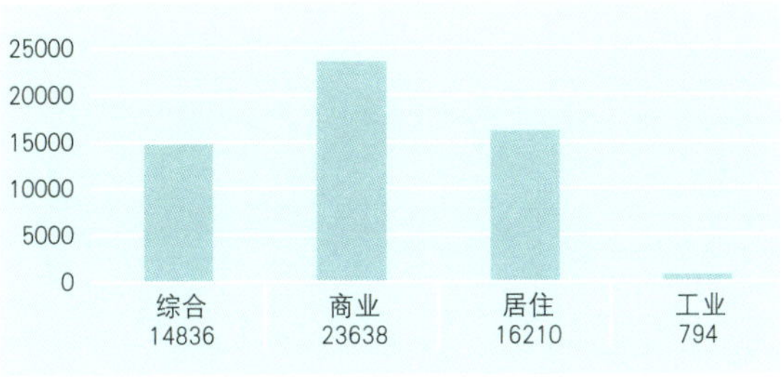

图3–16–1 厦门市地价整体水平值（元/平方米）

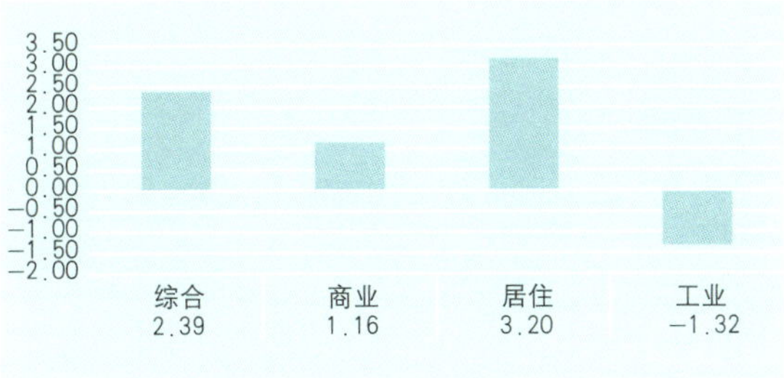

图3–16–2 厦门市地价整体增长率（%）

表3–16–1 厦门市地价整体增长率历年状况

单位：%

	综合	商业	居住	工业
2005年	17.27	11.24	20.92	10.14
2006年	35.87	8.39	49.61	13.30
2007年	31.79	7.39	36.93	45.26
2008年	–11.21	–5.29	–16.68	–10.43
2009年	2.39	1.16	3.20	–1.32

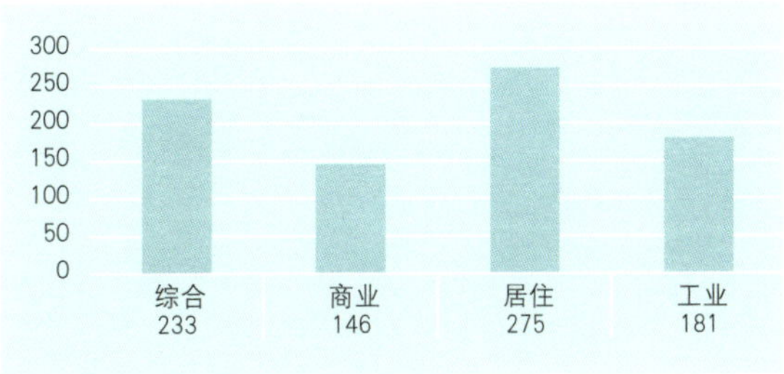

图3–16–3 厦门市地价整体指数

表3–16–2 厦门市地价整体指数历年状况

	综合	商业	居住	工业
2005年	143	131	156	125
2006年	194	142	234	141
2007年	256	152	320	205
2008年	227	144	267	184
2009年	233	146	275	181

加8个点数；工业地价指数为181，比2008年降低3个点数。其中，居住地价指数较高，工业地价指数次之，商业地价指数最低，见图3–16–3。

厦门市地价整体指数历年状况如表3–16–2。

4. 居住地价与相关经济指标协调状况[①]

与2008年相比，2009年厦门市地区生产总值增长率为8.00%，城镇固定资产投资增长率为–5.50%，商品住宅销售价格增长率为–0.06%。居住地价增长率为3.20%，比地区生产总值增长率低4.8个百分点，比城镇固定资产投资增长率高8.7个百分点，比商品住宅销售价格增长率高3.26个百分点。厦门市居住地价增长率与地区生产总值、城镇固定资产投资及商品住宅销售价格增长率比较，见图3–16–4。

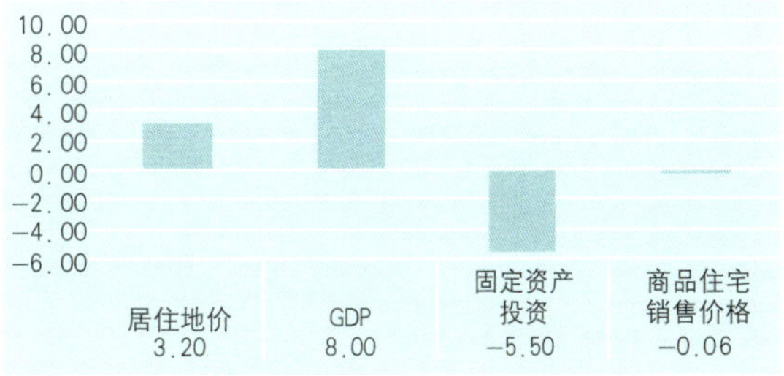

图3–16–4 厦门市居住地价与相关经济指标增长率（%）比较

① 数据来源：厦门统计信息网、中国城市地价动态监测系统、《中国统计年鉴》、中国房地产指数系统数据库。

十七、2009 年
南昌市地价整体状况

1. 地价整体水平

2009 年，南昌市城市地价综合水平值为 1935 元 / 平方米。其中，商业地价水平值为 2858 元 / 平方米，居住地价水平值为 2139 元 / 平方米，工业地价水平值为 421 元 / 平方米。商业地价、居住地价、工业地价水平呈梯状排列，水平值之比为 1 : 0.75 : 0.15。商业地价最高，工业地价最低，见图 3–17–1。

2. 地价整体增长率

与 2008 年相比，2009 年南昌市城市地价总体呈小幅上升趋势，地价综合增长率（平均值）为 1.26%。其中，商业地价平均增长率为 1.21%，居住地价平均增长率为 1.30%，工业地价平均增长率为 0.49%。其中，居住地价上升幅度较大，商业地价上升幅度次之，工业地价有所增长，见图 3–17–2。

南昌市地价整体增长率历年状况如表 3–17–1。

3. 城市地价指数

2009 年，南昌市城市综合地价指数为 185，比 2008 年增加 2 个点数；商业地价指数为 200，比 2008 年增加 2 个点数；居住地价指数为 183，比 2008 年增加 2 个点

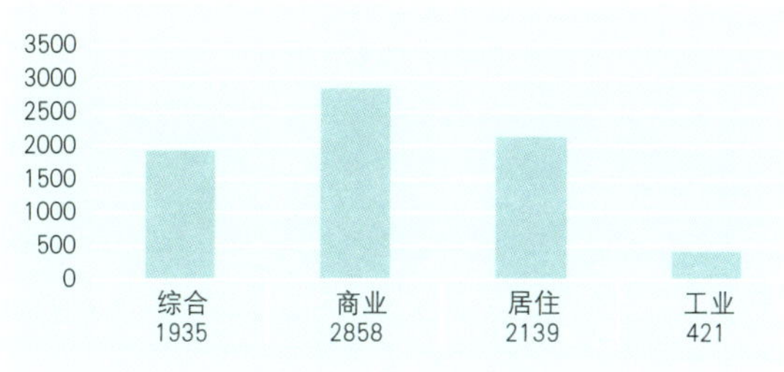

图3–17–1　南昌市地价整体水平值（元/平方米）

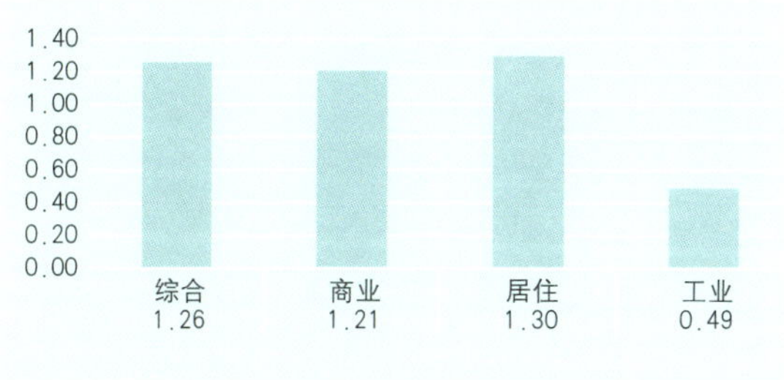

图3–17–2　南昌市地价整体增长率（%）

表3–17–1　南昌市地价整体增长率历年状况

单位：%

	综合	商业	居住	工业
2005年	5.50	6.50	4.60	3.80
2006年	7.30	6.30	9.70	2.60
2007年	15.30	8.82	14.23	54.38
2008年	–8.99	–2.31	–10.71	3.43
2009年	1.26	1.21	1.30	0.49

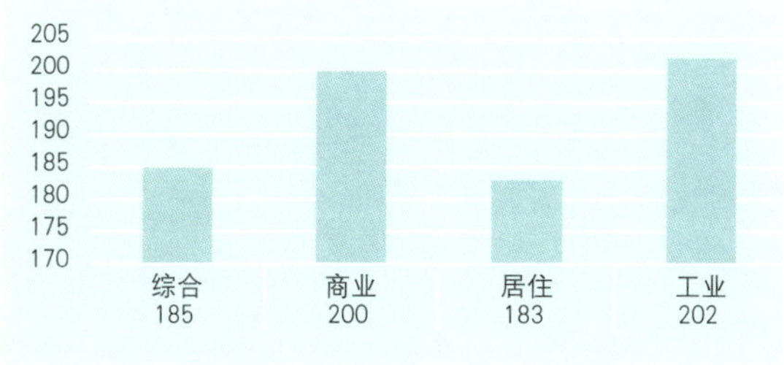

图3–17–3　南昌市地价整体指数

表3–17–2　南昌市地价整体指数历年状况

	综合	商业	居住	工业
2005年	163	175	162	122
2006年	175	186	177	126
2007年	201	202	203	194
2008年	183	198	181	201
2009年	185	200	183	202

数；工业地价指数为202，比2008年增加1个点数。其中，工业地价指数较高，商业地价指数次之，居住地价指数最低，见图3–17–3。

南昌市地价整体指数历年状况如表3–17–2。

4. 居住地价与相关经济指标协调状况①

与2008年相比，2009年南昌市地区生产总值增长率为13.10%，全市固定资产投资增长率为40.50%，商品住宅销售价格增长率为8.22%。居住地价增长率为1.30%，比地区生产总值增长率低11.80个百分点，比固定资产投资增长率低39.20个百分点，比商品住宅销售价格增长率低6.92个百分点，居住用地地价、房价比为30.18%。南昌市居住地价增长率与地区生产总值、固定资产投资及商品住宅销售价格增长率比较，见图3–17–4。

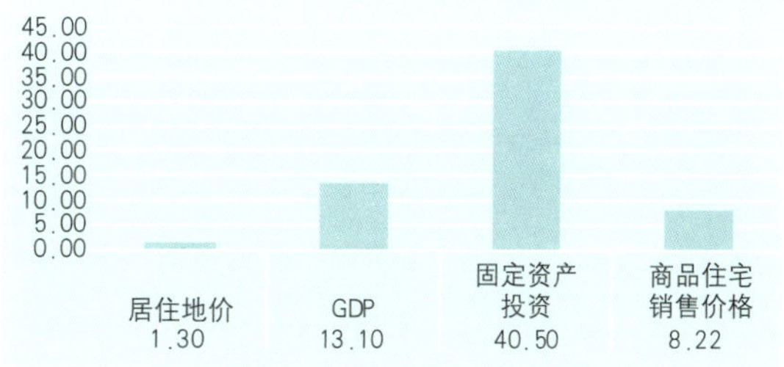

图3–17–4　南昌市居住地价与相关经济指标增长率（%）比较

① 数据来源：中国统计信息网、中国城市地价动态监测系统、《中国统计年鉴》、中国房地产指数系统数据库。

十八、2009 年济南市地价整体状况

1. 地价整体水平

2009 年，济南市城市地价综合水平值为 1974 元 / 平方米。其中，商业地价水平值为 3805 元 / 平方米，居住地价水平值为 3119 元 / 平方米，工业地价水平值为 648 元 / 平方米。商业地价、居住地价、工业地价水平呈梯状排列，水平值之比为 1∶0.82∶0.17。商业地价最高，工业地价最低，见图 3–18–1。

2. 地价整体增长率

与 2008 年相比，2009 年济南市城市地价总体呈小幅上升趋势，地价综合增长率（平均值）为 1.54%。其中，商业地价平均增长率为 1.90%，居住地价平均增长率为 1.73%，工业地价平均增长率为 0.31%。其中，商业地价增长率较大，居住地价增长率次之，工业地价增长率最小，见图 3–18–2。

济南市地价整体增长率历年状况如表 3–18–1。

3. 城市地价指数

2009 年，济南市城市综合地价指数为 154，比 2008 年增加 2 个点数；商业地价指数为 162，比 2008 年增加 3 个点数；居住地价指数为 166，比 2008 年增加 3 个点

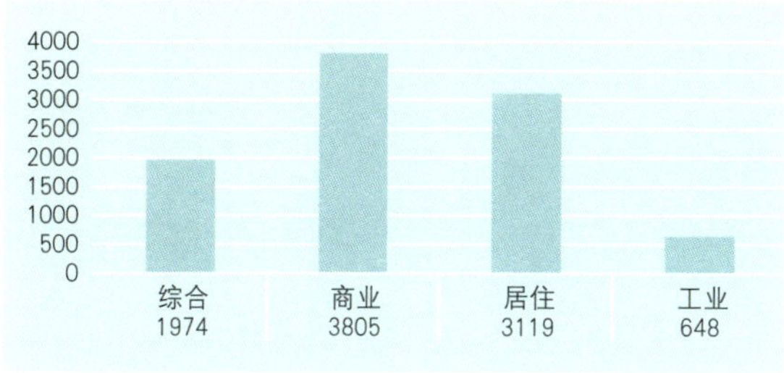

图3-18-1 济南市地价整体水平值（元/平方米）

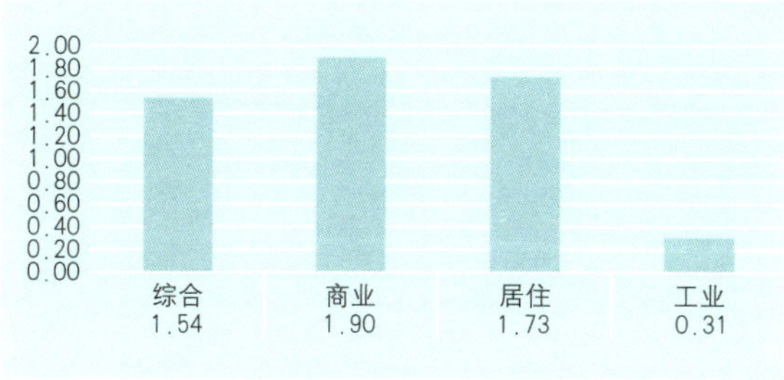

图3-18-2 济南市地价整体增长率（%）

表3-18-1 济南市地价整体增长率历年状况

单位：%

	综合	商业	居住	工业
2005年	5.60	4.50	7.28	0.00
2006年	3.86	3.49	4.71	0.48
2007年	2.72	3.78	3.01	0.80
2008年	4.97	6.29	5.40	2.22
2009年	1.54	1.90	1.73	0.31

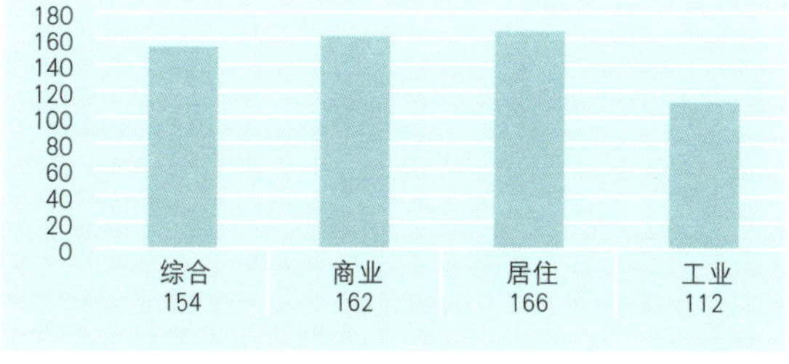

图3-18-3 济南市地价整体指数

表3-18-2 济南市地价整体指数历年状况

	综合	商业	居住	工业
2005年	135	139	143	108
2006年	141	144	150	109
2007年	144	149	155	110
2008年	152	159	163	112
2009年	154	162	166	112

数；工业地价指数为112，与2008年相同。其中，居住地价指数较高，商业地价指数次之，工业地价指数最低，见图3–18–3。

济南市地价整体指数历年状况如表3–18–2。

4. 居住地价与相关经济指标协调状况①

与2008年相比，2009年济南市地区生产总值增长率为12.20%，全市固定资产投资增长率为20.30%，商品住宅销售价格增长率为15.45%。居住地价增长率为1.73%，比地区生产总值增长率低10.47个百分点，比固定资产投资增长率低18.57个百分点，比商品住宅销售价格增长率低13.72个百分点，居住用地地价、房价比为31.59%。济南市居住地价增长率与地区生产总值、固定资产投资及商品住宅销售价格增长率比较，见图3–18–4。

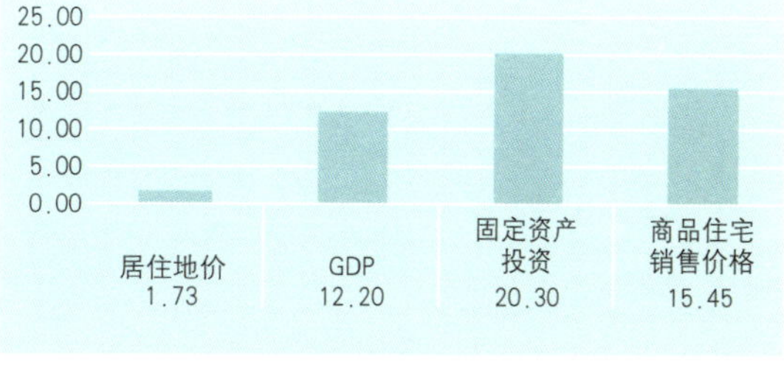

图3-18-4 济南市居住地价与相关经济指标增长率（%）比较

① 数据来源：济南统计信息网、中国城市地价动态监测系统、《中国统计年鉴》、中国房地产指数系统数据库。

十九、2009 年 青岛市地价整体状况

1. 地价整体水平

2009 年，青岛市城市地价综合水平值为 2588 元 / 平方米。其中，商业地价水平值为 7402 元 / 平方米，居住地价水平值为 3818 元 / 平方米，工业地价水平值为 764 元 / 平方米。商业地价、居住地价、工业地价水平呈梯状排列，水平值之比为 1∶0.52∶0.10。商业地价最高，工业地价最低，见图 3–19–1。

2. 地价整体增长率

与 2008 年相比，2009 年青岛市城市地价总体呈上升趋势，地价综合增长率（平均值）为 2.53%。其中，商业地价平均增长率为 0.95%，居住地价平均增长率为 4.17%，工业地价平均增长率为 0。其中，居住地价增长率较大，商业地价增长率次之，工业地价与 2008 年持平，见图 3–19–2。

青岛市地价整体增长率历年状况如表 3–19–1。

3. 城市地价指数

2009 年，青岛市城市综合地价指数为 174，比 2008 年增加 4 个点数；商业地价指数为 187，比 2008 年增加 2 个点数；居住地价指数为 179，比 2008 年增加 8 个点

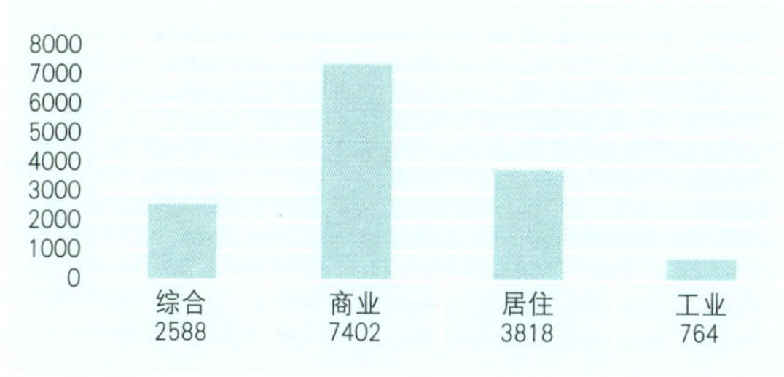

图3-19-1　青岛市地价整体水平值（元/平方米）

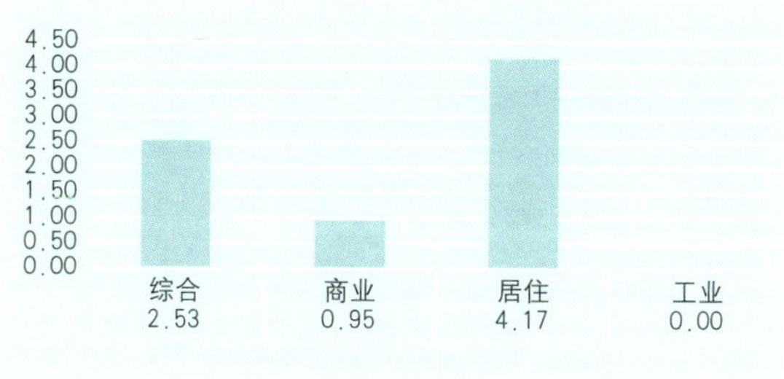

图3-19-2　青岛市地价整体增长率（%）

表3-19-1　青岛市地价整体增长率历年状况

单位：%

	综合	商业	居住	工业
2005年	4.87	5.09	5.07	3.88
2006年	6.56	4.30	6.70	3.52
2007年	6.71	6.53	8.21	3.61
2008年	7.63	7.92	8.72	3.66
2009年	2.53	0.95	4.17	0.00

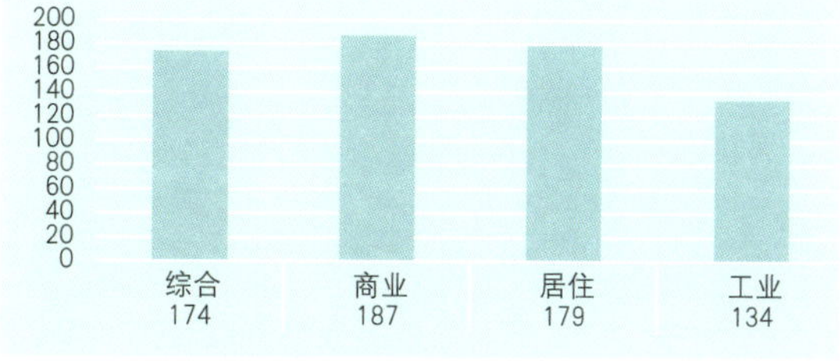

图3-19-3　青岛市地价整体指数

表3-19-2　青岛市地价整体指数历年状况

	综合	商业	居住	工业
2005年	139	154	137	120
2006年	148	161	146	125
2007年	158	171	158	129
2008年	170	185	171	134
2009年	174	187	179	134

数；工业地价指数为134，与2008年相同。其中，商业地价指数较高，居住地价指数次之，工业地价指数最低，见图3–19–3。

青岛市地价整体指数历年状况如表3–19–2。

4. 居住地价与相关经济指标协调状况①

与2008年相比，2009年青岛市地区生产总值增长率为12.20%，全市固定资产投资增长率为25.30%，商品住宅销售价格增长率为12.42%。居住地价增长率为4.17%，比地区生产总值增长率低8.03个百分点，比固定资产投资增长率低21.13个百分点，比商品住宅销售价格增长率低8.25个百分点，居住用地地价、房价比为37.40%。青岛市居住地价增长率与地区生产总值、固定资产投资及商品住宅销售价格增长率比较，见图3–19–4。

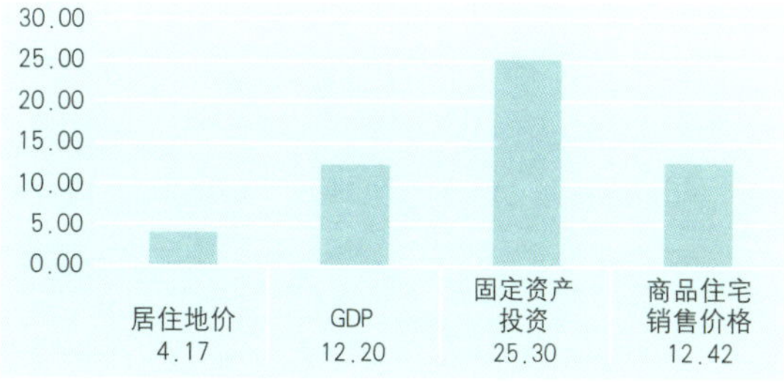

图3–19–4　青岛市居住地价与相关经济指标增长率（%）比较

① 数据来源：青岛统计信息网、中国城市地价动态监测系统、《中国统计年鉴》、中国房地产指数系统数据库。

二十、2009年 郑州市地价整体状况

1. 地价整体水平

2009年，郑州市城市地价综合水平值为2010元/平方米。其中，商业地价水平值为2567元/平方米，居住地价水平值为2544元/平方米，工业地价水平值为611元/平方米。商业地价、居住地价、工业地价水平呈梯状排列，水平值之比为1∶0.99∶0.24。商业地价最高，工业地价最低，见图3-20-1。

2. 地价整体增长率

与2008年相比，2009年郑州市城市地价总体呈明显上升趋势，地价综合增长率（平均值）为10.26%。其中，商业地价平均增长率为8.63%，居住地价平均增长率为13.30%，工业地价平均增长率为-1.59%。其中，居住地价增长率较大，商业地价增长率次之，工业地价增长率为负，见图3-20-2。

郑州市地价整体增长率历年状况如表3-20-1。

3. 城市地价指数

2009年，郑州市城市综合地价指数为176，比2008年增加16个点数；商业地价指数为190，比2008年增加15个点数；居住地价指数为202，比2008年增加24

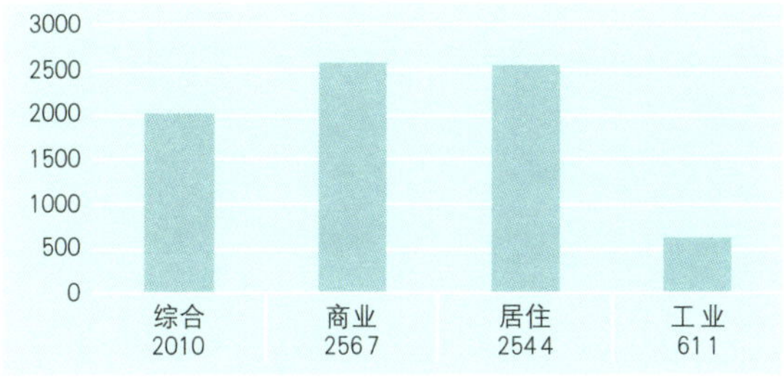

图3-20-1 郑州市地价整体水平值（元/平方米）

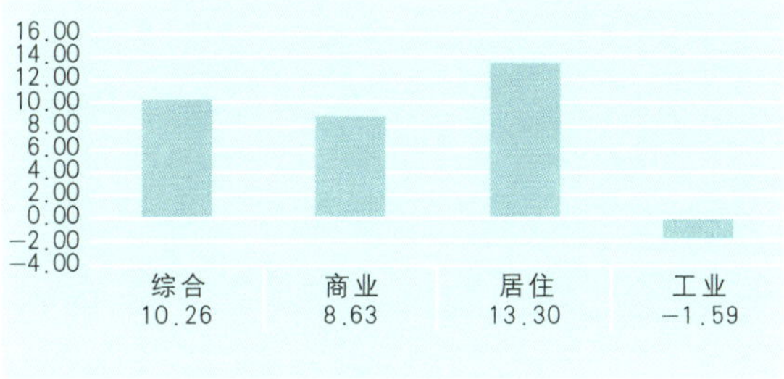

图3-20-2 郑州市地价整体增长率（%）

表3-20-1 郑州市地价整体增长率历年状况

单位：%

	综合	商业	居住	工业
2005年	7.89	9.49	10.16	0.36
2006年	10.69	11.05	13.40	3.21
2007年	8.58	8.69	8.83	7.44
2008年	1.99	1.59	2.89	0.00
2009年	10.26	8.63	13.30	-1.59

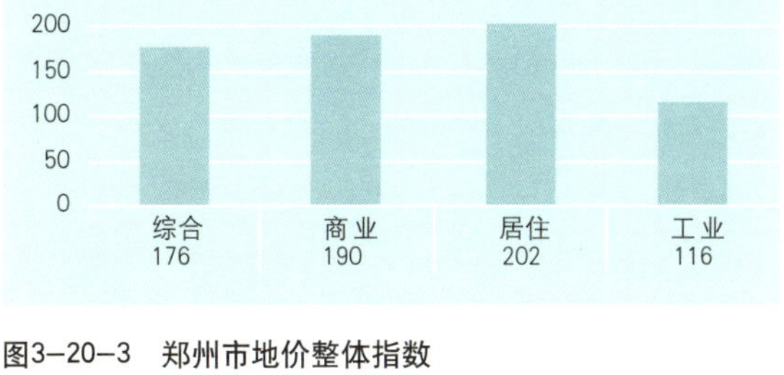

图3-20-3 郑州市地价整体指数

表3-20-2 郑州市地价整体指数历年状况

	综合	商业	居住	工业
2005年	131	142	140	106
2006年	145	158	159	110
2007年	157	172	173	118
2008年	160	175	178	118
2009年	176	190	202	116

个点数；工业地价指数为116，比2008年降低2个点数。其中，居住地价指数较高，商业地价指数次之，工业地价指数最低，见图3-20-3。

郑州市地价整体指数历年状况如表3-20-2。

4. 居住地价与相关经济指标协调状况[①]

与2008年相比，2009年郑州市地区生产总值增长率为12.00%，城镇固定资产投资增长率为31.60%，商品住宅销售价格增长率为12.67%。居住地价增长率为13.30%，比地区生产总值增长率高1.30个百分点，比城镇固定资产投资增长率低18.3个百分点，比商品住宅销售价格增长率高0.63个百分点，居住用地地价、房价比为27.01%。郑州市居住地价增长率与地区生产总值、城镇固定资产投资及商品住宅销售价格增长率比较，见图3-20-4。

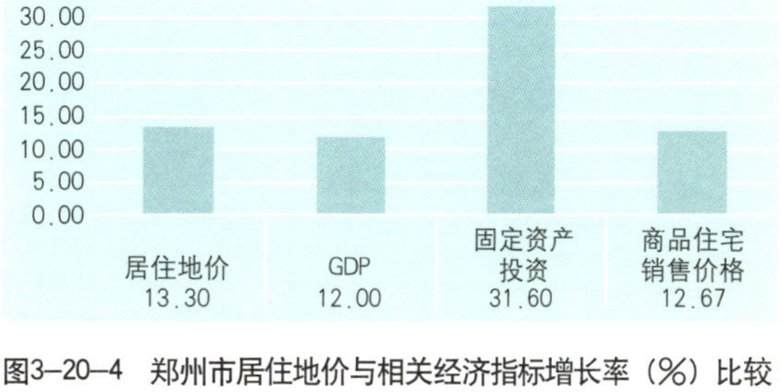

图3-20-4 郑州市居住地价与相关经济指标增长率（%）比较

① 数据来源：郑州统计信息网、中国城市地价动态监测系统、《中国统计年鉴》、中国房地产指数系统数据库。

二十一、2009年武汉市地价整体状况

1. 地价整体水平

2009年，武汉市城市地价综合水平值为2424元/平方米。其中，商业地价水平值为5008元/平方米，居住地价水平值为2599元/平方米，工业地价水平值为694元/平方米。商业地价、居住地价、工业地价水平呈梯状排列，水平值之比为1∶0.52∶0.14。商业地价最高，工业地价最低，见图3–21–1。

2. 地价整体增长率

与2008年相比，2009年武汉市城市地价总体呈明显上升趋势，地价综合增长率（平均值）为6.18%。其中，商业地价平均增长率为2.88%，居住地价平均增长率为8.43%，工业地价平均增长率为1.91%。其中，居住地价增长率较大，商业地价增长率次之，工业地价增长率最小，见图3–21–2。

武汉市地价整体增长率历年状况如表3–21–1。

3. 城市地价指数

2009年，武汉市城市综合地价指数为165，比2008年增加9个点数；商业地价指数为174，比2008年增加5个点数；居住地价指数为170，比2008年增加13个

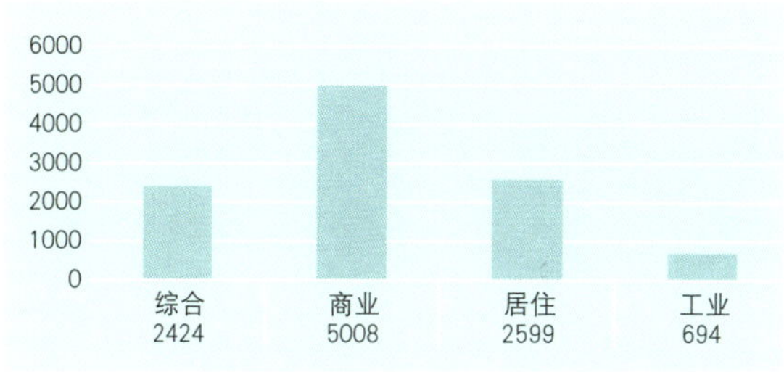

图3–21–1 武汉市地价整体水平值（元/平方米）

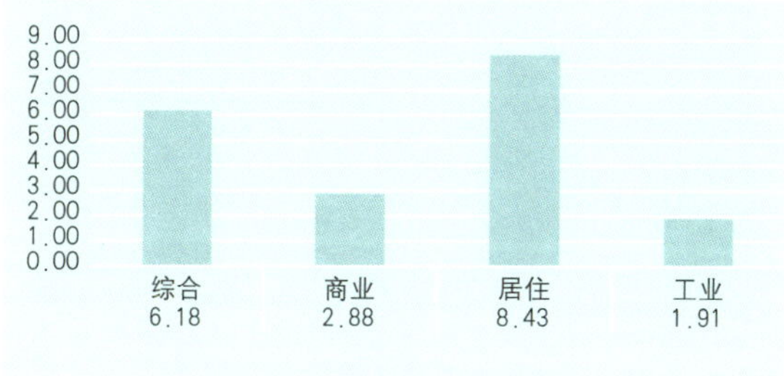

图3–21–2 武汉市地价整体增长率（%）

表3–21–1 武汉市地价整体增长率历年状况

单位：%

	综合	商业	居住	工业
2005年	3.98	4.83	6.92	1.27
2006年	4.69	4.70	6.15	1.42
2007年	7.83	9.05	7.35	4.43
2008年	5.56	12.45	2.17	7.75
2009年	6.18	2.88	8.43	1.91

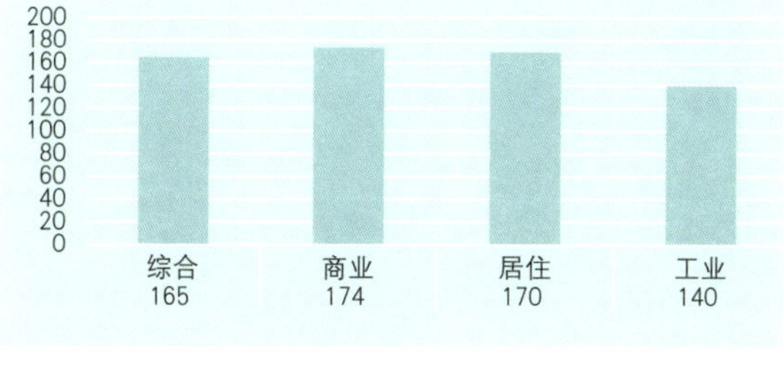

图3–21–3 武汉市地价整体指数

表3–21–2 武汉市地价整体指数历年状况

	综合	商业	居住	工业
2005年	131	132	134	120
2006年	137	138	143	122
2007年	147	150	153	127
2008年	156	169	157	137
2009年	165	174	170	140

点数；工业地价指数为140，比2008年增加3个点数。其中，商业地价指数较高，居住地价指数次之，工业地价指数最低，见图3–21–3。

武汉市地价整体指数历年状况如表3–21–2。

4. 居住地价与相关经济指标协调状况①

与2008年相比，2009年武汉市地区生产总值增长率为13.70%，城镇固定资产投资增长率为32.70%，商品住宅销售价格增长率为11.06%。居住地价增长率为8.43%，比地区生产总值增长率低5.27个百分点，比城镇固定资产投资增长率低24.27个百分点，比商品住宅销售价格增长率低2.63个百分点，居住用地地价、房价比为36.20%。武汉市居住地价增长率与地区生产总值、城镇固定资产投资及新建住房销售价格增长率比较，见图3–21–4。

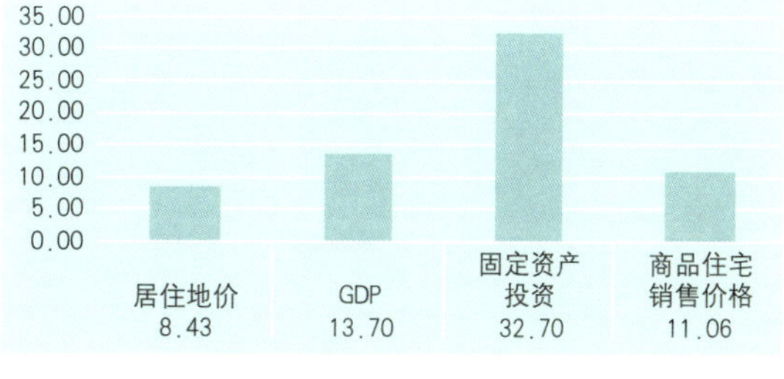

图3–21–4 武汉市居住地价与相关经济指标增长率（%）比较

① 数据来源：中国统计信息网、中国城市地价动态监测系统、《中国统计年鉴》、中国房地产指数系统数据库。

二十二、2009 年长沙市地价整体状况

1. 地价整体水平

2009 年，长沙市城市地价综合水平值为 1748 元 / 平方米。其中，商业地价水平值为 2694 元 / 平方米，居住地价水平值为 1963 元 / 平方米，工业地价水平值为 590 元 / 平方米。商业地价、居住地价、工业地价水平呈梯状排列，水平值之比为 1：0.73：0.22。商业地价最高，工业地价最低，见图 3–22–1。

2. 地价整体增长率

与 2008 年相比，2009 年长沙市城市地价总体呈上升趋势，地价综合增长率（平均值）为 3.55%。其中，商业地价平均增长率为 4.18%，居住地价平均增长率为 2.61%，工业地价平均增长率为 5.73%。其中，工业地价增长率较大，商业地价增长率次之，居住地价增长率最小，见图 3–22–2。

长沙市地价整体增长率历年状况如表 3–22–1。

3. 城市地价指数

2009 年，长沙市城市综合地价指数为 176，比 2008 年增加 6 个点数；商业地价指数为 186，比 2008 年增加 7 个点数；居住地价指数为 173，比 2008 年增加 5

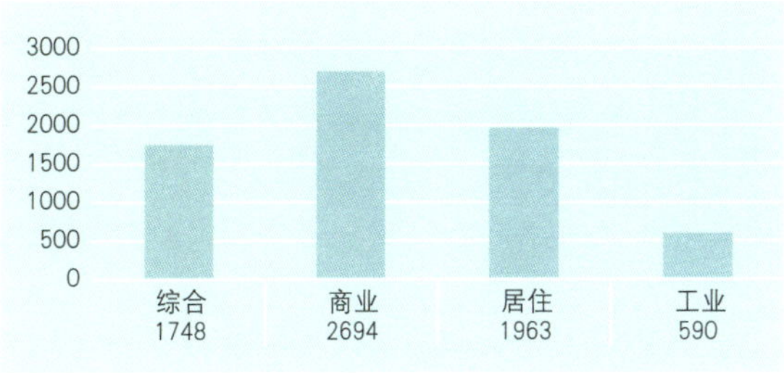

图3-22-1 长沙市地价整体水平值（元/平方米）

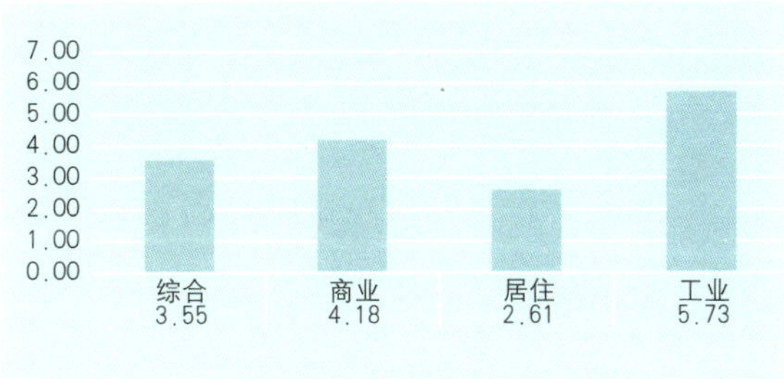

图3-22-2 长沙市地价整体增长率（%）

表3-22-1 长沙市地价整体增长率历年状况

单位：%

	综合	商业	居住	工业
2005年	6.43	7.32	8.46	3.52
2006年	13.60	13.04	12.60	16.96
2007年	16.05	20.44	12.70	15.00
2008年	7.10	7.20	6.30	8.00
2009年	3.55	4.18	2.61	5.73

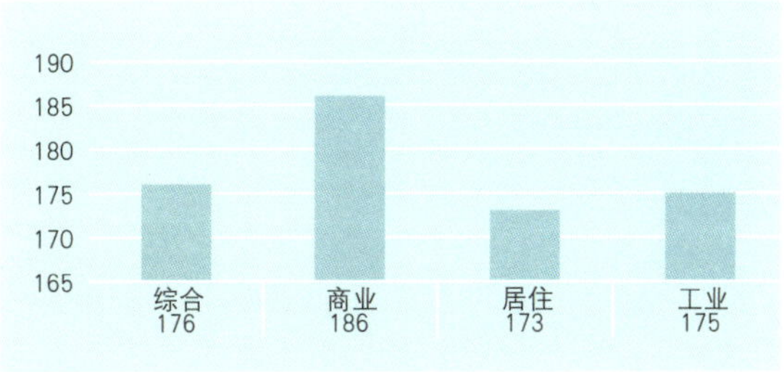

图3-22-3 长沙市地价整体指数

表3-22-2 长沙市地价整体指数历年状况

	综合	商业	居住	工业
2005年	120	122	125	114
2006年	137	138	140	133
2007年	159	167	158	153
2008年	170	179	168	166
2009年	176	186	173	175

个点数；工业地价指数为175，比2008年增加9个点数。其中，商业地价指数较高，工业地价指数次之，居住地价指数最低，见图3-22-3。

长沙市地价整体指数历年状况如表3-22-2。

4. 居住地价与相关经济指标协调状况①

与2008年相比，2009年长沙市地区生产总值增长率为14.70%，城镇固定资产投资增长率为30.70%，商品住宅销售价格增长率为11.63%。居住地价增长率为2.61%，比地区生产总值增长率低12.09个百分点，比城镇固定资产投资增长率低28.09个百分点，比商品住宅销售价格增长率低9.02个百分点，居住用地地价、房价比为30.42%。长沙市居住地价增长率与地区生产总值、城镇固定资产投资及商品住宅销售价格增长率比较，见图3-22-4。

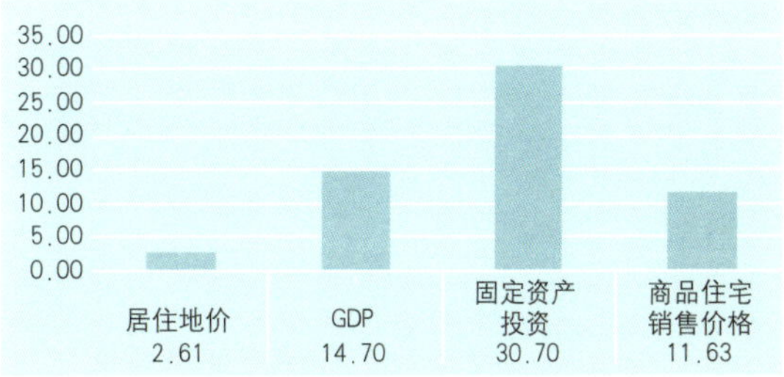

图3-22-4 长沙市居住地价与相关经济指标增长率（%）比较

① 数据来源：长沙市政府门户网站、中国城市地价动态监测系统、《中国统计年鉴》、中国房地产指数系统数据库。

二十三、2009 年 广州市地价整体状况

1. 地价整体水平

2009 年，广州市城市地价综合水平值为 3957 元 / 平方米。其中，商业地价水平值为 6045 元 / 平方米，居住地价水平值为 5369 元 / 平方米，工业地价水平值为 493 元 / 平方米。其中商业地价、居住地价、工业地价水平呈梯状排列，水平值之比为 1 : 0.89 : 0.08。商业地价最高，工业地价最低，见图 3-23-1。

2. 地价整体增长率

与 2008 年相比，2009 年广州市城市地价总体呈明显上升趋势，地价综合增长率（平均值）为 10.44%。其中，商业地价平均增长率为 8.04%，居住地价平均增长率为 12.18%，工业地价平均增长率为 4.89%。其中，居住地价增长率较大，商业地价增长率次之，工业地价增长率较小，见图 3-23-2。

广州市地价整体增长率历年状况如表 3-23-1。

3. 城市地价指数

2009 年，广州市城市综合地价指数为 179，比 2008 年增加 17 个点数；商业地价指数为 157，比 2008 年增加 11 个点数；居住地价指数为 195，比 2008 年增加 21

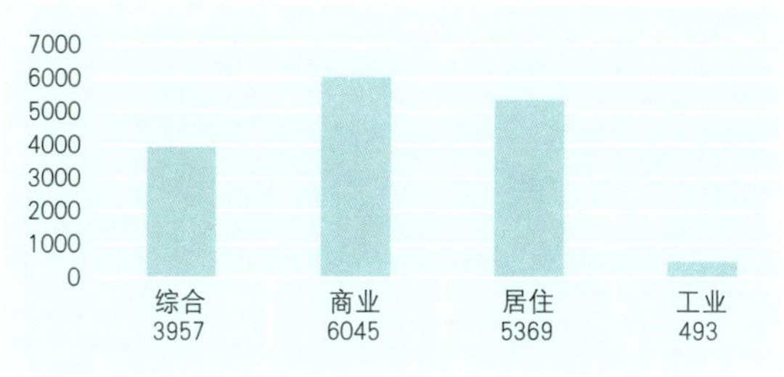

图3–23–1　广州市地价整体水平值（元/平方米）

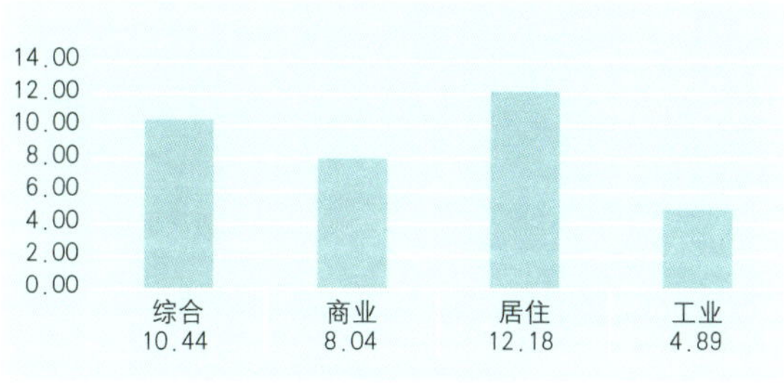

图3–23–2　广州市地价整体增长率（%）

表3–23–1　广州市地价整体增长率历年状况

单位：%

	综合	商业	居住	工业
2005年	9.17	6.86	11.00	3.88
2006年	16.65	9.44	22.21	1.15
2007年	8.49	6.30	8.42	30.40
2008年	6.19	8.39	5.28	2.40
2009年	10.44	8.04	12.18	4.89

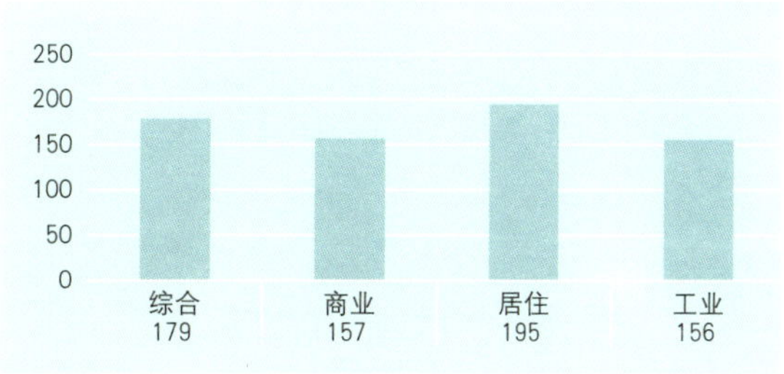

图3–23–3　广州市地价整体指数

表3–23–2　广州市地价整体指数历年状况

	综合	商业	居住	工业
2005年	120	116	125	110
2006年	141	126	152	111
2007年	152	134	165	145
2008年	162	146	174	149
2009年	179	157	195	156

个点数；工业地价指数为156，比2008年增加7个点数。其中，居住地价指数较高，商业地价指数次之，工业地价指数最低，见图3–23–3。

广州市地价整体指数历年状况如表3–23–2。

4. 居住地价与相关经济指标协调状况①

与2008年相比，2009年广州市地区生产总值增长率为11.50%，全社会固定资产投资增长率为22.30%，商品住宅销售价格增长率为2.36%。居住地价增长率为12.18%，比地区生产总值增长率高0.68个百分点，比固定资产投资增长率低10.12个百分点，比商品住宅销售价格增长率高9.82个百分点，居住用地地价、房价比为29.17%。广州市居住地价增长率与地区生产总值、固定资产投资及商品住宅销售价格增长率比较，见图3–23–4。

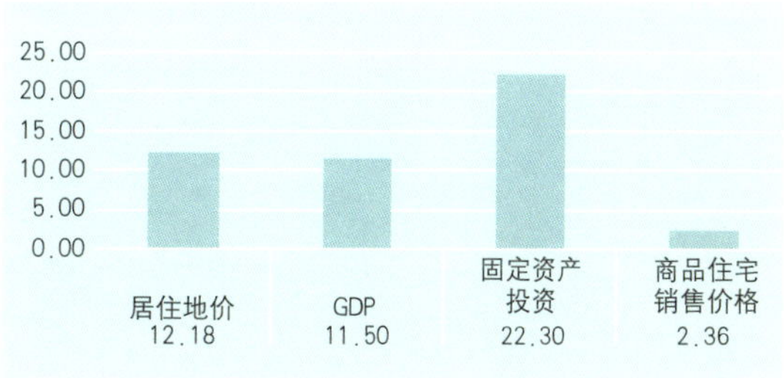

图3–23–4　广州市居住地价与相关经济指标增长率（%）比较

① 数据来源：广州统计信息网、中国城市地价动态监测系统、《中国统计年鉴》、中国房地产指数系统数据库。

二十四、2009 年深圳市地价整体状况

1. 地价整体水平

2009 年，深圳市城市地价综合水平值为 10589 元 / 平方米。其中，商业地价水平值为 17084 元 / 平方米，居住地价水平值为 16591 元 / 平方米，工业地价水平值为 1571 元 / 平方米。商业地价、居住地价、工业地价水平呈梯状排列，水平值之比为 1 : 0.97 : 0.09。商业地价最高，工业地价最低，见图 3–24–1。

2. 地价整体增长率

与 2008 年相比，2009 年深圳市城市地价总体呈大幅上涨趋势，地价综合增长率（平均值）为 33.16%。其中，商业地价平均增长率为 32.20%，居住地价平均增长率为 36.66%，工业地价平均增长率为 5.65%。其中，居住地价上涨幅度最大，商业地价上涨幅度次之，工业地价上涨幅度较小，见图 3–24–2。

深圳市地价整体增长率历年状况如表 3–24–1。

3. 城市地价指数

2009 年，深圳市城市综合地价指数为 278，比 2008 年增加 69 个点数；商业地价指数为 282，比 2008 年增加 69 个点数；居住地价指数为 280，比 2008 年增加 75

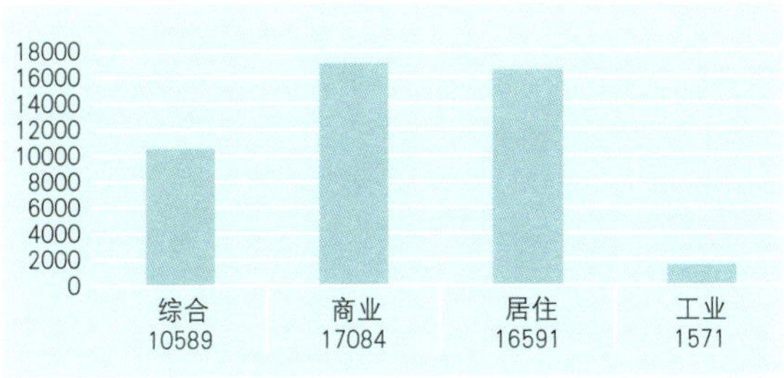

图3-24-1 深圳市地价整体水平值（元/平方米）

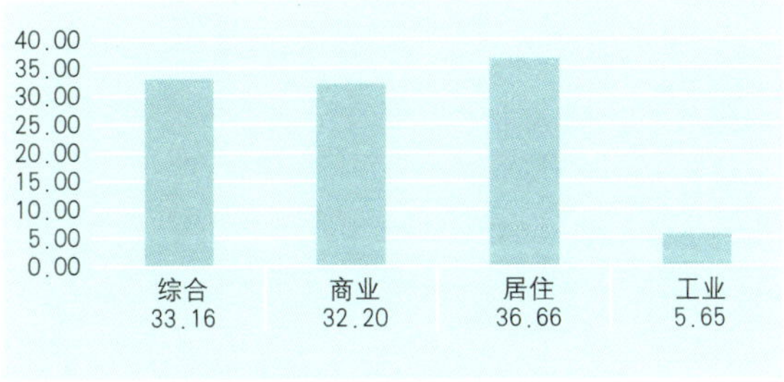

图3-24-2 深圳市地价整体增长率（%）

表3-24-1 深圳市地价整体增长率历年状况

单位：%

	综合	商业	居住	工业
2005年	1.00	0.79	1.04	1.79
2006年	30.77	15.48	37.36	19.30
2007年	122.87	182.54	84.49	113.29
2008年	−31.68	−35.23	−23.93	−41.36
2009年	33.16	32.20	36.66	5.65

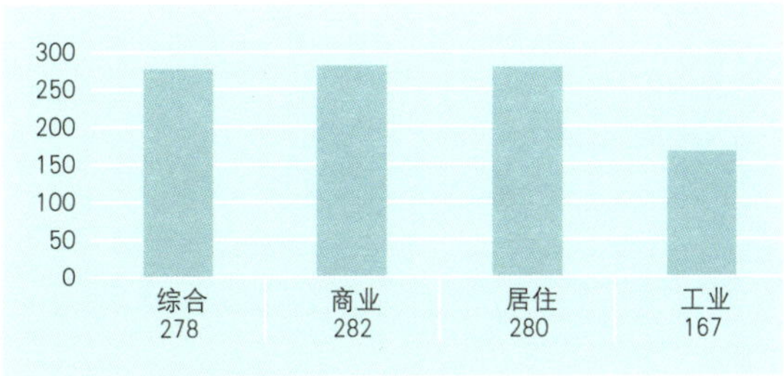

图3-24-3 深圳市地价整体指数

表3-24-2 深圳市地价整体指数历年状况

	综合	商业	居住	工业
2005年	105	101	106	106
2006年	137	117	146	127
2007年	306	329	269	270
2008年	209	213	205	158
2009年	278	282	280	167

个点数；工业地价指数为167，比2008年增加9个点数。其中，商业地价指数较高，居住地价指数次之，工业地价指数最低，见图3–24–3。

深圳市地价整体指数历年状况如表3–24–2。

4. 居住地价与相关经济指标协调状况①

与2008年相比，2009年深圳市地区生产总值增长率为10.70%，全社会固定资产投资增长率为16.50%，商品住宅销售价格增长率为12.22%。居住地价增长率为36.66%，比地区生产总值增长率高25.96个百分点，比固定资产投资增长率高20.16个百分点，比商品住宅销售价格增长率高24.44个百分点，居住用地地价、房价比为39.37%。深圳市居住地价增长率与地区生产总值、固定资产投资及商品住宅销售价格增长率比较，见图3–24–4。

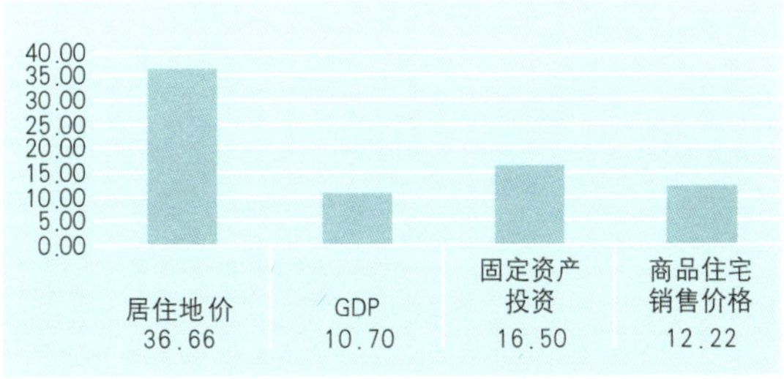

图3–24–4 深圳市居住地价与相关经济指标增长率（%）比较

① 数据来源：深圳市统计局统计快报、中国城市地价动态监测系统、《中国统计年鉴》、中国房地产指数系统数据库。

二十五、2009 年
南宁市地价整体状况

1. 地价整体水平

2009 年，南宁市城市地价综合水平值为 1952 元 / 平方米。其中，商业地价水平值为 4855 元 / 平方米，居住地价水平值为 1511 元 / 平方米，工业地价水平值为 416 元 / 平方米。商业地价、居住地价、工业地价水平呈梯状排列，水平值之比为 1∶0.31∶0.09。商业地价最高，工业地价最低，见图 3–25–1。

2. 地价整体增长率

与 2008 年相比，2009 年南宁市城市地价总体呈明显上升趋势，地价综合增长率（平均值）为 5.34%。其中，商业地价平均增长率为 4.21%，居住地价平均增长率为 8.47%，工业地价平均增长率为 3.23%。居住地价增长率较高，商业地价增长率次之，工业地价增长率最低，见图 3–25–2。

南宁市地价整体增长率历年状况如表 3–25–1。

3. 城市地价指数

2009 年，南宁市城市综合地价指数为 151，比 2008 年增加 8 个点数；商业地价指数为 145，比 2008 年增加 6 个点数；居住地价指数为 175，比 2008 年增加 14 个

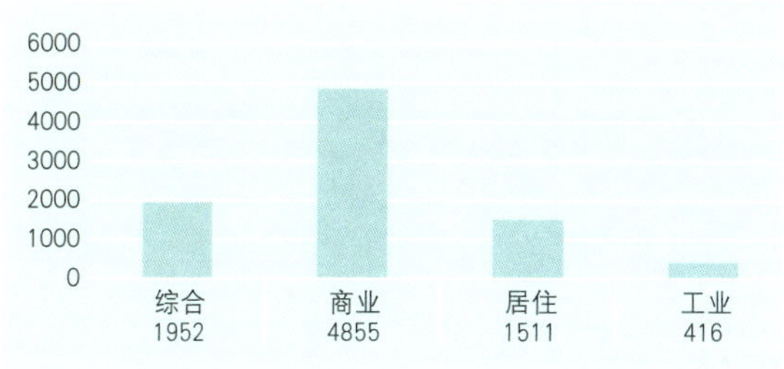

图3-25-1 南宁市地价整体水平值（元/平方米）

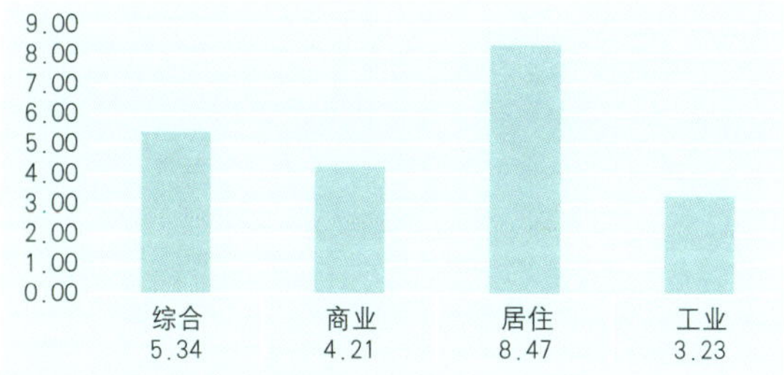

图3-25-2 南宁市地价整体增长率（%）

表3-25-1 南宁市地价整体增长率历年状况

单位：%

	综合	商业	居住	工业
2005年	0.00	0.00	0.00	0.00
2006年	0.00	0.00	0.00	0.00
2007年	6.18	4.87	7.95	10.79
2008年	7.92	6.39	11.89	6.05
2009年	5.34	4.21	8.47	3.23

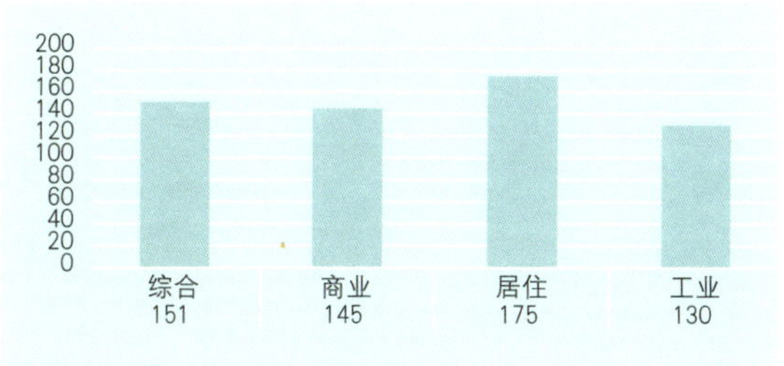

图3-25-3 南宁市地价整体指数

表3-25-2 南宁市地价整体指数历年状况

	综合	商业	居住	工业
2005年	125	124	133	107
2006年	125	124	133	107
2007年	133	130	144	119
2008年	143	139	161	126
2009年	151	145	175	130

点数；工业地价指数为130，比2008年增加4个点数。其中，居住地价指数较高，商业地价指数次之，工业地价指数最低，见图3-25-3。

南宁市地价整体指数历年状况如表3-25-2。

4. 居住地价与相关经济指标协调状况①

与2008年相比，2009年南宁市地区生产总值增长率为15.00%，城镇固定资产投资增长率为50.34%，商品住宅销售价格增长率为19.78%。居住地价增长率为8.47%，比地区生产总值增长率低6.53个百分点，比城镇固定资产投资增长率低41.87个百分点，比商品住宅销售价格增长率低11.31个百分点，居住用地地价、房价比为16.47%。南宁市居住地价增长率与地区生产总值、城镇固定资产投资及商品住宅销售价格增长率比较，见图3-25-4。

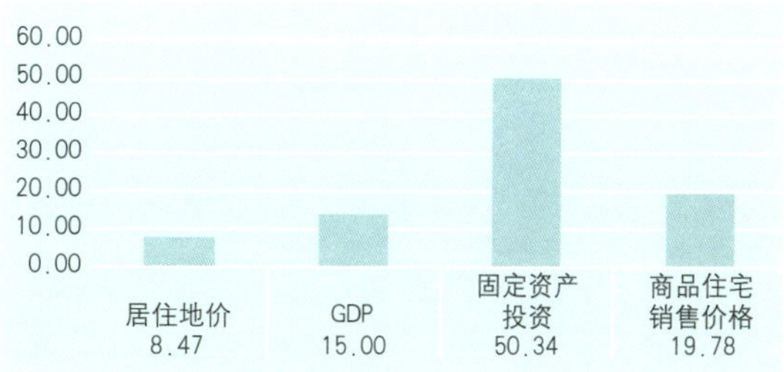

图3-25-4 南宁市居住地价与相关经济指标增长率（%）比较

① 数据来源：南宁市统计局、中国城市地价动态监测系统、《中国统计年鉴》、中国房地产指数系统数据库。

二十六、2009 年 海口市地价整体状况

1. 地价整体水平

2009 年，海口市城市地价综合水平值为 1319 元 / 平方米。其中，商业地价水平值为 1533 元 / 平方米，居住地价水平值为 1548 元 / 平方米，工业地价水平值为 424 元 / 平方米。居住地价、商业地价、工业地价水平呈梯状排列，水平值之比为 1：1.01：0.28。居住地价最高，工业地价最低，见图 3–26–1。

2. 地价整体增长率

与 2008 年相比，2009 年海口市城市地价总体呈大幅上升趋势，地价综合增长率（平均值）为 14.20%。其中，商业地价平均增长率为 11.82%，居住地价平均增长率为 15.01%，工业地价平均增长率为 18.77%。其中，工业地价增长率较大，居住地价增长率次之，商业地价增长率较小，见图 3–26–2。

海口市地价整体增长率历年状况如表 3–26–1。

3. 城市地价指数

2009 年，海口市城市综合地价指数为 182，比 2008 年增加 23 个点数；商业地价指数为 189，比 2008 年增加 20 个点数；居住地价指数为 190，比 2008 年增加 25

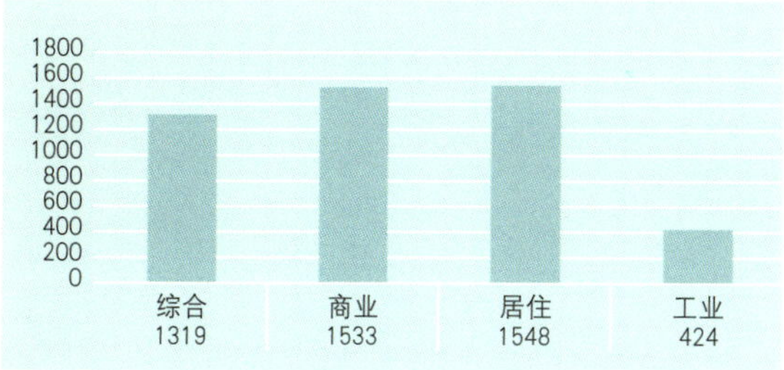

图3-26-1 海口市地价整体水平值（元/平方米）

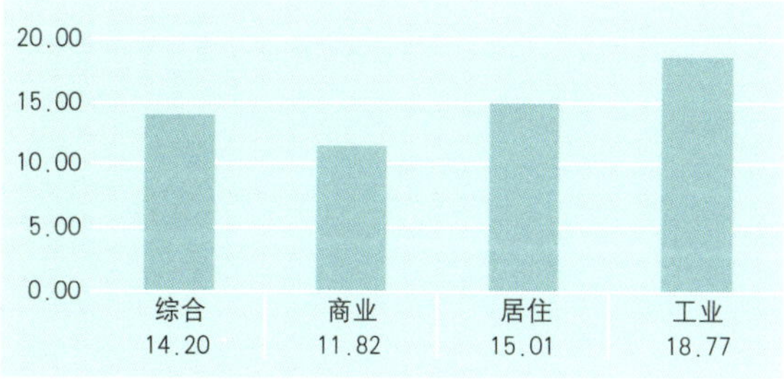

图3-26-2 海口市地价整体增长率（%）

表3-26-1 海口市地价整体增长率历年状况

单位：%

	综合	商业	居住	工业
2005年	1.26	1.16	6.95	-7.22
2006年	3.00	7.06	1.85	-3.69
2007年	20.15	19.25	20.96	21.70
2008年	16.08	14.25	18.17	6.57
2009年	14.20	11.82	15.01	18.77

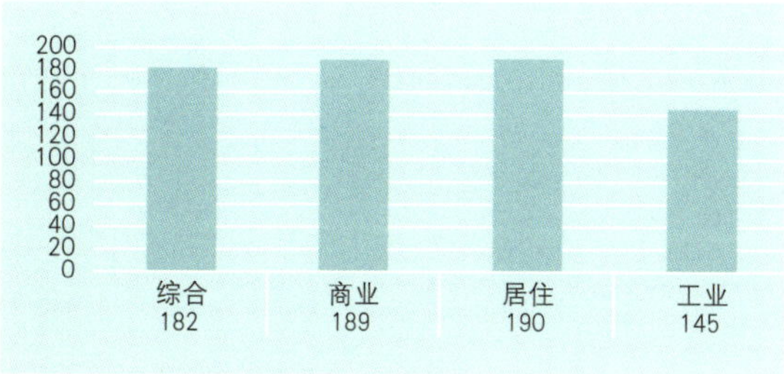

图3-26-3 海口市地价整体指数

表3-26-2 海口市地价整体指数历年状况

	综合	商业	居住	工业
2005年	111	116	114	98
2006年	114	124	116	94
2007年	137	148	140	114
2008年	159	169	165	122
2009年	182	189	190	145

个点数；工业地价指数为145，比2008年增加23个点数。其中，居住地价指数最高，商业地价指数次之，工业地价指数较低，见图3-26-3。

海口市地价整体指数历年状况如表3-26-2。

4. 居住地价与相关经济指标协调状况①

与2008年相比，2009年海口市地区生产总值增长率为10.80%，城镇固定资产投资增长率为23.20%，商品住宅销售价格增长率为19.91%。居住地价增长率为15.01%，比地区生产总值增长率高4.21个百分点，比城镇固定资产投资增长率低8.19个百分点，比商品住宅销售价格增长率低4.90个百分点，居住用地地价、房价比为19.30%。海口市居住地价增长率与地区生产总值、城镇固定资产投资及商品住宅销售价格增长率比较，见图3-26-4。

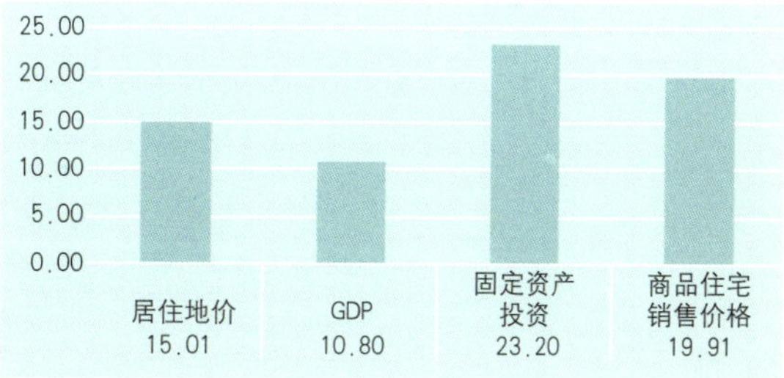

图3-26-4 海口市居住地价与相关经济指标增长率（%）比较

① 数据来源：中国统计信息网、中国城市地价动态监测系统、《中国统计年鉴》、中国房地产指数系统数据库。

二十七、2009 年重庆市地价整体状况

1. 地价整体水平

2009 年，重庆市城市地价综合水平值为 2154 元 / 平方米。其中，商业地价水平值为 6170 元 / 平方米，居住地价水平值为 2508 元 / 平方米，工业地价水平值为 562 元 / 平方米。商业地价、居住地价、工业地价水平呈梯状排列，水平值之比为 1：0.41：0.09。商业地价最高，工业地价最低，见图 3–27–1。

2. 地价整体增长率

与 2008 年相比，2009 年重庆市城市地价总体呈上升趋势，地价综合增长率（平均值）为 4.56%。其中，商业地价平均增长率为 0.83%，居住地价平均增长率为 6.68%，工业地价平均增长率为 –5.07%。其中，居住地价上升幅度较大，商业地价上升幅度次之，工业地价降幅明显，见图 3–27–2。

重庆市地价整体增长率历年状况如表 3–27–1。

3. 城市地价指数

2009 年，重庆市城市综合地价指数为 205，比 2008 年增加 9 个点数；商业地价指数为 130，比 2008 年增加 1 个点数；居住地价指数为 258，比 2008 年增加 16 个

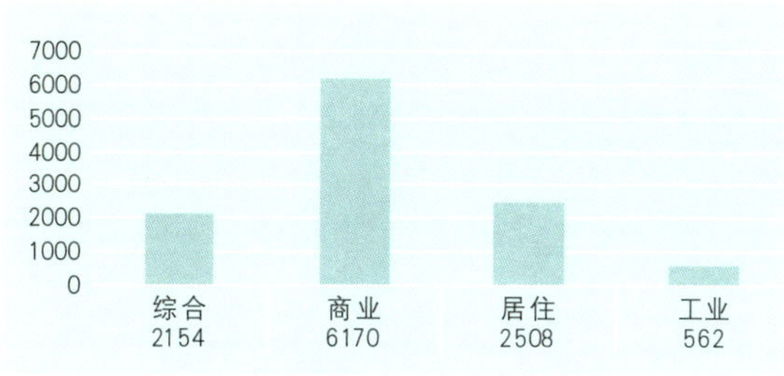

图3-27-1 重庆市地价整体水平值（元/平方米）

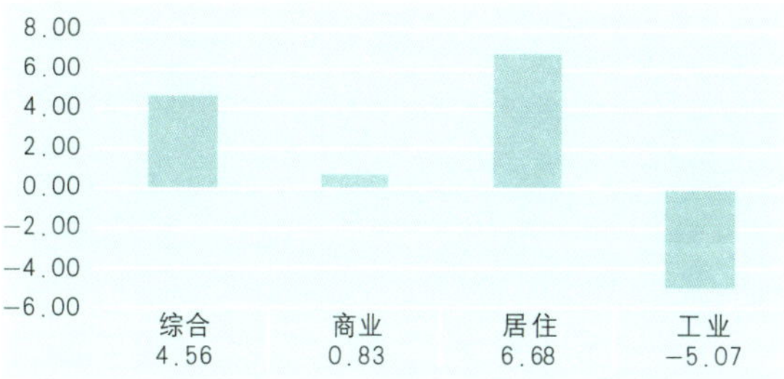

图3-27-2 重庆市地价整体增长率（%）

表3-27-1 重庆市地价整体增长率历年状况

单位：%

	综合	商业	居住	工业
2005年	5.20	1.48	6.93	2.92
2006年	3.15	1.96	3.62	3.55
2007年	34.71	6.05	48.39	7.19
2008年	-2.47	-5.21	-2.79	7.96
2009年	4.56	0.83	6.68	-5.07

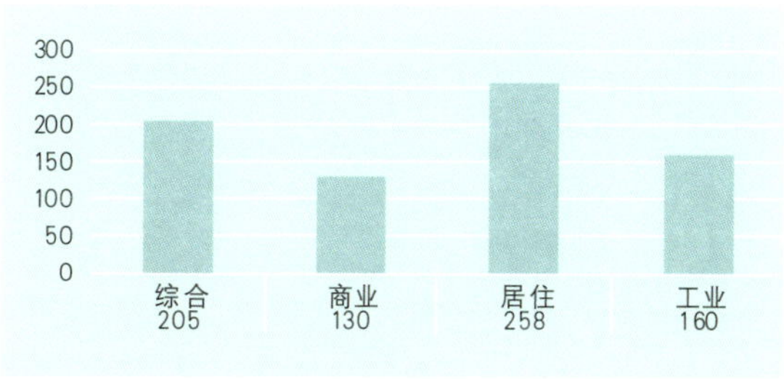

图3-27-3 重庆市地价整体指数

表3-27-2 重庆市地价整体指数历年状况

	综合	商业	居住	工业
2005年	145	125	162	141
2006年	149	128	168	146
2007年	201	136	249	156
2008年	196	129	242	169
2009年	205	130	258	160

点数；工业地价指数为160，比2008年降低9个点数。其中，居住地价指数较高，工业地价指数次之，商业地价指数最低，见图3-27-3。

重庆市地价整体指数历年状况如表3-27-2。

4. 居住地价与相关经济指标协调状况①

与2008年相比，2009年重庆市地区生产总值增长率为14.90%，城镇固定资产投资增长率为31.10%，商品住宅销售价格增长率为23.71%。居住地价增长率为6.68%，比地区生产总值增长率低8.22个百分点，比城镇固定资产投资增长率低24.42个百分点，比商品住宅销售价格增长率低17.03个百分点，居住用地地价、房价比为27.90%。重庆市居住地价增长率与地区生产总值、城镇固定资产投资及商品住宅销售价格增长率比较，见图3-27-4。

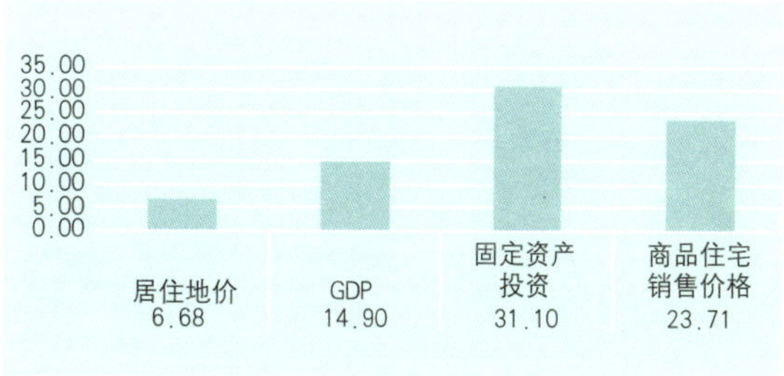

图3-27-4 重庆市居住地价与相关经济指标增长率（%）比较

① 数据来源：重庆统计信息网、中国城市地价动态监测系统、《中国统计年鉴》、中国房地产指数系统数据库。

二十八、2009 年 成都市地价整体状况

1. 地价整体水平

2009 年，成都市城市地价综合水平值为 5932 元 / 平方米。其中，商业地价水平值为 7582 元 / 平方米，居住地价水平值为 6810 元 / 平方米，工业地价水平值为 653 元 / 平方米。商业地价、居住地价、工业地价水平呈梯状排列，水平值之比为 1∶0.90∶0.09。商业地价最高，工业地价最低，见图 3–28–1。

2. 地价整体增长率

与 2008 年相比，2009 年成都市城市地价总体呈上升趋势，地价综合增长率（平均值）为 2.40%。其中，商业地价平均增长率为 0.49%，居住地价平均增长率为 3.21%，工业地价平均增长率为 0.15%。其中，居住地价上升幅度较大，商业地价上升幅度次之，工业地价上升幅度最小，见图 3–28–2。

成都市地价整体增长率历年状况如表 3–28–1。

3. 城市地价指数

2009 年，成都市城市综合地价指数为 159，比 2008 年上升 4 个点数；商业地价指数为 150，与 2008 年持平；居住地价指数为 197，比 2008 年上升 6 个点数；工业地价

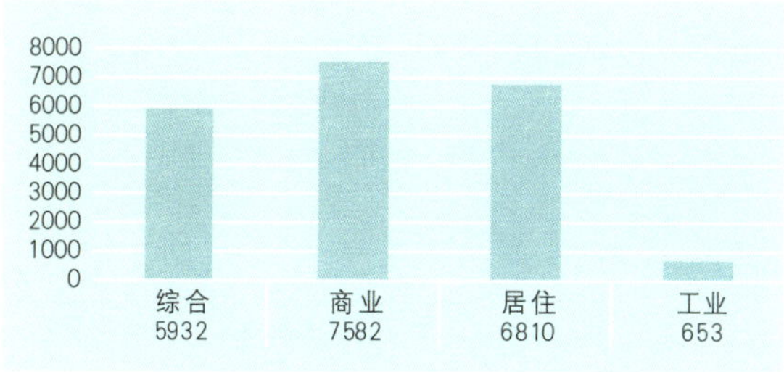

图3-28-1 成都市地价整体水平值（元/平方米）

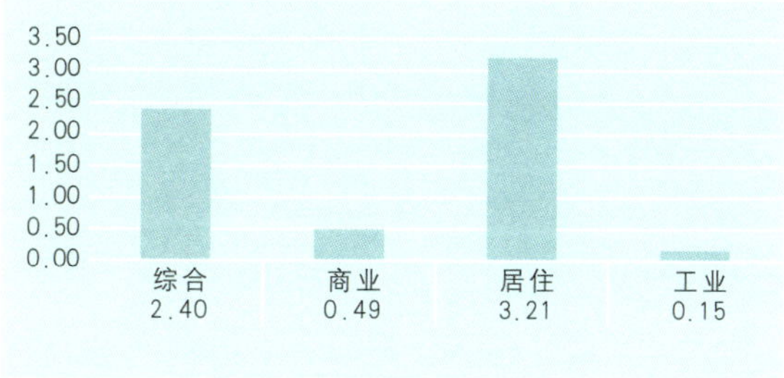

图3-28-2 成都市地价整体增长率（%）

表3-28-1 成都市地价整体增长率历年状况

单位：%

	综合	商业	居住	工业
2005年	4.07	3.25	6.69	0.00
2006年	9.75	2.93	16.31	7.26
2007年	8.80	5.90	10.46	5.37
2008年	−9.53	−5.02	−12.38	−1.46
2009年	2.40	0.49	3.21	0.15

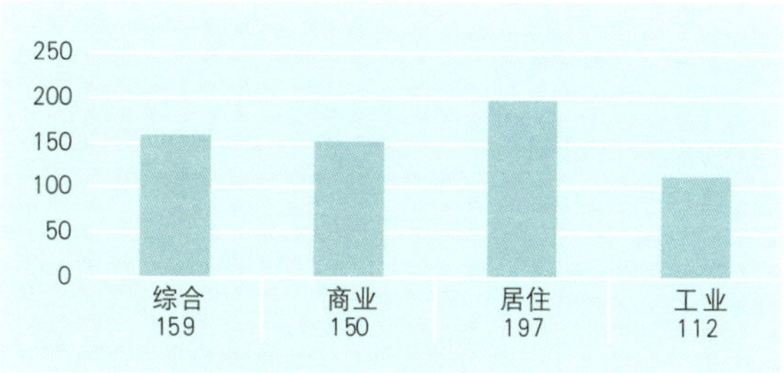

图3-28-3 成都市地价整体指数

表3-28-2 成都市地价整体指数历年状况

	综合	商业	居住	工业
2005年	144	145	170	100
2006年	158	149	197	107
2007年	171	158	218	113
2008年	155	150	191	111
2009年	159	150	197	112

指数为112，比2008年上升1个点数。其中，居住地价指数较高，商业地价指数次之，工业地价指数最低，见图3-28-3。

成都市地价整体指数历年状况如表3-28-2。

4. 居住地价与相关经济指标协调状况①

与2008年相比，2009年成都市地区生产总值增长率为14.70%，全社会固定资产投资增长率为34.00%，商品住宅销售价格增长率为2.03%。居住地价增长率为3.21%，比地区生产总值增长率低11.49个百分点，比固定资产投资增长率低30.79个百分点，比商品住宅销售价格增长率高1.18个百分点，居住用地地价、房价比为35.92%。成都市居住地价增长率与地区生产总值、固定资产投资及商品住宅销售价格增长率比较，见图3-28-4。

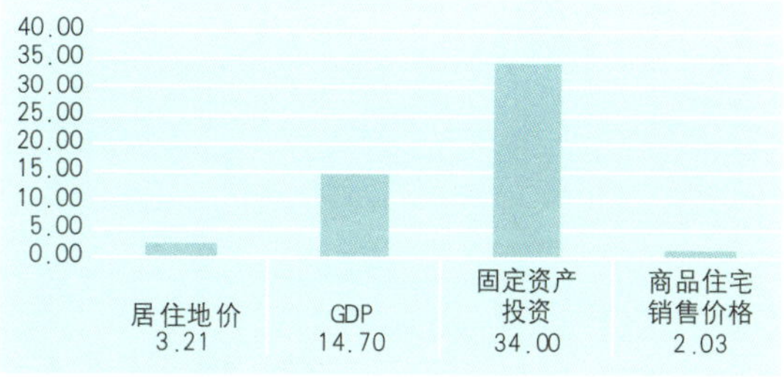

图3-28-4 成都市居住地价与相关经济指标增长率（%）比较

① 数据来源：成都统计信息网、中国城市地价动态监测系统、《中国统计年鉴》、中国房地产指数系统数据库。

二十九、2009 年
贵阳市地价整体状况

1. 地价整体水平

2009 年，贵阳市城市地价综合水平值为 2693 元 / 平方米。其中，商业地价水平值为 6973 元 / 平方米，居住地价水平值为 4071 元 / 平方米，工业地价水平值为 429 元 / 平方米。商业地价、居住地价、工业地价水平呈梯状排列，水平值之比为 1：0.58：0.06。商业地价最高，工业地价最低，见图 3–29–1。

2. 地价整体增长率

与 2008 年相比，2009 年贵阳市城市地价总体呈上升趋势，地价综合增长率（平均值）为 5.03%。其中，商业地价平均增长率为 3.55%，居住地价平均增长率为 5.96%，工业地价平均增长率为 –0.23%。其中，居住地价增长率较大，商业地价增长率次之，工业地价增长率为负，见图 3–29–2。

贵阳市地价整体增长率历年状况如表 3–29–1。

3. 城市地价指数

2009 年，贵阳市城市综合地价指数为 181，比 2008 年增加 8 个点数；商业地价指数为 186，比 2008 年增加 7 个点数；居住地价指数为 267，比 2008 年增加 15 个

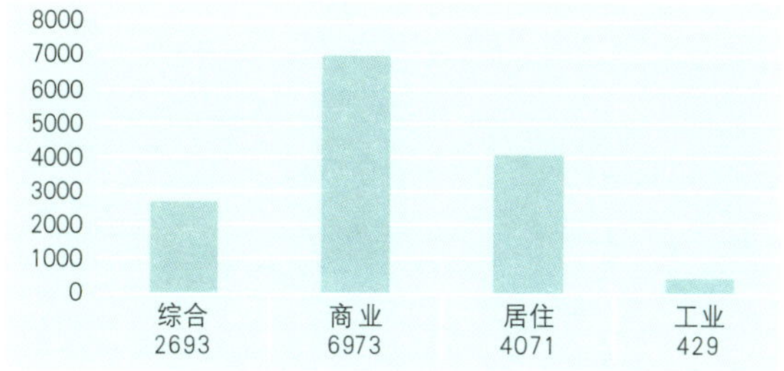

图3-29-1 贵阳市地价整体水平值（元/平方米）

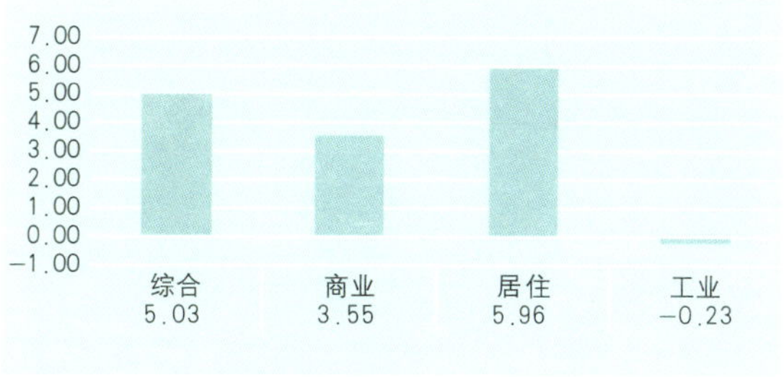

图3-29-2 贵阳市地价整体增长率（%）

表3-29-1 贵阳市地价整体增长率历年状况

单位：%

	综合	商业	居住	工业
2005年	2.16	0.00	10.08	0.00
2006年	4.75	4.01	10.25	0.00
2007年	13.02	16.12	20.71	2.23
2008年	2.48	2.26	2.34	4.37
2009年	5.03	3.55	5.96	-0.23

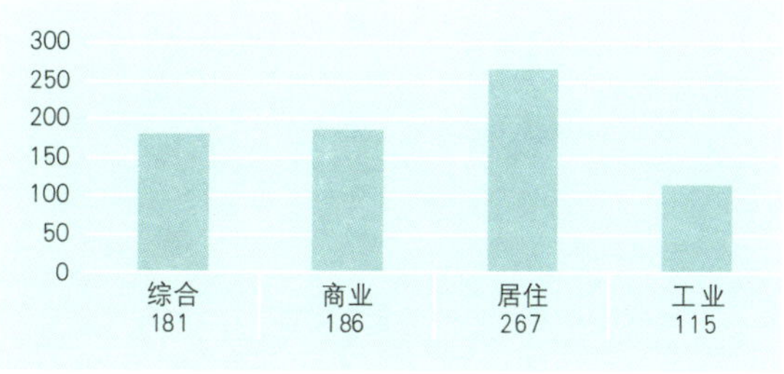

图3-29-3 贵阳市地价整体指数

表3-29-2 贵阳市地价整体指数历年状况

	综合	商业	居住	工业
2005年	142	145	185	108
2006年	149	151	204	108
2007年	168	175	246	110
2008年	173	179	252	115
2009年	181	186	267	115

点数；工业地价指数为115，与2008年持平。其中，居住地价指数较高，商业地价指数次之，工业地价指数最低，见图3-29-3。

贵阳市地价整体指数历年状况如表3-29-2。

4. 居住地价与相关经济指标协调状况①

与2008年相比，2009年贵阳市地区生产总值增长率为13.30%，城镇固定资产投资增长率为32.70%，商品住宅销售价格增长率为21.84%。居住地价增长率为5.96%，比地区生产总值增长率低7.34个百分点，比城镇固定资产投资增长率低26.74个百分点，比商品住宅销售价格增长率低15.88个百分点，居住用地地价、房价比为14.60%。贵阳市居住地价增长率与地区生产总值、城镇固定资产投资及商品住宅销售价格增长率比较，见图3-29-4。

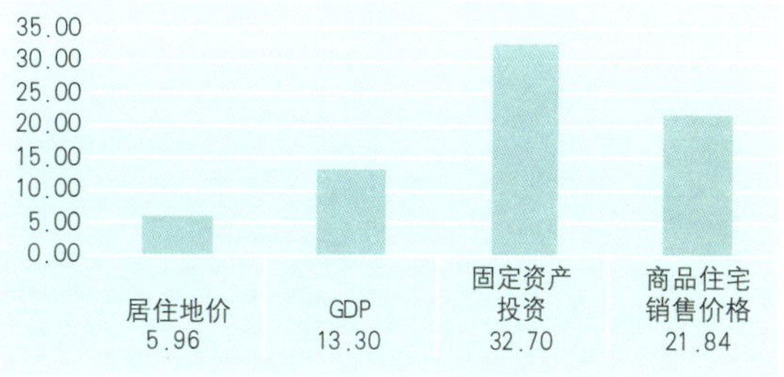

图3-29-4 贵阳市居住地价与相关经济指标增长率（%）比较

① 数据来源：贵阳市统计局、中国城市地价动态监测系统、《中国统计年鉴》、中国房地产指数系统数据库。

三十、2009 年 昆明市地价整体状况

1. 地价整体水平

2009 年，昆明市城市地价综合水平值为 3163 元 / 平方米。其中，商业地价水平值为 7340 元 / 平方米，居住地价水平值为 3461 元 / 平方米，工业地价水平值为 551 元 / 平方米。商业地价、居住地价、工业地价水平呈梯状排列，水平值之比为 1：0.47：0.08。商业地价最高，工业地价最低，见图 3–30–1。

2. 地价整体增长率

与 2008 年相比，2009 年昆明市城市地价总体呈明显上升趋势，地价综合增长率（平均值）为 23.31%。其中，商业地价平均增长率为 22.48%，居住地价平均增长率为 24.68%，工业地价平均增长率为 8.68%。其中，居住地价增长率最大，商业地价增长率次之，工业地价增长率较小，见图 3–30–2。

昆明市地价整体增长率历年状况如表 3–30–1。

3. 城市地价指数

2009 年，昆明市城市综合地价指数为 209，比 2008 年增加 39 个点数；商业地价指数为 221，比 2008 年增加 41 个点数；居住地价指数为 235，比 2008 年增加 46

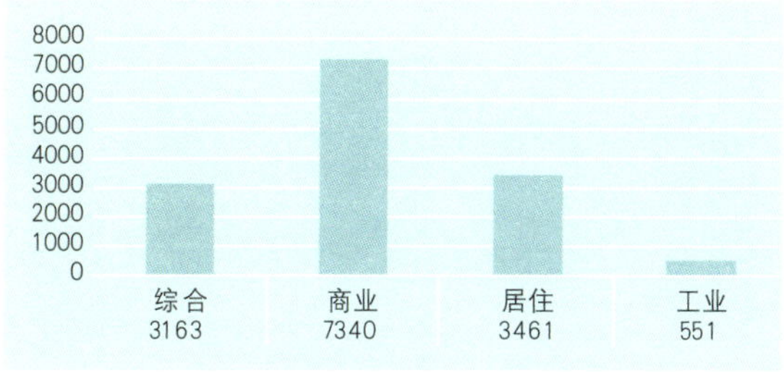

图3-30-1　昆明市地价整体水平值（元/平方米）

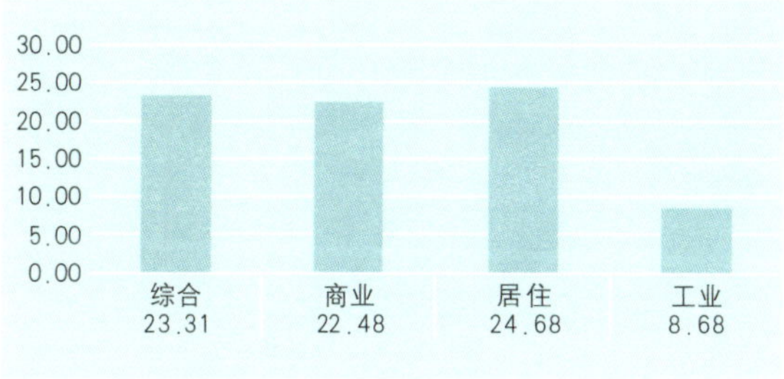

图3-30-2　昆明市地价整体增长率（%）

表3-30-1　昆明市地价整体增长率历年状况

单位：%

	综合	商业	居住	工业
2005年	6.23	3.38	13.35	1.48
2006年	2.07	2.10	2.59	1.25
2007年	44.71	57.02	45.92	8.45
2008年	0.99	2.43	−0.07	−0.20
2009年	23.31	22.48	24.68	8.68

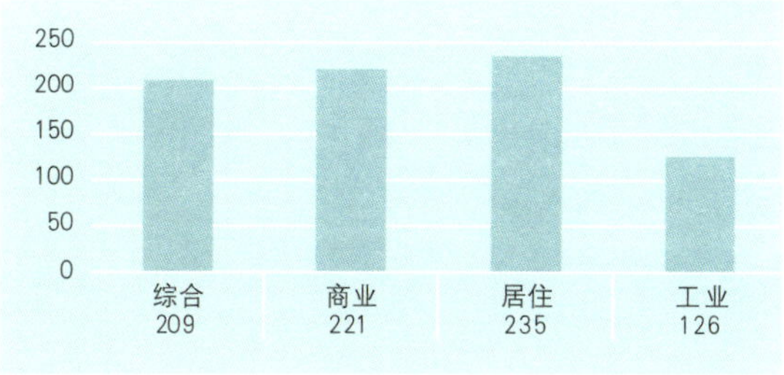

图3-30-3　昆明市地价整体指数

表3-30-2　昆明市地价整体指数历年状况

	综合	商业	居住	工业
2005年	114	110	126	105
2006年	116	112	129	107
2007年	168	176	189	116
2008年	170	180	189	116
2009年	209	221	235	126

个点数；工业地价指数为126，比2008年增加10个点数。其中，居住地价指数最高，商业地价指数次之，工业地价指数最低，见图3–30–3。

昆明市地价整体指数历年状况如表3–30–2。

4．居住地价与相关经济指标协调状况①

与2008年相比，2009年昆明市地区生产总值增长率为12.00%，全社会固定资产投资增长率为52.00%，商品住宅销售价格增长率为4.14%。居住地价增长率为24.68%，比地区生产总值增长率高12.68个百分点，比固定资产投资增长率低27.32个百分点，比商品住宅销售价格增长率高20.54个百分点，居住用地地价、房价比为37.04%。昆明市地价增长率与地区生产总值、固定资产投资及商品住宅销售价格增长率比较，见图3–30–4。

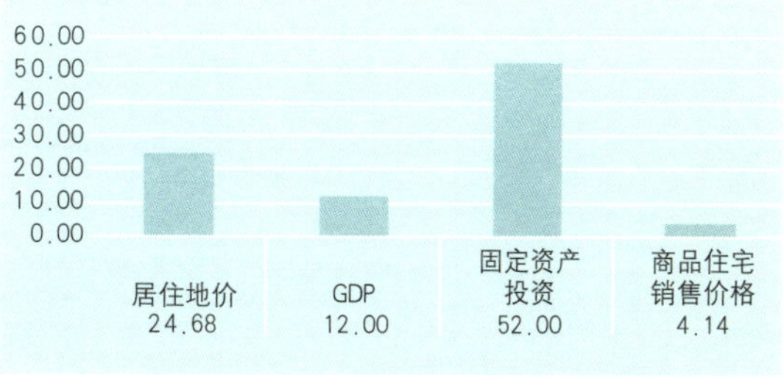

图3–30–4　昆明市居住地价与相关经济指标增长率（%）比较

① 数据来源：昆明市2010年政府工作报告、中国城市地价动态监测系统、《中国统计年鉴》、中国房地产指数系统数据库。

三十一、2009 年 西安市地价整体状况

1. 地价整体水平

2009 年，西安市城市地价综合水平值为 2332 元 / 平方米。其中，商业地价水平值为 3595 元 / 平方米，居住地价水平值为 2830 元 / 平方米，工业地价水平值为 584 元 / 平方米。商业地价、居住地价、工业地价水平呈梯状排列，水平值之比为 1∶0.79∶0.16。商业地价最高，工业地价最低，见图 3-31-1。

2. 地价整体增长率

与 2008 年相比，2009 年西安市城市地价总体呈小幅上升趋势，地价综合增长率（平均值）为 1.13%。其中，商业地价平均增长率为 0.84%，居住地价平均增长率为 1.29%，工业地价平均增长率为 1.39%。其中，工业地价增长率较大，居住地价增长率次之，商业地价增长率较小，见图 3-31-2。

西安市地价整体增长率历年状况如表 3-31-1。

3. 城市地价指数

2009 年，西安市城市综合地价指数为 154，比 2008 年增加 2 个点数；商业地价指数为 142，比 2008 年增加 1 个点数；居住地价指数为 183，比 2008 年增

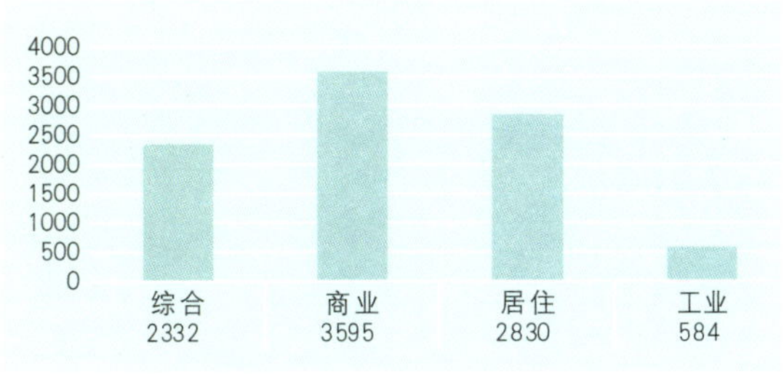

图3-31-1 西安市地价整体水平值（元/平方米）

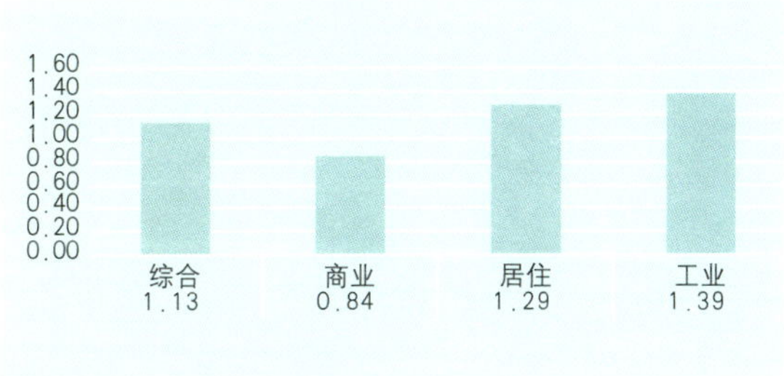

图3-31-2 西安市地价整体增长率（%）

表3-31-1 西安市地价整体增长率历年状况

单位：%

	综合	商业	居住	工业
2005年	6.21	3.74	8.40	4.25
2006年	4.12	6.10	7.23	4.05
2007年	7.28	8.70	9.27	9.07
2008年	1.20	-3.50	4.60	-0.30
2009年	1.13	0.84	1.29	1.39

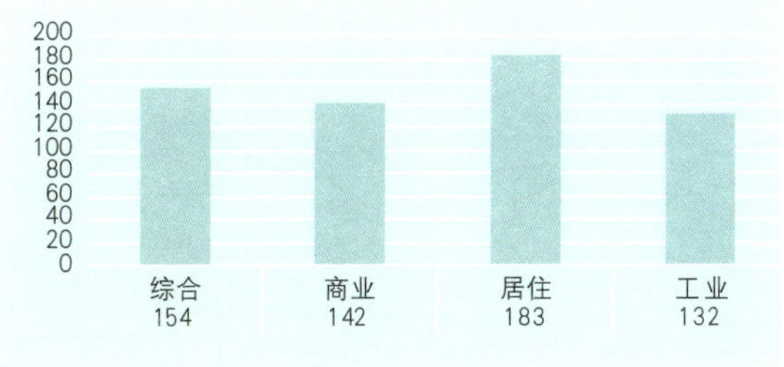

图3-31-3 西安市地价整体指数

表3-31-2 西安市地价整体指数历年状况

	综合	商业	居住	工业
2005年	134	126	148	116
2006年	140	134	158	120
2007年	150	146	173	131
2008年	152	141	181	131
2009年	154	142	183	132

加 2 个点数；工业地价指数为 132，比 2008 年增加 1 个点数。其中，居住地价指数较高，商业地价指数次之，工业地价指数最低，见图 3-31-3。

西安市地价整体指数历年状况如表 3-31-2。

4. 居住地价与相关经济指标协调状况①

与 2008 年相比，2009 年西安市地区生产总值增长率为 14.50%，城镇固定资产投资增长率为 32.50%，商品住宅销售价格增长率为 -0.50%。居住地价增长率为 1.29%，比地区生产总值增长率低 13.21 个百分点，比城镇固定资产投资增长率低 31.21 个百分点，比商品住宅销售价格增长率高 1.79 个百分点，居住用地地价、房价比为 26.60%。西安市居住地价增长率与地区生产总值、城镇固定资产投资及商品住宅销售价格增长率比较，见图 3-31-4。

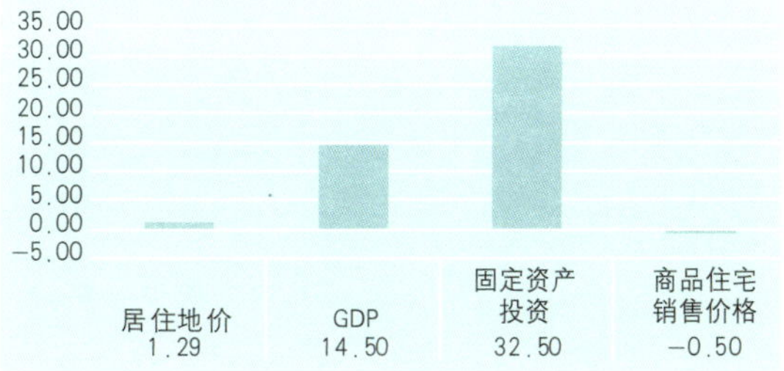

图3-31-4 西安市居住地价与相关经济指标增长率（%）比较

① 数据来源：西安统计网、中国城市地价动态监测系统、《中国统计年鉴》、中国房地产指数系统数据库。

三十二、2009 年兰州市地价整体状况

1．地价整体水平

2009 年，兰州市城市地价综合水平值为 1351 元 / 平方米。其中，商业地价水平值为 1877 元 / 平方米，居住地价水平值为 1618 元 / 平方米，工业地价水平值为 716 元 / 平方米。商业地价、居住地价、工业地价水平呈梯状排列，水平值之比为 1∶0.86∶0.38。商业地价最高，工业地价最低，见图 3–32–1。

2．地价整体增长率

与 2008 年相比，2009 年兰州市城市地价总体持平，地价综合增长率（平均值）为 0。其中，商业地价平均增长率为 0，居住地价平均增长率为 0，工业地价平均增长率为 0，见图 3–32–2。

兰州市地价整体增长率历年状况如表 3–32–1。

3．城市地价指数

2009 年，兰州市城市综合地价指数为 109，与 2008 年相同；商业地价指数为 110，与 2008 年相同；居住地价指数为 114，与 2008 年相同；工业地价指数为 106，比 2008 年增加 1 个点数。其中，居住地价指数较高，商业地价指数次之，工业地价

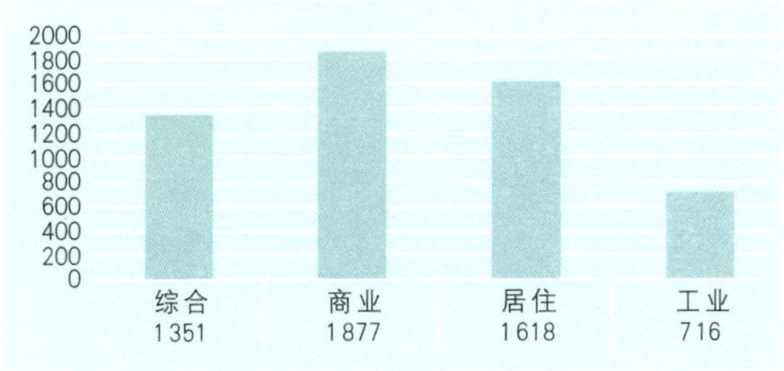

图3-32-1 兰州市地价整体水平值（元/平方米）

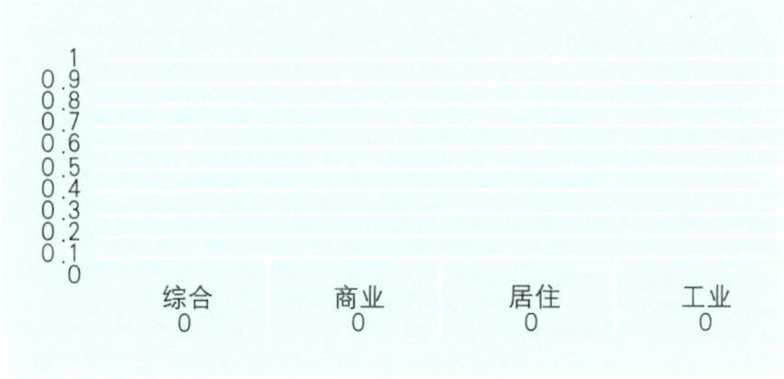

图3-32-2 兰州市地价整体增长率（%）

表3-32-1 兰州市地价整体增长率历年状况

单位：%

	综合	商业	居住	工业
2005年	0.00	0.00	0.00	0.00
2006年	0.60	0.06	0.52	1.22
2007年	1.15	1.11	1.71	0.63
2008年	0.07	0.17	−0.24	0.56
2009年	0.00	0.00	0.00	0.00

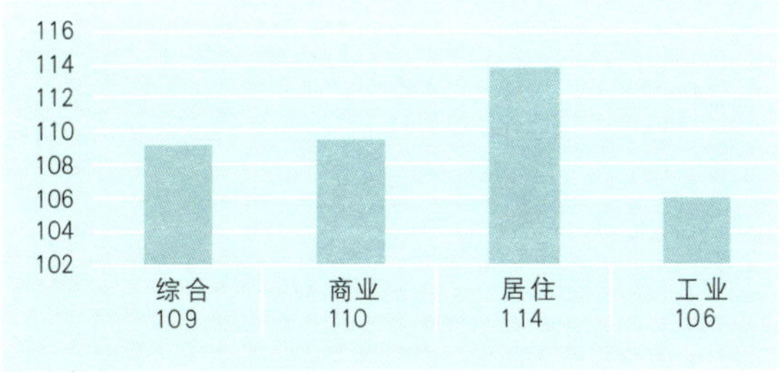

图3-32-3 兰州市地价整体指数

表3-32-2 兰州市地价整体指数历年状况

	综合	商业	居住	工业
2005年	107	108	112	102
2006年	108	108	112	103
2007年	109	109	114	104
2008年	109	110	114	105
2009年	109	110	114	106

指数最低，见图 3−32−3。

兰州市地价整体指数历年状况如表 3−32−2。

4. 居住地价与相关经济指标协调状况①

与 2008 年相比，2009 年兰州市地区生产总值增长率为 10.80%，城镇固定资产投资增长率为 13.54%，商品住宅销售价格增长率为 14.30%。居住地价增长率为 0，比地区生产总值增长率低 10.80 个百分点，比城镇固定资产投资增长率低 13.54 个百分点，比商品住宅销售价格增长率低 14.30 个百分点，居住用地地价、房价比为 28.32%。兰州市居住地价增长率与地区生产总值、城镇固定资产投资及商品住宅销售价格增长率比较，见图 3−32−4。

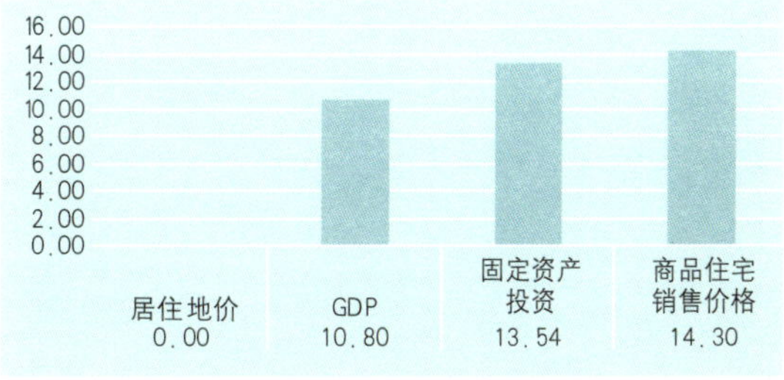

图3−32−4 兰州市居住地价与相关经济指标增长率（%）比较

① 数据来源：兰州市人民政府公众信息网、中国城市地价动态监测系统、《中国统计年鉴》、中国房地产指数系统数据库。

三十三、2009 年西宁市地价整体状况

1. 地价整体水平

2009 年，西宁市城市地价综合水平值为 652 元 / 平方米。其中，商业地价水平值为 935 元 / 平方米，居住地价水平值为 651 元 / 平方米，工业地价水平值为 407 元 / 平方米。商业地价、居住地价、工业地价水平呈梯状排列，水平值之比为 1 : 0.70 : 0.44。商业地价最高，工业地价最低，见图 3–33–1。

2. 地价整体增长率

与 2008 年相比，2009 年西宁市城市地价总体呈上升趋势，地价综合增长率（平均值）为 5.33%。其中，商业地价平均增长率为 2.30%，居住地价平均增长率为 5.85%，工业地价平均增长率为 2.00%。其中，居住地价增长率较大，商业地价增长率次之，工业地价增长率最小，见图 3–33–2。

西宁市地价整体增长率历年状况如表 3–33–1。

3. 城市地价指数

2009 年，西宁市城市综合地价指数为 165，比 2008 年增加 9 个点数；商业地价指数为 176，比 2008 年增加 3 个点数；居住地价指数为 188，比 2008 年增加 10

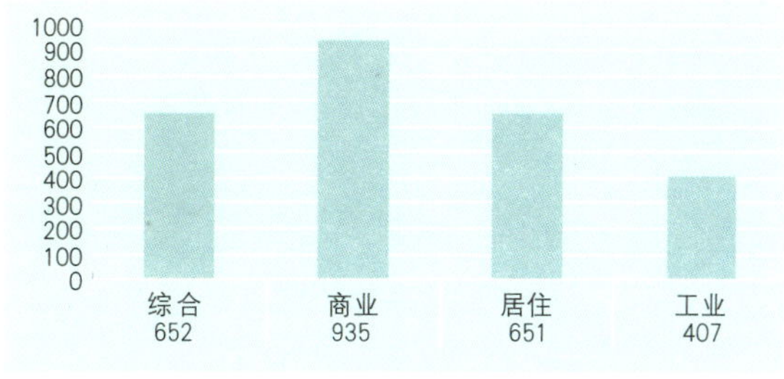

图3-33-1　西宁市地价整体水平值（元/平方米）

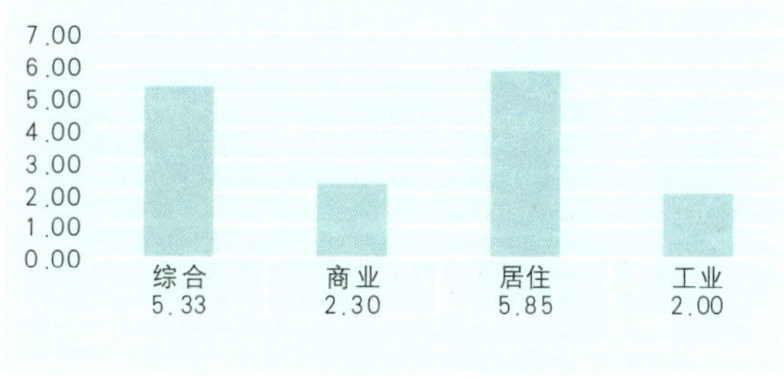

图3-33-2　西宁市地价整体增长率（%）

表3-33-1　西宁市地价整体增长率历年状况

单位：%

	综合	商业	居住	工业
2005年	3.00	1.00	8.00	1.00
2006年	2.00	2.00	4.00	1.00
2007年	5.20	5.00	8.70	1.00
2008年	2.48	6.40	8.85	2.83
2009年	5.33	2.30	5.85	2.00

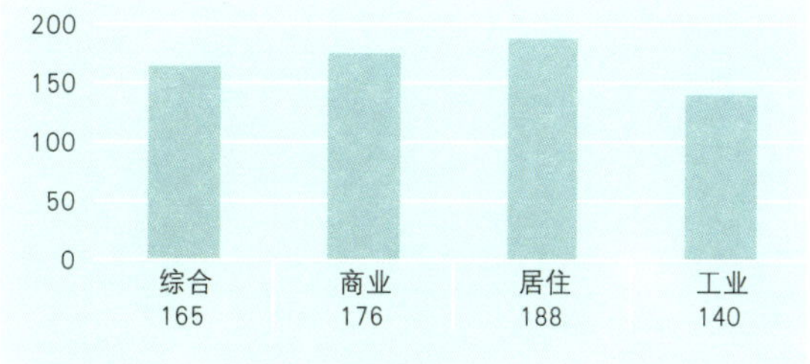

图3-33-3　西宁市地价整体指数

表3-33-2　西宁市地价整体指数历年状况

	综合	商业	居住	工业
2005年	142	152	145	131
2006年	145	155	151	133
2007年	153	162	164	134
2008年	156	173	178	138
2009年	165	176	188	140

个点数；工业地价指数为140，比2008年增加2个点数。其中，居住地价指数较高，商业地价指数次之，工业地价指数最低，见图3–33–3。

西宁市地价整体指数历年状况如表3–33–2。

4. 居住地价与相关经济指标协调状况①

与2008年相比，2009年西宁市地区生产总值增长率为13.30%，城镇固定资产增长率为38.16%，商品住宅销售价格增长率为－0.21%。居住地价增长率为5.85%，比地区生产总值增长率低7.45个百分点，比城镇固定资产投资增长率低32.31个百分点，比商品住宅销售价格增长率高6.06个百分点，居住用地地价、房价比为16.81%。西宁市居住地价增长率与地区生产总值、城镇固定资产投资及商品住宅销售价格增长率比较，见图3–33–4。

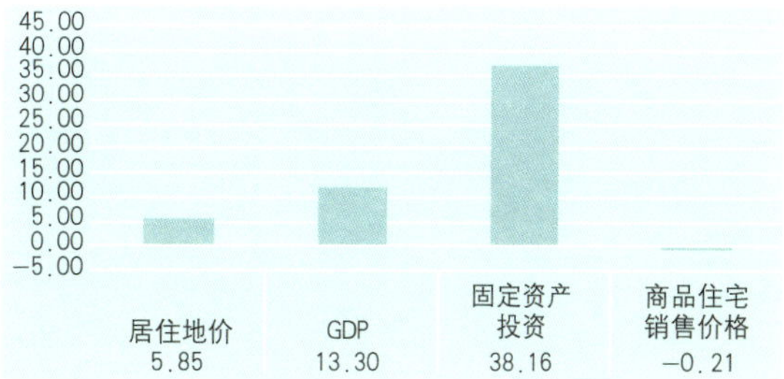

图3–33–4　西宁市居住地价与相关经济指标增长率（%）比较

① 数据来源：西宁市统计信息网、中国城市地价动态监测系统、《中国统计年鉴》、中国房地产指数系统数据库。

三十四、2009 年
银川市地价整体状况

1. 地价整体水平

2009 年，银川市城市地价综合水平值为 956 元 / 平方米。其中，商业地价水平值为 1715 元 / 平方米，居住地价水平值为 1348 元 / 平方米，工业地价水平值为 253 元 / 平方米。商业地价、居住地价、工业地价水平呈梯状排列，水平值之比为 1 : 0.79 : 0.15。商业地价最高，工业地价最低，见图 3–34–1。

2. 地价整体增长率

与 2008 年相比，2009 年银川市城市地价总体呈明显上升趋势，地价综合增长率（平均值）为 4.03%。其中，商业地价平均增长率为 6.59%，居住地价平均增长率为 6.65%，工业地价平均增长率为 – 13.65%。其中，居住地价增长率较大，商业地价增长率次之，工业地价增长率为负，见图 3–34–2。

银川市地价整体增长率历年状况如表 3–34–1。

3. 城市地价指数

2009 年，银川市城市综合地价指数为 159，比 2008 年增加 7 个点数；商业地价指数为 178，比 2008 年增加 11 个点数；居住地价指数为 177，比 2008 年增加 11 个点数；工

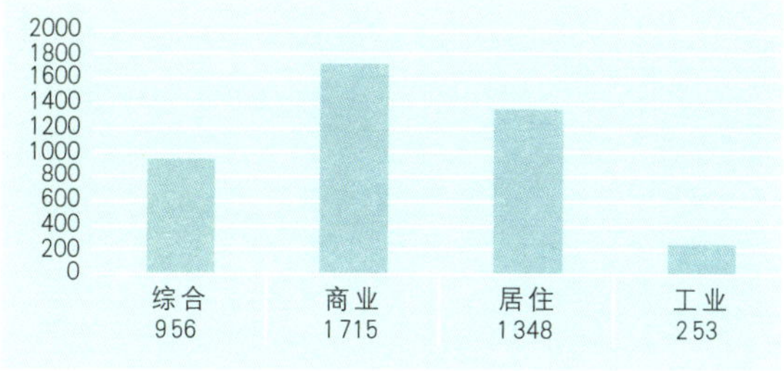

图3-34-1 银川市地价整体水平值（元/平方米）

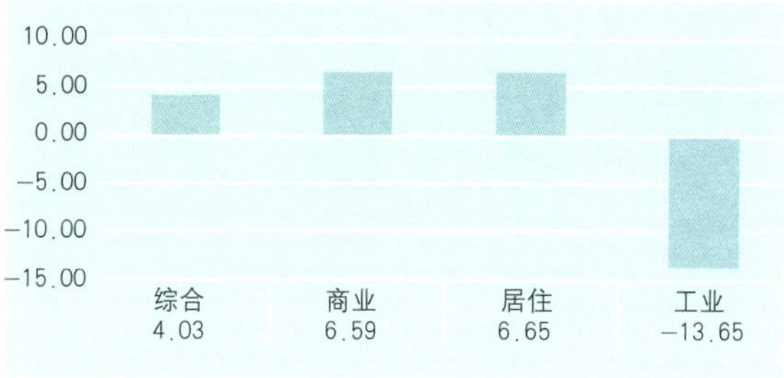

图3-34-2 银川市地价整体增长率（%）

表3-34-1 银川市地价整体增长率历年状况

单位：%

	综合	商业	居住	工业
2005年	4.87	5.42	5.81	2.60
2006年	3.05	2.52	5.13	1.02
2007年	9.15	5.45	14.81	11.56
2008年	5.51	5.37	10.01	0.00
2009年	4.03	6.59	6.65	-13.65

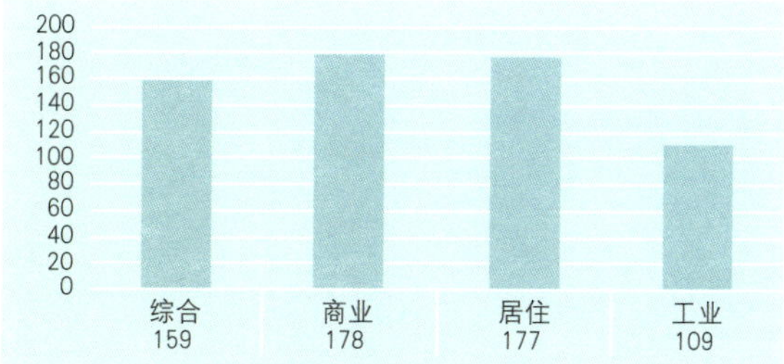

图3-34-3 银川市地价整体指数

表3-34-2 银川市地价整体指数历年状况

	综合	商业	居住	工业
2005年	128	146	125	111
2006年	132	150	132	113
2007年	144	158	151	126
2008年	152	167	166	126
2009年	159	178	177	109

业地价指数为109，比2008年降低17个点数。其中，商业地价指数较高，居住地价指数次之，工业地价指数最低，见图3-34-3。

银川市地价整体指数历年状况如表3-34-2。

4. 居住地价与相关经济指标协调状况①

与2008年同期相比，2009年银川市地区生产总值增长率为13.00%，城镇固定资产投资增长率为35.70%，商品住宅销售价格增长率为30.67%。居住地价增长率为6.65%，比地区生产总值增长率低6.35个百分点，比城镇固定资产投资增长率低29.05个百分点，比商品住宅销售价格增长率低24.02个百分点，居住用地地价、房价比为33.28%。银川市居住地价增长率与地区生产总值、城镇固定资产投资及商品住宅销售价格增长率比较，见图3-34-4。

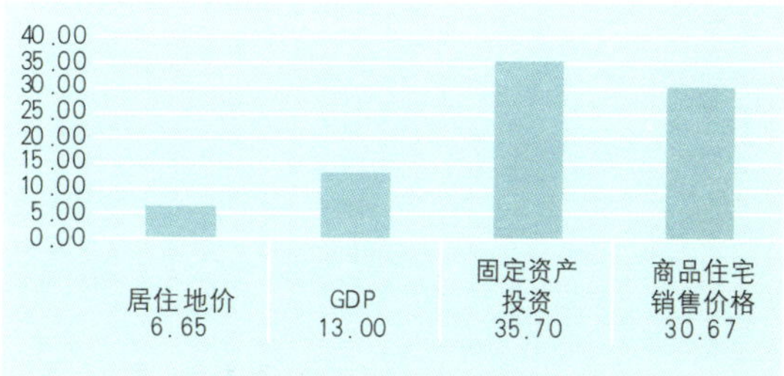

图3-34-4 银川市居住地价与相关经济指标增长率（%）比较

① 数据来源：中国统计信息网、中国城市地价动态监测系统、《中国统计年鉴》、中国房地产指数系统数据库。

三十五、2009 年
乌鲁木齐市地价整体状况

1. 地价整体水平

2009 年，乌鲁木齐市城市地价综合水平值为 1483 元 / 平方米。其中，商业地价水平值为 2775 元 / 平方米，居住地价水平值为 2594 元 / 平方米，工业地价水平值为 437 元 / 平方米。商业地价、居住地价、工业地价水平呈梯状排列，水平值之比为 1∶0.93∶0.16。商业地价最高，工业地价最低，见图 3-35-1。

2. 地价整体增长率

与 2008 年相比，2009 年乌鲁木齐市城市地价总体呈上升趋势，地价综合增长率（平均值）为 6.23%。其中，商业地价平均增长率为 5.11%，居住地价平均增长率为 6.18%，工业地价平均增长率为 7.64%。其中，工业地价增长率较大，居住地价增长率次之，商业地价增长率较小，见图 3-35-2。

乌鲁木齐市地价整体增长率历年状况如表 3-35-1。

3. 城市地价指数

2009 年，乌鲁木齐市城市综合地价指数为 137，比 2008 年增加 8 个点数；商业地价指数为 148，比 2008 年增加 7 个点数；居住地价指数为 142，比 2008 年增加 8 个点数；工

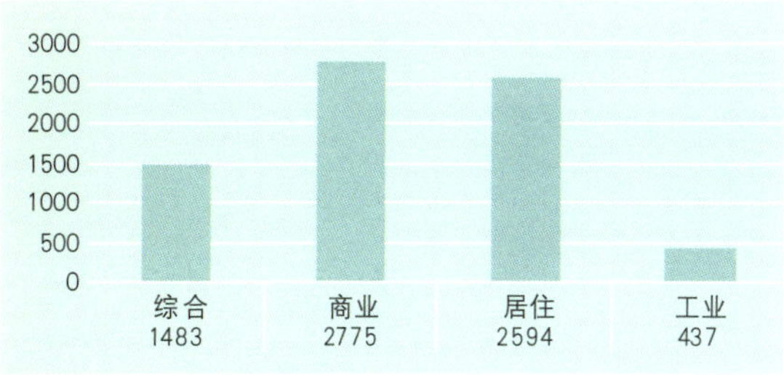

图3-35-1　乌鲁木齐市地价整体水平值（元/平方米）

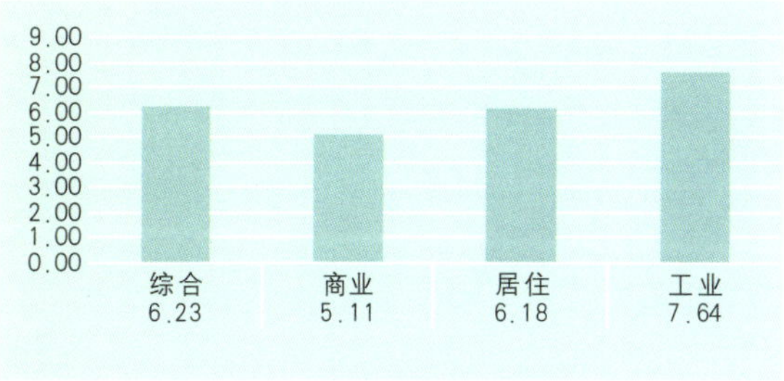

图3-35-2　乌鲁木齐市地价整体增长率（%）

表3-35-1　乌鲁木齐市地价整体增长率历年状况

单位：%

	综合	商业	居住	工业
2005年	7.90	12.41	10.69	6.10
2006年	8.91	11.09	9.87	3.67
2007年	3.01	2.82	6.26	0.00
2008年	2.18	2.36	1.56	2.63
2009年	6.23	5.11	6.18	7.64

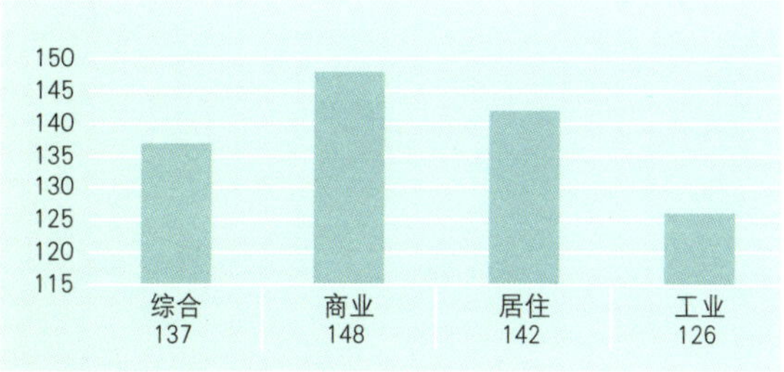

图3-35-3　乌鲁木齐市地价整体指数

表3-35-2　乌鲁木齐市地价整体指数历年状况

	综合	商业	居住	工业
2005年	113	121	113	110
2006年	123	134	124	114
2007年	127	138	132	114
2008年	129	141	134	118
2009年	137	148	142	126

业地价指数为126，比2008年增加8个点数。其中，商业地价指数较高，居住地价指数次之，工业地价指数最低，见图3-35-3。

乌鲁木齐市地价整体指数历年状况如表3-35-2。

4. 居住地价与相关经济指标协调状况①

与2008年相比，2009年乌鲁木齐市地区生产总值增长率为9.50%，全社会固定资产投资增长率为12.56%，商品住宅销售价格增长率为10.69%。居住地价增长率为6.18%，比地区生产总值增长率低3.32个百分点，比固定资产投资增长率低6.38个百分点，比商品住宅销售价格增长率低4.51个百分点。乌鲁木齐市居住地价增长率与地区生产总值、固定资产投资及商品住宅销售价格增长率比较，见图3-35-4。

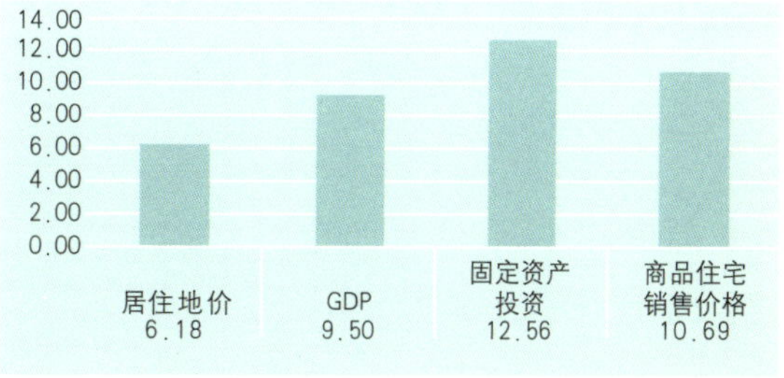

图3-35-4　乌鲁木齐市居住地价与相关经济指标增长率（%）比较

① 数据来源：中国统计信息网、中国城市地价动态监测系统、《中国统计年鉴》、中国房地产指数系统数据库。

三十六、2009年拉萨市地价整体状况

地价整体水平

2009年，拉萨市城市地价综合水平值为1153元/平方米。其中，商业地价水平值为1634元/平方米，居住地价水平值为1298元/平方米，工业地价水平值为789元/平方米。商业地价、居住地价、工业地价水平呈梯状排列，水平值之比为1∶0.79∶0.48。商业地价最高，工业地价最低，见图3-36-1。

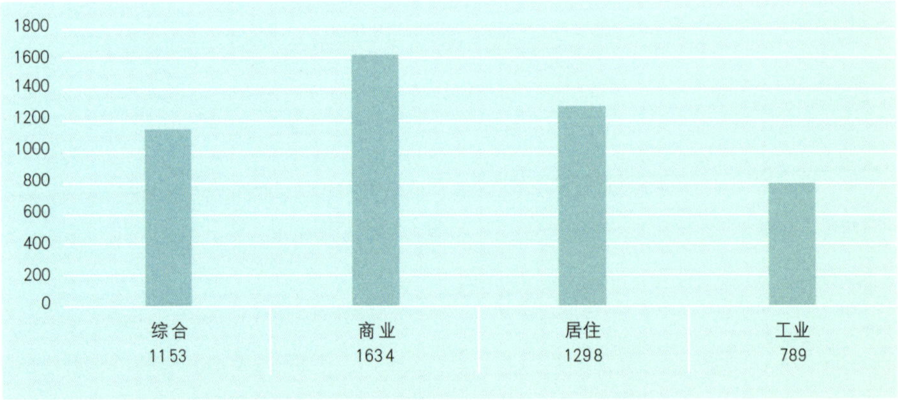

图3-36-1　拉萨市地价整体水平值（元/平方米）

04 部分 附 录

CLV 2009 中国城市地价状况
国土资源部土地利用管理司
中国土地勘测规划院

一、2009 年我国城市地价与房价关系专题报告

2009 年，我国土地市场和房地产市场在经历了短暂的向下调整之后，迅速升温，急转向上。受国家宏观调控政策的影响，宽松的货币政策为房地产企业提供了充裕的资金，降低购房首付款比例、下调存贷款利率以及减免交易环节税费等政策，有效地刺激了住房消费，房地产市场低迷期累积的购房需求，通胀预期下的投资需求等得到了集中释放，致使房地产市场销售旺盛，房价大幅上涨。伴随着房地产市场的变化，土地市场也走出了类似的轨迹。地价与房价关系再次成为各界关注、争论的热点。

城市的房价和地价水平均受城市自身经济发展水平、社会条件、环境质量、区位状况以及政策等多方面因素的影响。不同的城市与同一个城市内的不同地区，这些因素与因素的组合、作用机制又有所不同。因此，不同区域、不同城市的地价房价水平会存在差异；城市内部也会呈现出一定的地域空间特征。地价与房价的关系表现极为复杂。本专题以全国城市地价动态监测系统所采集的数据为基础，已持续开展多年，定期跟踪研究全国主要城市的地价房价变动关系，现将 2009 年情况汇总分析如下：

（一）2009 年全国地价房价变动状况

1. 商住综合地价[①]与商品房[②]价格的变动状况

2001 年以来，我国商住综合地价逐年上涨，但上涨速率呈现阶段性变化。2001 ~ 2006 年的价格增长率基本稳定在 5% ~ 8% 之间，2007 年增长率急增至 10% 以上，2008 年则下降到 1% 以下，2009 年增长率较前一年又有明显提高。

我国商品房平均价格的变动趋势与商住综合地价变化趋势大体一致，且变动幅度更为明显。2001 ~ 2007 年，全国商品房价格逐年上涨，其中 2004 年、2005 年、2007 年三年增长率均在 10% 以上，2004 年涨幅超过了 15%。2008 年价格出现小幅下降，2009 年加速上涨，增长率超过 20%。

根据资料，2009 年全国商住综合平均地面地价为 4053 元 / m^2，较 2008 年增长 7.31% ；全国商品房平均价格为 4695 元 / m^2，较上年增长 23.54% ；房价增长率大大超过地价增长率（表 4–1–1、图 4–1–1）。

数据分析显示，近 3 年以来，我国商住综合地价和商品房价格都存在较为明显的由热到冷，再由冷而热的变化过程。这反映了同期我国房地产市场的总体变化趋势：2007 年房地产市场异常活跃，商品房价格增长速度较高，地价也大幅上升，各地的“地王”频现。2008 年受国内和国际形势的综合影响，房地产市场进入调整期，商品房价格出现小幅下降，导致土地市场同步回调，成交趋冷，甚至在不少城市出现土地流拍、退地等现象，商住综合地价增长幅度也极低。进入 2009 年，由于国家一系列应对国际金融危机，促进房地产市场健康发展的政策成效逐步显现，房地产市场迅速回暖，商品房价格较 2008 年上涨了 23.54%，为 2001 年以来最大涨幅。房地产市场的变化带动了土地市场的回暖，全国商住综合地价增长 7.31%。

在同样的变化趋势中，房价与地价的变动均受宏观经济形势和国家政策的左右，但房价的变化反应更为迅速，变化幅度更大，地价的变化反应较为迟缓，滞后于房价的变化，变化幅度较小。

表4–1–1　2001 ~ 2009年监测城市商住综合地价与商品房价格及增长率

年份	商住综合地价（元/平方米）	地价增长率（%）	商品房价格（元/平方米）	房价增长率（%）
2001	1315		2170	
2002	1340	6.02	2250	3.69
2003	1663	6.3	2359	4.84
2004	1697	7.92	2778	17.76
2005	2070	5.27	3168	14.04
2006	2280	6.96	3367	6.28
2007	2613	14.92	3864	14.76
2008	3664	0.59	3800	–1.61
2009	4053	7.31	4695	23.54

数据来源：商住综合地价依据中国城市地价动态监测系统提供的商业、居住两种用途地价按面积加权所得，其中因测算方法不同，地价监测范围有异，2001 ~ 2004年、2005 ~ 2007年、2008 ~ 2009年三者地价水平值测算结果不能直接比较；2001 ~ 2008年商品房价格来自《中国统计年鉴》，2009年商品房价格来自中国指数研究院1 ~ 12月数据。

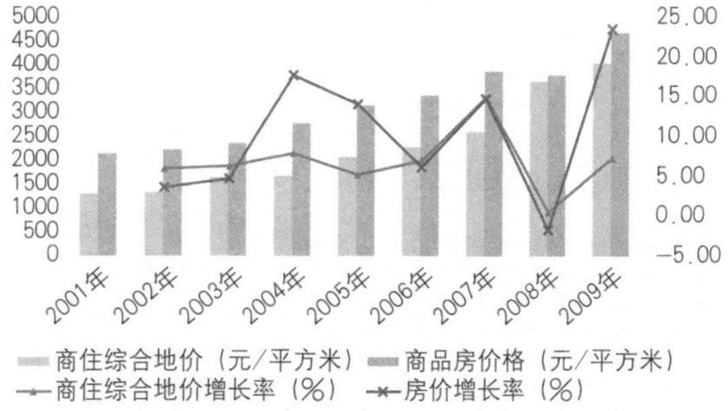

图4–1–1　2001 ~ 2009年监测城市商住综合地价与商品房价格及增长率

数据来源：《中国统计年鉴》、中国指数研究院1 ~ 12月数据。

2. 居住地价与住宅价格的变动趋势

2001 年以来，我国居住用地地价水平逐年上升，但每年的增长速率有所不同。全国平均住宅价格除 2008 年出现小幅下降之外，其余年份均为上涨，增长率有较大的变化。2009 年，全国平均住宅价格为 4474 元 / m^2，增长率为 25.10% ；居

① 商住综合地价：商业用地价格及居住用地价格的加权平均水平。
② 商品房：与国家统计局口径对应一致。

表4-1-2　2001～2009年监测城市居住地价与住宅价格及增长率

年份	居住用地地面地价（元/平方米）	居住地价增长率（%）	住宅价格（元/平方米）	住宅价格增长率（%）
2001	961		2017	
2002	1015	5.59	2092	3.72
2003	1070	5.07	2197	5.02
2004	1166	8.94	2608	18.71
2005	1582	5.96	2937	12.62
2006	1681	6.27	3119	6.20
2007	1941	15.44	3645	16.86
2008	3479	0.22	3576	-1.89
2009	3824	7.92	4474	25.10

数据来源：《中国统计年鉴》、中国指数研究院1～12月数据。

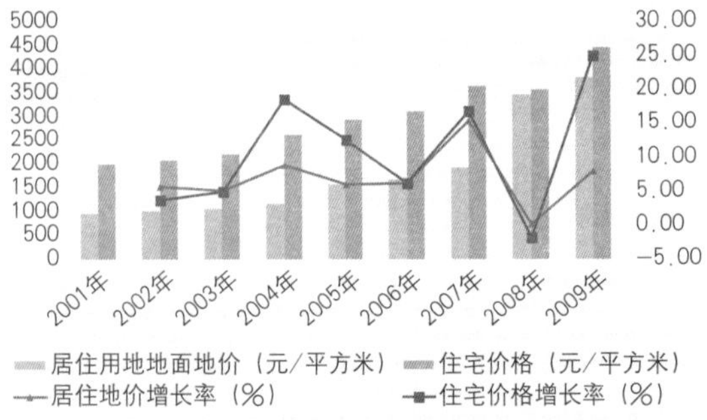

图4-1-2　2001～2009年监测城市居住地价与住宅价格及增长率

数据来源：《中国统计年鉴》、中国指数研究院1～12月数据。

住用地平均地面地价为3824元/m²，增长率为7.92%，全国平均住宅价格的增长率远高于居住用地地价的增长率。（表4-1-2、图4-1-2）。

我国居住地价与住宅价格自2001年以来的变化趋势同商住综合地价、商品房价格的变化趋势大体上保持一致。2007～2009年，存在较为明显的由热到冷，再由冷而热的变化过程。2007年和2009年房地产市场火热之时，居住地价增长率和住宅价格增长率均分别超过商住综合地价增长率和商品房价格增长率；2008年房地产市场低迷时期，居住地价增长率和住宅价格增长率则分别低于商住综合地价增长率和商品房价格增长率。由此表明，宏观经济形势以及调控政策对于居住用地和住宅市场的影响，分别大于对商业用地和商业物业市场的影响。

（二）全国35个重点监测城市地价与房价关系分析

不同地区间的经济发展水平、社会条件、环境质量、区位状况以及政策影响等诸多因素存在差异，使得房地产市场也存在较强的区域差异性。因此，不同区域、不同城市的地价和房价水平以及房价和地价的关系也呈现出较大的差异性，并且这种差异性也会同样出现在城市内部的不同区域之间。

同样，土地利用方式和房屋类型不同，其土地和房屋收益的实现途径也存在差异，表现在地价与房价关系上也会不同。

本部分，重点就2009年全国35个重点监测城市商业和居住两种用途下地价与房价的关系展开讨论。

1. 居住用地地价与房价关系分析

2009年全国35个重点监测城市居住用地地面地价与住宅价格情况如图4-1-3所示。由此可以看出，不论是居住地价还是住宅价格，不同城市间的差异均较大。居住用地地面地价超过10000元/平方米的有北京市、上海市、杭州市、厦门市、深圳市五个城市，其中杭州市最高；与此同时，石家庄市、海口市、长沙市、南宁市、太原市、呼和浩特市、兰州市、西宁市、银川市九个城市的居住用地地面地价均不足2000元/平方米，其中呼和浩特市、西宁市在1000元/平方米以下，西宁市居住用地地面价为35个重点监测城市中最低值。住宅价格超过10000元/平方米的有北京市、上海市、杭州市、深圳市，最高为深圳市；西宁市的住宅价格同样也为35个重点监测城市最低，是35个重点监测城市中住宅价格唯一不超过3000元/平方米的城市。

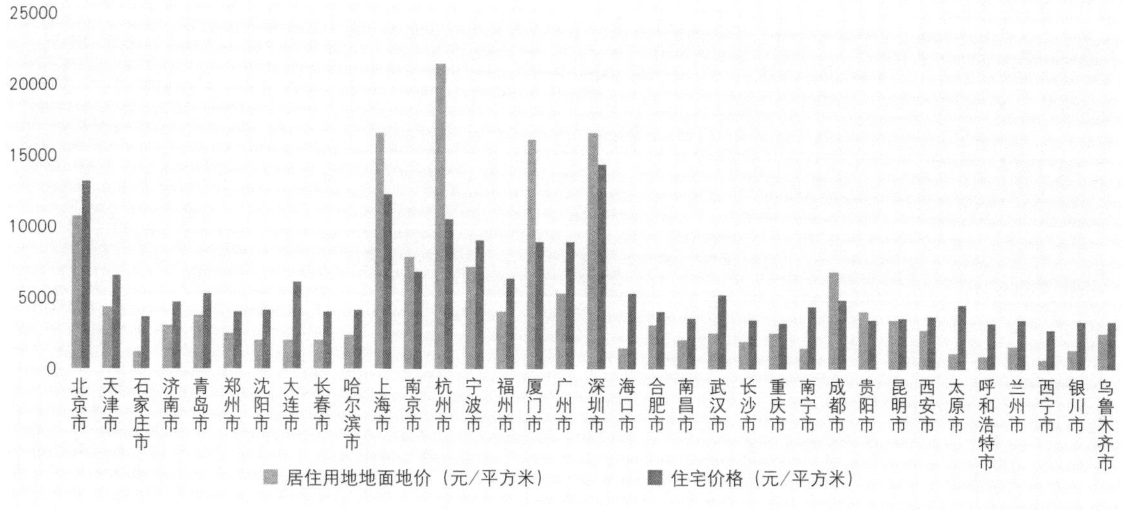

图4–1–3　2009年全国35个重点监测城市居住用地地面地价与住宅价格

数据来源：居住用地地面地价来自中国城市地价动态监测系统2009年数据；住宅价格来自中国指数研究院1～12月份数据。

经济发展较快的地方，如长江三角洲地区、珠江三角洲地区、环渤海地区等城市化水平较高地区的城市，城市人口较多，增长较快，对于住宅的自住需求和投资投机需求都较为旺盛，住宅市场相较而言更为活跃，居住用地地面地价和住宅价格也就明显高于经济发展水平较低的城市。

数据分析表明，房价与地价两者呈现较大的相关性。用35个重点监测城市的居住用地地面地价和住宅价格数据做相关分析，相关系数达到0.848。利用中国城市地价动态监测系统采集的数据，逐一测算基于同一时点的、每一标准宗地设定内涵条件下楼面地价与标准宗地所代表均质区域的房地产价格的比值，得到2009年底同时点地价房价比为31.29%；考虑平均开发周期，2009年在售的楼盘，其土地取得通常在三年之前，以此推算，2009年在售楼盘实际的土地购置成本占房价比值约为24.74%。上述两个比值的差异，反映了虽然经历了2008年国际金融危机造成的地价下跌，近三年开发商手中持有的土地仍然实现了较大增值。城市个案分析显示，宁波市、深圳市、昆明市、北京市、上海市等城市，同时点地价房价比超过实际成本地价房价比10个百分点以上。

部分重点监测城市居住用地地价房价比的结果如图4–1–4所示。不同城市居住用地地价房价比存在差异，总体平均值为31.29%。长江三角洲、珠江三角洲以及环渤海等地区的一些城市，其比例较高。可能的原因是经济发展水平较高，住宅市场化较为深刻与活跃。我国经济发展水平较低的地区，城市化进程也在加快，城市人口快速增加，城市住宅市场逐步发展和繁荣，但居住用地市场化程度不如市场经济发达地区，西南地区的一些城市，如成都市、昆明市等，地价房价比也较高，可能的原因是，这些城市受到土地资源短缺的约束，土地被更集约化的利用，土地价值得到了更高程度的体现。

2. 商业用地地价与房价关系分析

2009年全国35个重点监测城市商业用地地面地价与商业物业价格情况如图4–1–5所示。商业用地地面地价超过10000元/平方米的有北京市、上海市、南京市、杭州市、厦门市、深圳市6个城市，其中上海市最高；而石家庄市、海口市、太原市、

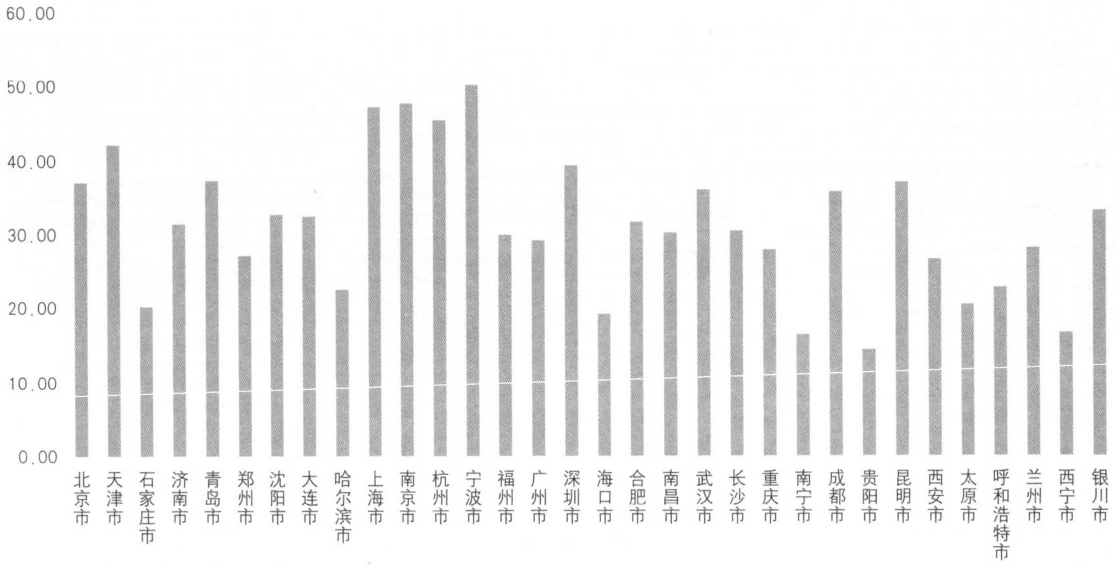

图4-1-4　2009年部分重点监测城市居住用地同时点地价房价比（%）

数据来源：中国城市地价动态监测系统。

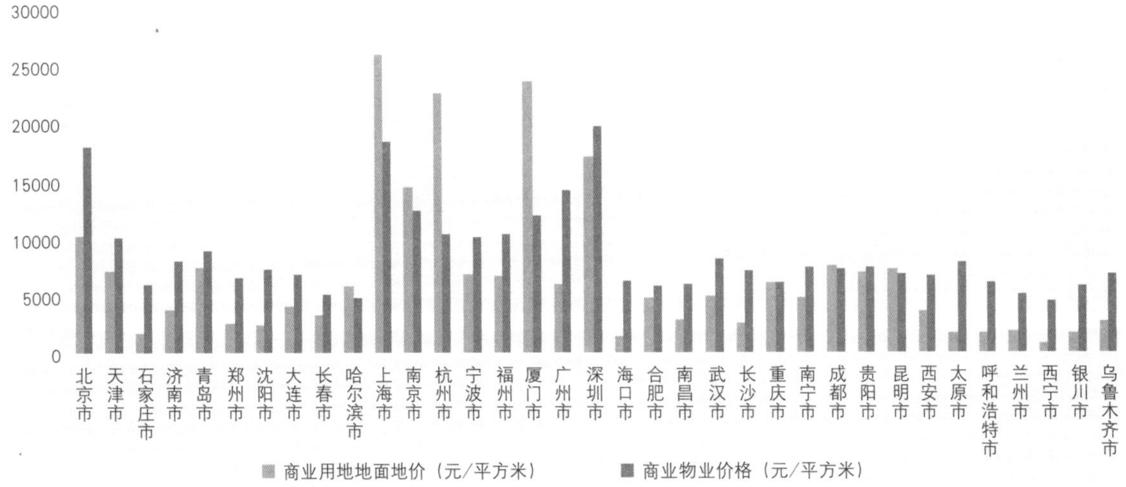

图4-1-5　2009年全国35个重点监测城市商业用地地面地价和商业物业价格

数据来源：商业用地地面地价来自中国城市地价动态监测系统2009年数据；商业物业价格来自中国指数研究院，是办公楼价格和商业经营性用房价格的均值，为2009年1～12月份的数据。

呼和浩特市、兰州市、西宁市、银川市7个城市的商业用地地面地价均不足2000元/平方米，其中西宁市在1000元/平方米以下，为35个重点监测城市中最低值。商业物业价格超过10000元/平方米的有北京市、天津市、上海市、南京市、杭州市、宁波市、福州市、厦门市、广州市、深圳市10个城市，最高为深圳市；哈尔滨市、西宁市两个城市的商业物业价格在5000元/平

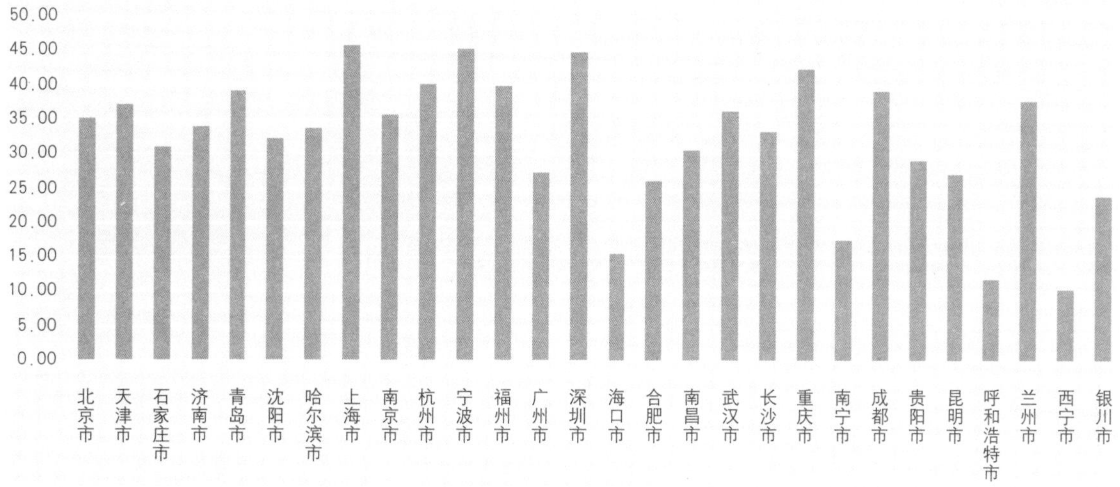

图4–1–6 2009年全国部分重点监测城市商业用地同时点地价房价比（%）

数据来源：中国城市地价动态监测系统。

方米以下，西宁市的商业物业价格为35个重点监测城市最低。

商业用地地面地价和商业物业价格呈现相关性，以35个重点监测城市为样本，相关系数为0.725。

长江三角洲、珠江三角洲、环渤海等地区城市发展水平较高的城市，承担的经济活动、文化交流、商业贸易等职能大，这些城市对办公楼和商业经营用房的需求亦大，市场化程度高，商业物业市场较欠发达地区繁荣，商业用地地面地价和商业物业价格也较高。

同样，以监测数据为基础，逐一计算每一商业用途标准宗地设定内涵条件下楼面地价与标准宗地所代表的均质区域的房地产价格的比值，再进行平均得到城市同时点的商业用地地价房价比，结果如图4–1–6所示。

28个城市同时点商业地价房价比均值为32.22%。超过40%的城市有上海市、杭州市、宁波市、深圳市、重庆市5个城市，比例较低的为海口市、南宁市、呼和浩特市、西宁市等城市。

商业用地地价房价比反映了土地利用的集约程度和土地资源的稀缺程度，与经济发展水平相联系。经济发展水平较高，商业物业市场较为活跃的城市，商业用地需求大，对良好区位的商业用地利用集约度增加，这一比例也较高；经济发展水平较低的地区，商业物业市场起步发展慢，有的商业用地市场化程度不够，这一比例就较低。自然因素造成的土地资源相对短缺，也影响着地价房价比例关系，土地资源自然条件限制较高的城市，其土地利用得更为充分，其地价房价比也较高，如西南地区的一些城市，其特点在商业物业的地价房价比中也有所表现。

3. 不同用途地价与房价关系分析

全国部分重点监测城市居住用地地价房价比与商业用地地价房价比的比较如图4–1–7所示。在图中所示的可获取有效数据的28个城市中，有14个城市居住用地地价房价比高于商业用地地价房价比，个数比例达到50%，另外半数城市的商业用地地价房价比高于居住用地地将房价比。环

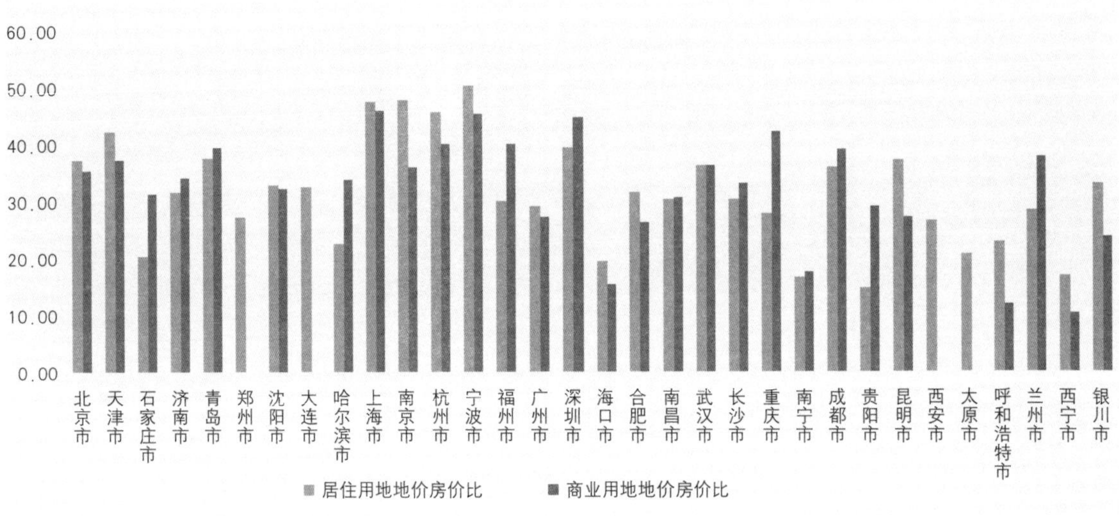

图4-1-7　2009年全国部分重点监测城市居住用地与商业用地地价房价比（%）

数据来源：中国城市地价动态监测系统。

渤海地区、长江三角洲地区、珠江三角洲地区的北京市、天津市、上海市、南京市、杭州市、宁波市、广州市等城市，其居住用地地价房价比高于商业用地地价房价比。

一般规律下，商业物业价格高于住宅价格，商业地租高于居住地租，商业不动产的价值中土地价值的比例应该更高。我国目前居住地价与商业地价的差距并不大，商业用地地价房价比低于居住用地地价房价比，说明现阶段，住宅市场化程度比商业物业市场化程度更大。

（三）典型城市地价与房价的关系分析

为进一步深入探讨地价与房价关系，我们选取北京市、上海市，天津市、广州市、杭州市、深圳市6个城市，分析各城市2009年不同用途土地地价与房价关系及其发展变化趋势。

1. 北京市地价与房价的关系分析

2009年，北京市的住宅市场和居住用地市场呈现出明显的起伏变化。一季度住宅价格和居住用地价格持续走低，住宅价格的下降幅度大于居住

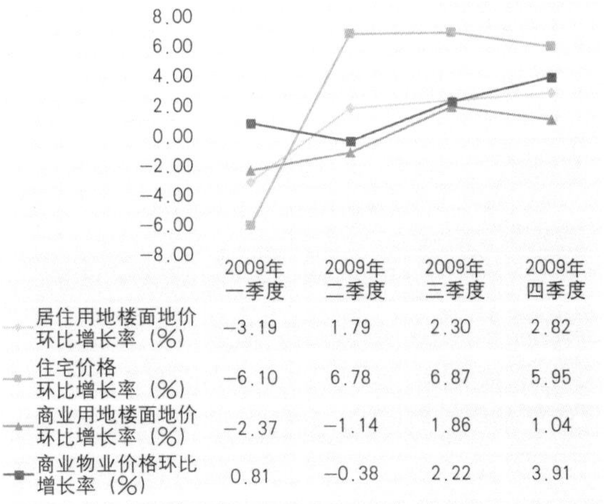

图4-1-8　2009年北京市地价与房价发展趋势

数据来源：地价数据来自中国城市地价动态监测系统；房价数据来自中国指数研究院。

用地价格的下降幅度。二季度末，随着一系列刺激房地产市场的政策措施显现效果，住宅市场迅速回暖，住宅价格大幅上涨，土地市场中对居住用地的需求也随之回弹，居住用地价格上升，但上升幅度低于住宅价格上升幅度（图4-1-8）。

2009年，北京市商业物业市场和商业用地市场的变化不明显，全年商业物业价格和商业用地

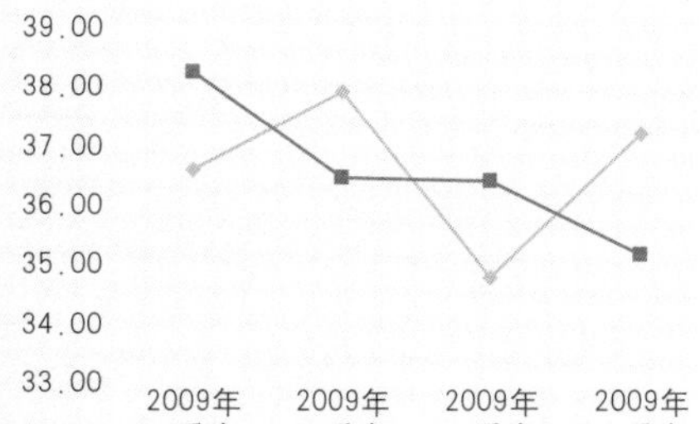

	2009年一季度	2009年二季度	2009年三季度	2009年四季度
居住用地地价房价比（%）	36.61	37.92	34.79	37.22
商业用地地价房价比（%）	38.24	36.46	36.43	35.18

图4-1-9　2009年北京市地价房价比发展趋势

数据来源：中国城市地价动态监测系统。

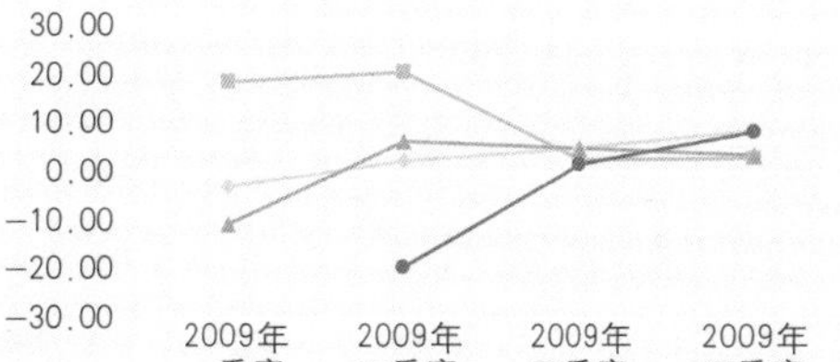

	2009年一季度	2009年二季度	2009年三季度	2009年四季度
居住用地楼面地价环比增长率（%）	-3.16	2.43	5.22	8.88
住宅价格环比增长率（%）	18.50	20.62	2.74	2.90
商业用地楼面地价环比增长率（%）	-10.62	6.25	5.04	3.59
商业物业价格环比增长率（%）		-19.59	1.65	8.40

图4-1-10　2009年上海市地价与房价发展趋势

数据来源：地价数据来自中国城市地价动态监测系统；房价数据来自中国指数研究院。

价格较为平稳，没有出现较大的波动。

2009年，北京市的居住用地价格和住宅价格的变化趋势保持一致，商业用地价格和商业物业价格的变化趋势也保持一致，说明北京市的土地市场化和房产市场化程度高，且相互联系紧密，能较快地反映出房地产市场的变化，地价的变化滞后于房价的变化（图4-1-9）。

2009年，北京市居住用地地价房价比与商业用地地价房价比的变化趋势如图4-1-9所示，商业用地地价房价比趋于降低，而居住用地的地价房价比则表现波动。变化的幅度在总比值的10%以内，整体上看属于基本稳定。2009年北京住宅市场的活跃程度和变化性要高于商业物业市场。

2. 上海市地价与房价的关系分析

2009年一季度末，上海市的住宅市场就已经摆脱2008年房地产市场整体低迷的影响，住宅价格大幅上涨。相较其他城市一季度依然低迷，二季度才回暖的情况，上海市住宅市场领先变化。二季度由于宏观调控房地产市场整体迅速回暖，上海市的住宅价格依然高涨，三季度和四季度稍趋平稳，增长率有所下降。在住宅市场的带动下，居住用地市场回暖迅速，居住用地地价不断上升，但相较住宅价格的增长而言，出现时间上的迟滞性，表现为一季度仍然呈下降趋势，二季度开始上升，且上升幅度逐步增大。

2009年上海市的商业物业市场在二季度呈大幅下降趋势，从三季度逐步归于平稳的发展，这种平稳发展的趋势一直延续到第四季度。商业用地的价格则表现出逐步回暖的态势，除一季度受土地市场仍然低迷的影响而下降之外，二、三、四季度均稳步上升（图4-1-10）。

2009年上海市居住用地价格变化趋势与住宅价格变化趋势并不同步，住宅市场前半年迅速回暖，后半年上涨趋缓，而居住用地价格的回暖出现在二季度，且三、四季度的增长速度逐步加快。商业用地价格变化趋势与商业物业价格变化趋势也呈明显不同。上海的土地市场与房屋市场并不同步。这与上海市房屋市场化程度高有关联，表现出的市场敏感性，对各方面影响变化的反应迅速，而土地的市场变化相对比较平稳和迟缓（图4-1-11）。

2009年全年，上海市居住用地地价房价比和商业用地地价房价比呈现平稳态势。居住用地地价房价比四个季度均在47%～48%之间，而商业用地地价房价比则稍小于居住用地地价房价比，全年维持在45%～46%之间。说明在目前的市场条

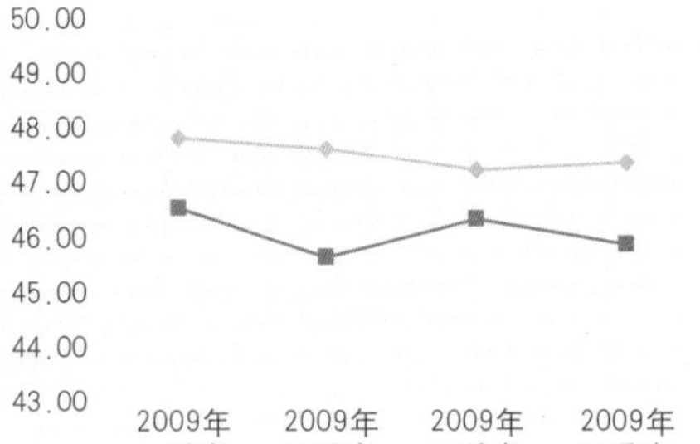

	2009年一季度	2009年二季度	2009年三季度	2009年四季度
居住用地地价房价比（%）	47.80	47.61	47.23	47.36
商业用地地价房价比（%）	46.51	45.62	46.32	45.86

图4-1-11　2009年上海市地价房价比发展趋势

数据来源：中国城市地价动态监测系统。

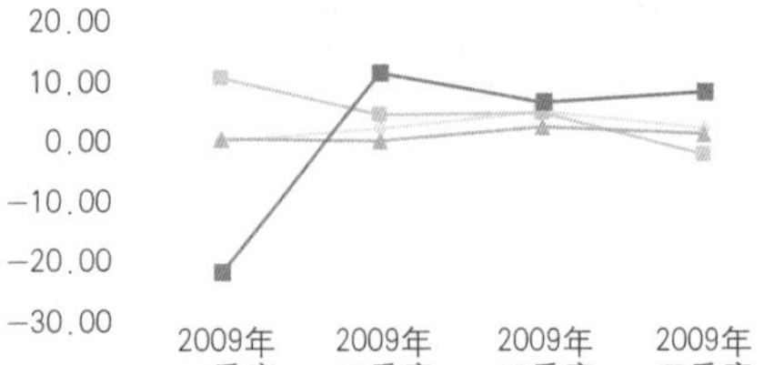

	2009年一季度	2009年二季度	2009年三季度	2009年四季度
居住用地楼面地价环比增长率(%)	0.08	2.02	4.89	2.07
住宅价格环比增长率(%)	10.50	4.38	4.59	−2.20
商业用地楼面地价环比增长率(%)	0.38	0.17	2.49	1.07
商业物业价格环比增长率(%)	−21.98	11.19	6.29	8.28

图4-1-12　2009年天津市地价与房价发展趋势

数据来源：地价数据来自中国城市地价动态监测系统；房价数据来自中国指数研究院。

件下，上海市的土地、房屋市场管理模式与土地利用集约化程度已经相对稳定。

3. 天津市地价与房价的关系分析

2009年一季度，天津市的住宅市场开始回暖，住宅价格与2008年底相比上涨了10%以上，二季度和三季度，住宅价格仍然保持着持续上涨的态势，但是增长速度有所下降。2009年四季度末，天津市的住宅价格环比出现了小幅的下降。这与其他城市四季度依然上涨的情形有所不同。居住用地市场表现出与住宅市场一致的变化趋势，但变化幅度较小，

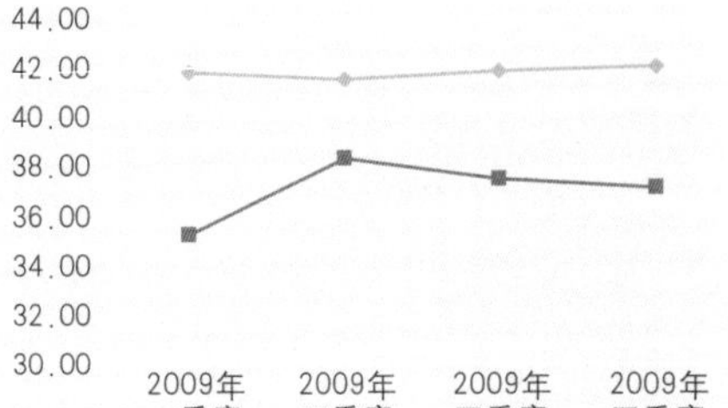

	2009年一季度	2009年二季度	2009年三季度	2009年四季度
居住用地地价房价比（%）	41.81	41.56	41.87	42.08
商业用地地价房价比（%）	35.24	38.33	37.48	37.15

图4-1-13　2009年天津市地价房价比发展趋势

数据来源：中国城市地价动态监测系统。

较为平稳，反应也存在一定的滞后性。

2009年天津市的商业物业市场一季度仍持续低迷，商业物业价格大幅下降，二季度迅速回暖，三、四季度仍保持上涨趋势，但幅度稍有减小。商业用地价格的变化并不明显，但总体上与商业物业市场变化趋势一致（图4-1-12）。

从总体上看来，2009年天津市土地市场和房屋市场的关系基本协调，但不论是住宅市场还是商业物业市场，其变化幅度和速度都要高于居住用地市场和商业用地市场的变化幅度。可以看出，天津市的土地市场较之其房屋市场而言，较为稳定。

2009年天津市居住用地地价房价比和商业用地地价房价比发展趋势如图4-1-13所示。天津市居住用地地价房价比全年较为稳定，前三个季度均在41%左右，而四季度稍有上升，达到42%。商业用地地价房价比一季度较低，后三个季度有所上升，且总体上要低于居住用地地价房价比。可以看出，天津市的住宅市场和居住用地市场之间的关系较为协调，比商业物业市场和商业用地市场的关系更为稳定。同时，住宅市场和居住用地市场的发展水平也比商业物业市场和商业用地市场略高一些。

2009年四季度天津市住宅市场出现了小幅的

下降。这一方面与前期已经释放了大量需求和供应，供需双双降低，影响了上涨速度有关；另一方面也与高涨的房价超出部分潜在购房者的心理价位，纷纷选择观望有关。

4. 广州市地价与房价关系分析

2009 年，广州市住宅市场的变化相对于其他城市而言，表现出回暖较为缓慢的情形。一、二两个季度，住宅价格都呈下降的趋势，不过二季度的下降趋势有所减缓；三、四两个季度，住宅价格转为上涨。居住用地市场在一、二季度中表现为基本稳定，三、四季度则上涨趋势明显，且增长速度逐步加大，但显著低于住宅价格涨幅。

2009 年广州商业物业市场的回暖速度快于住宅市场，一季度商业物业价格呈现出下降趋势，但下降幅度小于住宅价格的下降幅度；二季度商业物业价格迅速上涨，且上涨幅度较大；三季度商业物业价格的上涨幅度有所放缓，四季度则出现小幅下降。商业物业市场与住宅市场相比，变化较大，受整体形势和政策的影响较大（图 4–1–14）。

2009 年，广州市居住用地价格和商业用地价格一、二季度都较为平稳，三、四季度有所上涨，总体看来波动不大。而住宅价格和商业物业价格的变化趋势则波动性较大，二者在全年四个季度中，都分别有两个季度处于下降趋势，两个季度处于上升趋势。土地市场和房屋市场的变化出现一定的脱节，土地市场较为平稳，而房屋市场则变化剧烈（图 4–1–15）。

2009 年广州市的地价房价比如图 4–1–15 所示，可以看出，广州市全年的居住用地地价房价和商业用地地价房价比均保持稳定，起伏不大。除一季度之外，其他三个季度居住用地地价房价比均高于商业用地地价房价比，但二者的差距不大。说明广州市的土地、房屋市场模式与土地利用集约化程度基本稳定。

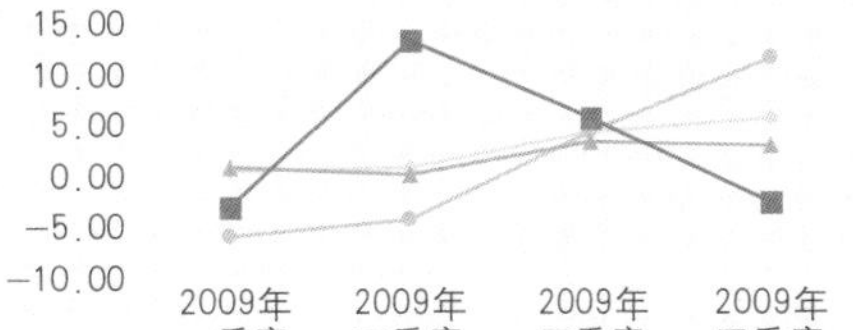

	2009年一季度	2009年二季度	2009年三季度	2009年四季度
居住用地楼面地价环比增长率（%）	0.57	1.04	4.46	5.84
住宅价格环比增长率（%）	-5.72	-4.05	4.48	11.86
商业用地楼面地价环比增长率（%）	1.00	0.22	3.46	3.20
商业物业价格环比增长率（%）	-2.93	13.55	5.80	-2.46

图4–1–14　2009年广州市地价与房价发展趋势

数据来源：地价数据来自中国城市地价动态监测系统，房价数据来自中国指数研究院。

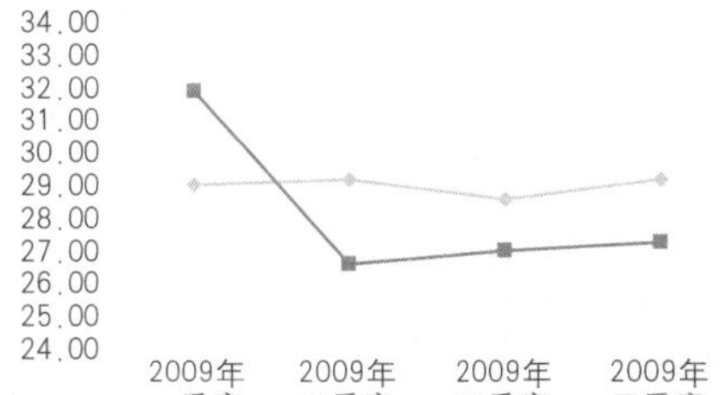

	2009年一季度	2009年二季度	2009年三季度	2009年四季度
居住用地地价房价比（%）	29.00	29.17	28.55	29.17
商业用地地价房价比（%）	31.90	26.58	26.97	27.22

图4–1–15　2009年广州市地价房价比发展趋势

数据来源：中国城市地价动态监测系统。

5. 杭州市地价与房价关系分析

2009 年杭州市的住宅价格不断上涨，二季度的上涨速度最大，超过了 10%，三季度的上涨速度回落到 2% 左右，一、四季度的增长率则均在 5% 左右。2009 年杭州市的住宅市场处于持续不断的上涨趋势中。与此所不同的是，居住用地市场的波动很小，非常平稳，仅在四季度时出现过较大的涨幅。

2009 年杭州市商业物业市场的波动性也很明显，一季度仍受去年年底房地产市场整体低迷的

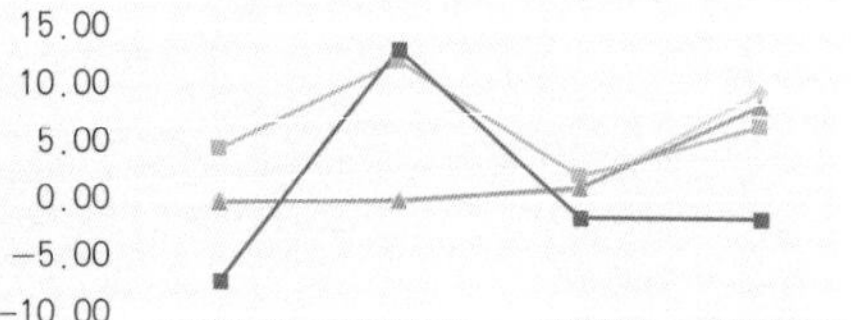

	2009年一季度	2009年二季度	2009年三季度	2009年四季度
居住用地楼面地价环比增长率(%)	−0.13	−0.28	0.79	9.24
住宅价格环比增长率(%)	4.41	11.92	1.98	6.17
商业用地楼面地价环比增长率(%)	−0.24	−0.13	0.91	7.99
商业物业价格环比增长率(%)	−7.18	13.10	−1.61	−1.74

图4-1-16　2009年杭州市地价与房价发展趋势

数据来源：地价数据来自中国城市地价动态监测系统；房价数据来自中国指数研究院。

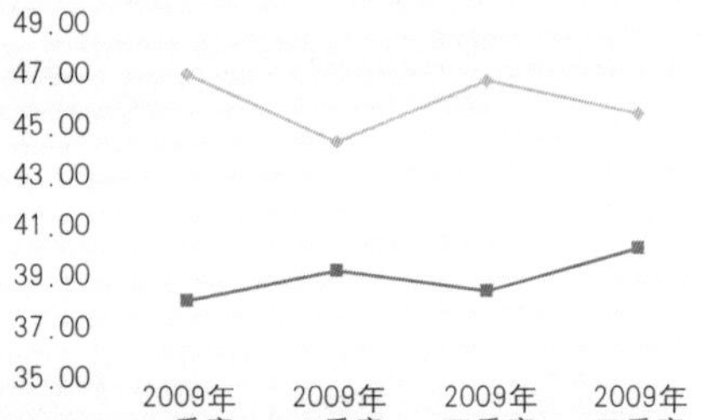

	2009年一季度	2009年二季度	2009年三季度	2009年四季度
居住用地地价房价比（%）	47.04	44.36	46.81	45.47
商业用地地价房价比（%）	38.08	39.24	38.44	40.15

图4-1-17　2009年杭州市地价房价比发展趋势

数据来源：中国城市地价动态监测系统。

影响，商业物业价格呈现较大的下降趋势；二季度则迅速回暖，商业物业价格大幅上涨；三季度市场开始冷却和回归，商业物业价格有所下降；到四季度时，商业物业价格继续保持小幅下降的趋势。商业用地市场起伏并不明显，前三个季度都保持相对的稳定，只有在四季度时出现了上涨（图 4-1-16）。

可以看出，2009 年杭州市的房屋市场变动频繁，波动明显，而土地市场则较为平稳。房屋市场的回暖出现在二季度，而土地市场在四季度才出现明显的上涨，滞后周期较长。

从 2009 年杭州市地价房价比发展趋势图中可以看出，杭州市居住用地地价房价比和商业用地地价房价比全年都保持相对稳定的发展趋势，但居住用地地价房价比一直高于商业用地地价房价比（图 4-1-17）。

6. 深圳市地价与房价关系分析

2009 年，深圳市住宅市场的变化同全国房地产市场的整体变化基本一致。一季度仍然低迷，住宅价格的降幅超过 15%；二季度则迅速回暖，住宅价格的增长率超过了 10%；三季度延续了二季度的上涨态势，并且增长率为全年最高；四季度增长速度降低，趋于稳定。全年居住用地价格的变化趋势与住宅价格的变化趋势非常一致，且后三个季度的增长幅度都要大于住宅价格的增长幅度。

2009 年深圳市商业物业市场整体上涨，但是二季度末有所下降。商业用地价格的变化趋势与商业物业价格的变化不完全相同，除一季度下降外，其他三个季度均上涨，且三季度的涨幅均高于商业物业价格。

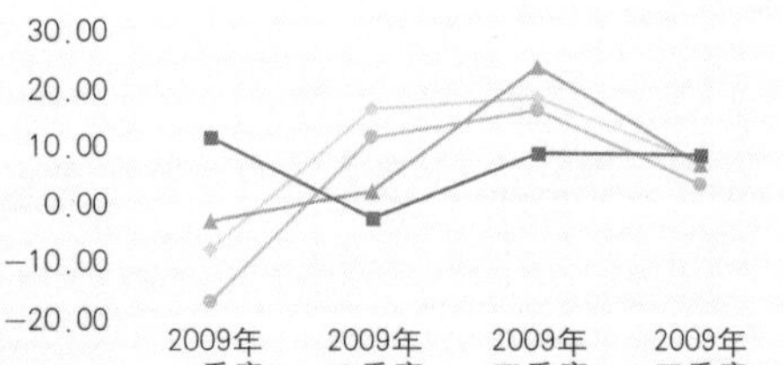

	2009年一季度	2009年二季度	2009年三季度	2009年四季度
居住用地楼面地价环比增长率（%）	−7.81	16.51	18.66	7.23
住宅价格环比增长率（%）	−16.60	11.61	16.39	3.58
商业用地楼面地价环比增长率（%）	−2.79	2.53	23.88	7.07
商业物业价格环比增长率（%）	11.68	−2.28	9.03	8.66

图4-1-18　2009年深圳市地价与房价发展趋势

数据来源：地价数据来自中国城市地价动态监测系统；房价数据来自中国指数研究院。

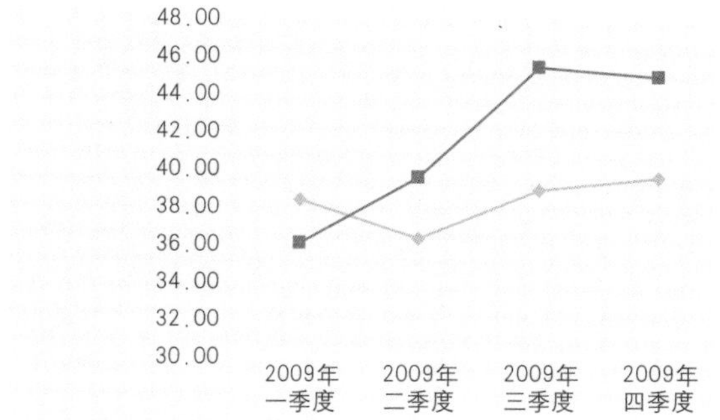

	2009年一季度	2009年二季度	2009年三季度	2009年四季度
居住用地地价房价比（%）	38.30	36.25	38.79	39.37
商业用地地价房价比（%）	36.04	39.46	45.32	44.79

图4–1–19　2009年深圳市地价房价比发展趋势

数据来源：中国城市地价动态监测系统。

由图 4–1–18 可以看出，深圳市居住地价的变化趋势和住宅价格的变化趋势保持一致，商业地价变化趋势和商业物业价格变化趋势也基本一致，土地市场和房屋市场的协调性较好。

2009 年深圳市居住用地地价房价比和商业用地地价房价比基本稳定，且差距不大，但总体上商业用地地价房价比要高于居住用地地价房价比，这与其他五个典型城市的情况完全不同，与一般性规律更加吻合（4–1–19）。

（四）基于案例的北京市居住用地地价房价关系分析

本部分通过对北京市 2009 年土地招拍挂出让的实际案例和当年部分楼盘实际成交均价进行分析，进一步探讨北京市 2009 年地价与房价的关系。地价数据来自北京市整理土地储备中心，地价内涵为熟地成交价；房价数据来自各楼盘在搜房网上公布的 2009 年最新成交均价。为服务于研究目的，克服空间尺度大带来的价格差异，本部分按北京市居住用地基准地价级别范围将收集到的地价和房价数据按各自所在的基准地价级别分类。

北京市土地级别基本呈环状分布，向西北部和北部有凸起。以居住为例，一级、二级区域主要分布在二环以里，并向东西两个方向突出，这里是北京市的核心城区，目前几乎已无可供出让的土地，新开楼盘也很少。三级区域南面在二环一线向方庄突出，东西部基本在三环辐射区域，北城到达四环，已经发展为北京的繁华地区。四级、五级是城市繁华区外围地区，也是北京市目前居住类地产发展最快的地域。以上五级地区住宅的主要需求来自主城区。六级、七级是北京的近郊区，也是北京市未来居住布局的潜力地区，住宅的需求既有面向当地居民的，也有面向主城区的。八级则是北京的远郊区，住宅的主要需求面向当地居民。

根据北京市土地整理储备中心公布的数据，2009 年北京市通过招标和挂牌共出让居住及居住配套设施用地 52 宗。其中怀柔区怀柔镇的一宗土地用于限价商品房建设，海淀区西二旗的一宗土地用于公共租赁住房建设，此两宗土地作为特殊数据剔除。本文共使用 50 宗土地的出让数据。按土地所属级别归类后，各级别土地平均价格采用下式测算：

级别地价均价 = Σ（级别宗地合同地价）/ Σ（级别宗地规划建筑面积）

对应土地出让的数据结构，包括土地用途和空间分布，本文分级别随机选用 2009 年楼盘销售均价样本 50 个①，选用的原则是：楼盘的样本数与对应级别居住及配套用地的样本数相等。将楼盘按土地所属级别归类后，分别计算各级别房屋

① 数据来源：搜房网。

表4-1-3　2009年北京市招拍挂出让土地和部分楼盘的均价

土地级别	平均地价（元/平方米）	平均房价（元/平方米）	地价房价比（%）
1	无数据		
2	无数据		
3	14513	32041	45.29
4	11410	31317	36.43
5	6257	18164	34.45
6	6073	18550	32.74
7	3386	17591	19.25
8	1702	12181	13.98

数据来源：北京土地整理储备中心网站，搜房网。

销售的算术平均价格，结果见表 4-1-3。

从表 4-1-3 中可以看出，土地级别越高，地价越高，房价也越高，地价房价比越高，但总体规律中存在个别现象。就地价来看，平均地价呈三级阶梯状分布。主要分布于城市核心区的一、二级土地没有土地招拍挂出让记录；分布于繁华地区的三级、四级土地招拍挂出让均价差别较大，但明显高于其他级别的土地均价，构成地价第一级阶梯；五级、六级土地地价略有差别，且明显高于七级、八级土地地价，构成地价第二级阶梯；七级、八级地价明显低于其他级别，构成地价第三级阶梯。

就房价来看，虽呈现土地级别越高，房价越高的总体规律，但五级土地的平均房价出现偏离，低于六级土地的平均房价。总体而言，平均房价亦构成三级阶梯，但阶梯构成与地价阶梯略有差别。三级、四级土地的平均房价明显高于其他级别土地的房价，构成房价第一级阶梯；五级、六级、七级土地的平均房价略有差别，构成房价第二级阶梯；八级土地的平均房价明显低于其他级别土地的平均房价，构成平均房价第三级阶梯。

就地价房价比来看，土地级别越高，地价房价比越高。三级土地的地价房价比达到 45% 以上，八级土地的地价房价比不足 14%，不同土地级别间地价房价比差距明显。

由上述可知，土地价格体现的因区位不同导致的级差地租是比较明显的。平均房价变化规律与平均地价规律及变化趋势基本一致。如果不考虑地价水平和房价水平的因素，北京市 2009 年地价与房价的数量关系和空间关系基本协调，反映了土地资源利用的情况，也反映了城市发展的程度与水平。

（五）结语

(1)2009 年我国地价继续增长，且增幅明显超过 2008 年。房价迅速扭转了 2008 年的下降趋势，增长率达到 2001 年以来最高水平。我国房地产市场在一系列促进房地产市场发展的优惠政策和信贷刺激的作用下，摆脱了 2008 年世界金融危机的影响，快速升温，迅速回暖，市场活跃。

(2)2009 年我国房价的增长率超过地价的增长率。房价受到经济形势和国家宏观调控政策的影响，由供给和需求决定，且反应迅速和灵活，地价由房价的变化所带动，且反应较为迟缓，变化存在一定的滞后性。

(3) 房地产市场具有明显的区域差异，不同的城市情况差别较大。长江三角洲、珠江三角洲、京津冀等地区的城市，经济发展较快，城市化水平较高，人口多，各种经济活动频繁，对于住宅的需求、商业物业的需求都很旺盛，住宅市场和商业物业市场较为活跃，住宅和商业物业价格、居住地价和商业地价较高。经济发展水平较低的城市，住宅和商业物业需求较低，房地产市场发展还不完善，土地市场滞后，住宅和商业物业价格、居住地价和商业地价都较低。

(4) 土地及房屋市场化程度与管理模式以及土地利用集约化程度在不同城市间存在差异。2009 年我国重点监测城市地价占房价的比例表现出的差异，反映了不同城市的土地及房屋市场化程度不同，对土地利用的集约程度也存在差异，需要根据社会发展的客观需要与资源条件的约束，研究制订差别化的市场管理模式和土地利用政策。

(5) 对 2009 年全国重点监测城市地价房价比的研究可以发现，我国目前相当数量城市的居住用地地价占房价的比例要高于商业用地地价占房价的比例。然而，按照一般规律，商业物业价格高于住宅价格，商业地租高于居住地租，商业不动产的价值中土地价值的比例应该更高。这说明我国目前商业物业市场化与商业物业土地市场化程度不如住宅，土地要素的市场化改革还要进一步探索。

(6) 对 6 个典型城市 2009 年房价和地价状况及其关系的分析可以看出，不同城市的房地产市场受到经济形势和政策措施影响而产生变化的快慢和程度不一。不同经济发展水平、不同经济结构，不同社会条件之下，房地产市场的成熟度和灵敏度不同，结构和状态相异。因此，在制定房地产市场政策时，一定要因地制宜，符合地方实际，使其具有可操作性，这样才能确保政策的实施效果。

(7) 根据基于案例的北京市居住用地地价房价关系分析的结果可知，北京市的地价房价比存在如下规律：即土地级别越高，地价越高，房价也越高，地价房价比越高，但总体规律中存在个别现象。土地价格体现的因区位不同导致的级差地租是比较明显的。平均房价变化规律与平均地价规律及变化趋势基本一致，说明城市土地分等定级成果对土地市场管理与调控具有重要的指导意义。

(8) 分析不同地区的房地价格水平与变化态势，根据一般的经验数据，在平均地价水平下，加上平均的建设管理与经营成本，目前的地价房价比例及其变化，对房地产开发建设的收益水平变化没有明显的影响。地价房价比尚处于正常的市场区间内。

二、2009 年我国城市房地产租价比专题报告①

——以北京市、上海市、深圳市、天津市、杭州市、青岛市为例

（一）2009 年我国房地产租售市场发展概况

2009 年，在国家经济刺激政策尤其是宽松的货币政策及通货膨胀预期等因素的影响下，下半年房地产市场开始重现了投资加快、价格快速上涨、成交量大幅上升、“地王”频现等市场趋热的局面。房地产投资方面，开发投资增速逐月回升，全年房地产开发投资 36232 亿元，同比增长 16.1%；供应方面，2009 年房地产用地供应量为 10.3 万公顷，同比增加 36.7%，住宅用地供应 7.6 万公顷，同比增加 38.8%。在住宅用地中，普通商品住宅用地供应 6.4 万公顷，同比增加 36.9%。但由于 2008 年销售速度较慢、存量商品房积压较多，众多开发商放缓了在建工程建设进度、缩小了新开工规模，使得 2009 年施工和新开工面积低位增长，与需求大幅度增长相比，市场供给略显不足；需求方面，销售面积和销售额的规模与增速均创历史新高；房屋销售价格方面，全国 70 个大中城市房屋销售价格指数从 3 月起持续出现环比上涨，众多城市房价刷新历史最高水平。

2009 年一季度在各地方政府和商业银行贯彻执行国务院办公厅发布的《关于促进房地产市场健康发展的若干意见》（国办发[2008]131 号文件）影响下，3 月份房地产市场出现回暖迹象，2008

① 数据来源：中国地价动态监测系统、相关统计网站及市场调查。

年末被压抑的刚性需求集中释放，使得商品房销售市场成交量出现持续增长，被业界称为“小阳春”；二季度在房地产市场优惠政策持续刺激、宽松的货币政策、通货膨胀预期、市场流动性充裕及新增住宅供应短缺明显等因素的综合作用下，商品房销售市场重新出现了“量价齐升”的发展态势，投资和投机型需求成为市场需求的主体；三季度商品房销售市场仍处于上行通道，但由于商品房价格前期的过快上涨，部分城市商品房销售价格甚至超过了2007年最高水平，市场重现观望氛围，销售增速略有趋缓，商品房销售市场总体呈现“价升量跌”的特点；四季度房价延续了快速上涨态势，不断刷新历史最高价格水平。为遏制房价过快上涨，年末房地产市场调控政策密集出台，12月9日国务院常务会议宣布个人住房转让营业税优惠政策年底结束，征免时限由2年恢复到5年；12月14日国务院常务会议就促进房地产市场健康发展提出增加供给、抑制投资投机、加强监管、推进保障房建设等四大举措；12月17日财政部、国土资源部、央行、监察部等五部委公布《关于进一步加强土地出让收支管理的通知》（财综[2009]74号），将开发商拿地首付款比例提高到五成，且分期缴纳全部价款的期限原则上不超过一年。

在上述背景下，2009年各类物业租售市场呈现以下特征：

住宅租售市场：2009年新建商品住宅市场供给不足，随着刚性需求的集中释放以及下半年投资、投机性购房需求的快速增长，新建商品房销售价格呈现持续快速上涨态势；二手房销售市场在房地产优惠政策的刺激作用下，成交量持续大幅上升，在新建商品住宅价格快速上涨的带动下，成交价亦呈现快速上涨态势。上半年住宅租赁市场较为低迷，租金价格呈下降趋势，下半年由于受到房价持续上涨影响，部分购房者转为观望，以租代购，住宅租赁需求增加。但由于二手房销售市场的繁荣，住宅租赁供应房源相对不足，使得租金水平稳步回升。

商业物业租售市场：商业物业销售受市场环境回暖影响，销售价格亦出现小幅上涨；北京市、上海市、深圳市等城市商业物业租赁市场，由于受到金融危机的持续影响，空置率较高，租金水平普遍出现不同幅度的下降；天津市、杭州市、青岛市等城市一方面由于商业物业租金相对较低且商业消费能力较为稳定，另一方面由于商业业态还不够发达，受金融危机影响较小的双重作用，商业物业租金水平受到影响相对较小，但较2008年同期亦呈下降趋势。

工业厂房租售市场：2009年初国家出台了一系列“扩内需，保增长”的政策和措施，特别是“十大产业振兴规划”、《国务院关于进一步促进中小企业发展的若干意见》等政策的实施，大大提升了企业投资和扩大再生产的信心，二、三季度投资信心迅速回升，厂房租售需求快速增加，租售成交量较大幅度提升，租价比呈上升趋势。

本报告以北京市、上海市、深圳市、天津市、杭州市、青岛市为例，分析三类物业租价比的变化趋势。

（二）住宅租价比

1. 北京市住宅租价比

住宅销售市场：2009年北京市住宅销售市场表现活跃，下半年呈现“量价齐升”的发展态势。2009年，全市销售商品住宅1880万平方米，为上年同期值的1.8倍，销售价格持续上涨，其中新建住宅价格指数环比持续上涨，并且涨幅不断扩大，二手住宅同比涨幅从11月份由负转正，12月份同比涨幅为2.9%[①]。

① 数据来源：北京市统计局。

住宅租赁市场：2009 年上半年北京市住宅租赁市场并未明显受到后奥运预期和宏观经济不景气的影响，整体成交状况依旧保持活跃，但租金价格却出现了一定回落。出现该现象主要是由于年初住宅销售市场表现较为低迷，部分二手房转售为租，从而增加了租赁房源的供给，使得房屋租赁供给略大于需求。进入二季度随着二手房市场交易的活跃，新增的房源供给又部分转为销售，使得租赁供给小于相对稳定的需求，租金水平出现回升。

2009 年北京市由于住宅销售价格大幅上涨使得住宅租价比下降，如表 4—2—1。

表4—2—1　北京市2005～2009年住宅租价比

单位：%

年份	住宅租价比
2005	6.42
2006	6.11
2007	4.83
2008	4.59
2009	3.81

2. 深圳市住宅租价比

住宅销售市场：2009 年深圳住宅市场总体呈现出“年初逐步回暖、年中快速发展、年末趋于过热”的发展特点。进入 2009 年，在积极的财政政策、宽松的货币政策、通货膨胀预期及下降后的房价与部分潜在购房者的心理预期等因素综合作用下，大量被积压的刚性需求集中快速释放，住宅销售市场开始回暖，随后大量投资者和部分投机者重新入市，需求的急增使得深圳市房价在进入二季度后迅速上涨；进入三季度后，市场开始呈现过热发展趋势，房价在一年内上涨了近一倍[①]。

住宅租赁市场：2009 年 1 ～ 4 月，由于受金融危机的持续影响，租赁市场趋于平静，租赁价格呈下降趋势。进入 5 月，受到传统毕业生租房及暑期旅游人群租房需求上升的影响，租金水平开始回升。三季度受房价快速上涨的影响，市场观望态度日益浓厚，表现为租赁房源供给减少，而需求增多，导致在 10 月这个历年传统的租赁淡季前后，租金逆势上涨。但由于租金的涨幅不及售价的涨幅，住宅租价比总体上仍呈现下降现象，如表 4—2—2。

表4—2—2　深圳市2005～2009年住宅租价比

单位：%

年份	住宅租价比
2005	6.35
2006	6.02
2007	4.34
2008	4.17
2009	3.62

3. 上海市住宅租价比

住宅销售市场：2009 年上海市陆续实施了若干调控房地产市场的政策措施和通知，如 2008 年 12 月 27 日，公布了贯彻国办发 [2008]131 号文件的实施意见（8 条），贯彻执行中央鼓励普通商品住房消费的政策措施；2009 年 1 月 6 日，上海市公积金管理中心下发了《关于调整本市购买第二套普通住房公积金贷款额度的通知》；3 月 19 日，出台了《关于进一步推进本市旧区改造工作的若干意见》，以加快旧区改造。加之受积极财政政策和较为宽松的货币政策的影响，使得上海市住宅房地产市场需求不断快速放量。由于供需矛盾显著，销售价格持续快速上涨，且成交产品主要集中于中高端住宅项目和豪宅产品，成交均价被进一步拉升，不断创历史新高。

① 数据来源：深圳市规划和国土资源委员会。

住宅租赁市场：2009年1～5月上海市住宅租赁市场整体表现较为低迷，租金水平呈下降趋势；三季度，在普通住宅和高档住宅租赁市场先后由低迷转为繁荣的拉动下，住宅租赁价格较快上升。12月同比上涨幅度为1.9%，全年平均同比上涨0.3%[①]。

2009年上海市住宅销售价格上涨幅度远大于租金上涨幅度，使得住宅租价比下降，如表4–2–3。

表4–2–3 上海市2005～2009年住宅租价比

单位：%

年份	住宅租价比
2005	6.80
2006	6.92
2007	5.50
2008	4.71
2009	3.75

4. 杭州市住宅租价比

住宅销售市场：受2008年国际金融危机以及部分房地产企业对市场悲观预期的影响，2009年杭州商品住宅新增供应量下滑明显，全年商品住宅累计新增4.11万套、446.47万平方米，同比分别下降15.42%、15.47%。但同时，在国家政策鼓励和金融信贷宽松的大环境下，在杭州“24条房产新政”等政策的影响下，大量需求集中释放，供需矛盾加剧使得住宅成交全年均保持高位运行。

住宅租赁市场：受金融危机影响，住宅租金水平变化相对稳定，上半年租赁市场供给小于需求，但并未带来租金较大幅度上涨的变化，主要是由于租赁者的收入水平受到金融危机影响，支付能力有限。目前，杭州大多数的房屋租赁者为刚毕业的大学生和外地驻杭公司的员工，在金融危机的影响下，大学毕业生的薪资水平下降。另外一方面，受金融危机的影响，一些外地驻杭的公司和办事处纷纷撤离，也挤压了租金上涨的空间。总体上，租价比呈现下降现象，如表4–2–4。

表4–2–4 杭州市2005～2009年住宅租价比

单位：%

年份	住宅租价比
2005	5.74
2006	5.96
2007	5.28
2008	5.57
2009	3.84

5. 天津市住宅租价比

住宅销售市场：降息、降税、扩大购房优惠范围等政策的出台，加上天津市本地降低购房申办天津市蓝印户口标准和降低购买限价房标准等政策的实施，促成了天津市房地产市场由2008年底的调整期转向2009年初的恢复期，2009年天津市住宅市场成交量价持续上涨，12月住宅销售价格同比上涨111.2%。

住宅租赁市场：住宅租赁市场较为活跃，房源供给丰富，租金相对平稳。

2009年天津市住宅租金水平基本与2008年同期持平，而销售价格上涨，使得住宅租价比下降，如表4–2–5。

表4–2–5 天津市2005～2009年住宅租价比

单位：%

年份	住宅租价比
2005	5.87
2006	5.94
2007	5.11
2008	4.58
2009	3.97

6. 青岛市住宅租价比

住宅销售市场：2009年初青岛市房地产市

① 数据来源：上海市统计局。

场呈低迷态势，为走出市场低谷，部分开发商借鉴全国一些城市营销策略推出购房券活动，3月下旬市场成交量大幅上升，销售价格开始快速上涨，同时土地交易市场亦非常活跃，先后在市南区、市北区、李沧区、开发区刷新了土地出让成交历史价格。另外由于2009年青岛市政府启动了12处拆迁改造项目，同时开始建设全省第一个地铁建设项目，加之初步搭建了青岛市海景房外销平台，对于拉动住宅销售市场需求起到了促进和催化作用，使得商品住宅成交量和成交价格稳步上升。2009年1～11月青岛市住宅销售面积为909.8万平方米，销售额501.8亿元，分别同比增长61.6%和80.2%，全市成交均价同比上涨116%[①]。

住宅租赁市场：2009年青岛市住宅租赁市场处于一种不温不火的状态，没有2008年同期的市场活跃度高。由于大量租赁住宅供给者由租转售，租赁住宅需求者由租转买，一方面加速了销售价格的上涨，另一方面使得租赁需求萎缩和租赁房源供给大幅缩减，最终使得二手房租赁价格并没有出现上涨，依旧保持平稳。

2009年青岛市住宅销售价格上涨和租金水平基本与2008年持平，使得住宅租价比下降，如表4–2–6。

表4–2–6 青岛市2005～2009年住宅租价比

单位：%

年份	住宅租价比
2005	6.15
2006	6.31
2007	5.30
2008	4.13
2009	3.37

① 数据来源：青岛市统计局。

（三）商业物业租价比

2009年，商业物业租售市场整体呈现销售价格上涨，租赁价格下降的特点。2005～2009年监测样本城市商业物业租价比如表4–2–7。

表4–2–7 2005～2009年监测样本城市商业物业租价比

单位：%

	2005年	2006年	2007年	2008年	2009年
北京市	8.73	9.02	9.11	8.93	8.41
深圳市	8.96	9.13	9.19	6.36	5.12
上海市	8.87	9.24	9.32	7.59	7.01
杭州市	7.95	8.06	7.67	6.53	6.29
天津市	7.39	7.78	7.42	8.05	7.91
青岛市	8.50	8.78	8.27	6.17	5.73

商业物业销售市场：2009年一季度商业物业销售市场受全球金融危机持续影响，延续了2008年的市场低迷状况，二季度在经济基本面有所好转，住宅销售市场的率先回暖影响下，商业物业销售市场也于5、6月份出现回暖迹象，进入三季度，商业物业销售市场逐渐向好，销售价格上涨，高于2008年同期水平。

商业物业租赁市场：2009年上半年受全球金融危机影响，商业物业租赁需求呈下降态势，使得租金水平持续下降，空置率保持高位运行，商业物业租赁市场整体处于调整期；三季度受经济环境回暖、整体市场气氛转好影响，投资者信心有所恢复，商业物业需求增多，租金水平出现环比上涨，空置率环比下降，但较2008年同期商业物业租金水平仍有较大幅度下降。其中北京市、上海市、深圳市等城市商业物业租赁价格下降相对较多，天津市、杭州市、青岛市等城市一方面由于商业物业租金相对较低且商业消费能力较为稳定，另一方面由于商业业态还不够发达，受金融危机影响较小的双重作用，商业物业租赁价格下降相对较少。

2009 年，由于销售价格同比小幅上升，租金水平同比下降，使得 6 个样本城市商业物业租价比呈下降趋势。

（四）工业厂房租价比

2009 年一季度，工业厂房租售市场受金融危机影响，发展较为低迷；二季度一方面由于年初国家出台的一系列“扩内需，保增长”的政策和措施，特别是“十大产业振兴规划”、《国务院关于进一步促进中小企业发展的若干意见》等政策的实施，另一方面由于制造业和服务业出现复苏迹象，大大提升了企业投资和扩大再生产的信心，使得工业厂房租售市场转暖；进入三季度随着经济的进一步复苏，刚性和投资需求集中性释放，使得工业厂房市场稳步增长，表现为工业厂房租售日趋活跃，成交量恢复增长，租售价格较快上涨。全年工业厂房租售价格同比均呈上涨趋势，但由于工业厂房所有者多采取出租方式，使得租金涨幅比售价涨幅大，租价比小幅上升。样本城市工业厂房租价比具体变化如表 4-2-8。

表4-2-8　2005～2009年样本城市工业厂房租价比

单位：%

	2005年	2006年	2007年	2008年	2009年
北京市	4.99	5.31	5.83	6.48	6.67
深圳市	—	—	—	5.37	6.83
上海市	5.07	5.54	6.69	7.08	7.91
杭州市	—	—	—	7.51	7.55
天津市	4.87	5.22	5.70	5.74	6.31

值得注意的是，住宅、商业、工业厂房租价比理论上应符合工业厂房租价比低于住宅租价比、住宅租价比低于商业物业租价比的规律，而目前通过观察样本城市三类租价比水平，可以看到工业厂房租价比整体偏高，普遍高于住宅租价比甚至高于商业物业租价比，这种现象是不正常的，分析其原因主要在于政府为通过大力发展招商引资推动经济发展，普遍以工业用地出让最低价，甚至变相低于最低价标准出让工业用地，使得工业用地真实价值没有得到挖掘和体现。不少大中城市工业地价水平值仅为商业地价水平值的2%左右，表明工业用地出让价格有待进一步提升，以达到还原工业用地真实市场价值的目的。

（五）住宅租价比与城市 GDP 总量的关系分析

城市经济与房地产市场的发展状况是相互影响的，各地房地产的价格受到该地经济发展程度的影响，同时对该地经济发展有着重要的反作用；经济繁荣时会加大对房地产的需求，进而带动房地产价格的上涨；反过来房价如果不能随地区经济的发展适度上涨也会对城市经济产生消极的影响。地区生产总值（本文中以“城市 GDP”表示）是衡量一个地区所有常住单位在一定时期内生产活动

表4-2-9　2007～2009年样本城市GDP总量与住宅租价比

	城市GDP总量（亿元）			住宅租价比（%）		
	2007年	2008年	2009年	2007年	2008年	2009年
北京市	9353	10488	11866	4.83	4.59	3.81
深圳市	6765	7807	8201	4.34	4.17	3.62
上海市	12189	13698	14901	5.50	4.71	3.75
杭州市	4100	4781	5097	5.28	5.57	3.84
天津市	5050	6354	7500	5.11	4.58	3.97
青岛市	3787	4436	4890	5.30	4.13	3.37

的最终成果，能够在一定程度上反映该地区经济发展的水平。城市GDP的增长速度应与该地房地产价格的增长速度相匹配，若房地产价格在城市经济发展较为平缓期仍保持大幅上涨，则需通过宏观调控手段加以调整，使房地产价格涨幅保持在地区经济发展可承受范围内。样本城市2007～2009年城市GDP总量与住宅租价比如表4–2–9。

从表4–2–9可见样本城市的城市GDP近三年均稳步提升，住宅租价比却普遍呈逐步下降趋势，表明房地产价格增长过快，宏观调控仍需深入，控制房价过快上涨仍是主要任务。

（六）城市住宅租价比与住宅投资回报率的关系分析

2009年，5年以上个人住房贷款利率下限为4.16%，为基准利率5.94%的70%，住房贷款利率的下调减轻了供房者的负担，在一定程度上促进了住宅市场投机、投资和消费需求，促进了住宅销售市场的繁荣（表4–2–10）。

由表4–2–10可以看出2009年各样本城市的住宅租价比均低于下调后的5年以上个人住房贷款利率，表明住宅长期投资者的租金回报收益是非常不理想的，明显偏离理性投资者的正常投资回报率。究其原因，在于住宅租售市场发展不平衡，销售价格过快上涨，而租金水平相对平稳所致。

表4–2–10　样本城市住宅租价比与个人住房贷款利率对照表

单位：%

	2007年	2008年	2009年
5年以上个人住房贷款利率	7.83	5.94	4.16
北京市住宅租价比	4.83	4.59	3.81
深圳市住宅租价比	4.34	4.17	3.62
上海市住宅租价比	5.50	4.71	3.75
杭州市住宅租价比	5.28	5.57	3.84
天津市住宅租价比	5.11	4.58	3.97
青岛市住宅租价比	5.30	4.13	3.37

（七）结论与对策建议

总体而言，2009年住宅和商业物业租价比普遍呈下降趋势，主要原因归结为供小于需引致销售价格相对租金水平上涨过快。租售价格变化未能保持匹配的速度发展，在一定程度上表明租售市场发展存在失衡，不利于房地产市场持续健康发展。工业厂房租价比普遍呈上升态势，主要由于2009年下半年，租售市场均呈现明显复苏态势，工业厂房租赁需求均较快增加，租赁价格较快上涨，但如前文所述其存在明显的不合理成分，工业用地出让价格有进一步提高空间，工业用地的真实价值有待逐步得到体现。

为有效改善上述各类物业租售市场发展现状，促进房地产租售市场匹配发展，提出以下三点建议：

1. 以规划为龙头、以计划为指引、以执行为保障，有效调控房地产市场

针对2009年房价快速上涨，“地王”频现，租售市场发展失衡等不利于房地产市场平稳发展的现象，建议“以规划为龙头、以计划为指引、以执行为保障”对房地产市场进行有效调控。

其中“以规划为龙头”即从源头上强化城市规划和土地利用总体规划的龙头作用，建议通过合理调整用地布局，优化土地利用结构，协调区域用地规模等方式充分发挥规划在维护房地产市场平稳发展、促进经济发展方式转变中的宏观调控作用；“以计划为指引”即建立立足当前、兼顾

长远的差别化土地利用供应计划管理体系，制定合理的、动态的土地储备及供应计划，一方面有效引导房地产市场主体理性参与土地竞拍，另一方面为调整房地产用地供应规模、结构，有效实施房地产用地调控提供抓手；“以执行为保障”即切实落实土地利用总体规划和供应计划，确保实际土地供应符合土地利用总体规划和供应计划的要求，并反过来为土地利用总体规划和供应计划的制订提供依据。同时，还要强化调控措施的落实和执行，促进地方政府切实贯彻中央精神，提高博弈成本，把“抑制房价过快增长”落到实处，共同维护房地产市场的平稳健康发展。

2. 严格执行和完善工业用地出让最低价标准政策，促使工业用地真实价值的实现

为更好地应对国际金融危机，服务“保增长、扩内需、调结构、上水平”的宏观调控目标，2009年5月11日，国土资源部发布《国土资源部关于调整工业用地出让最低价标准实施政策的通知》（国土资发[2009]56号），对全国工业用地出让最低价标准实施政策作出调整，加大了价格标准的折扣力度，扩大了可享受最低价折扣的用地范围。

针对工业厂房租价比偏高，工业用地真实价值尚未得到体现的现象，建议以该通知实施效果跟踪为契机，根据经济形势和土地市场运行变化，及时总结研究，适时进行调整，进一步严格执行和完善工业用地出让最低价标准政策，逐步建立和完善反映市场供求关系的工业用地地价管理体系，充分挖掘工业用地的价值，有效解决地价政策与产业政策的协调配合，发挥地价在促进土地节约集约利用等方面的作用，促进工业用地的利用方式向集约利用的宏观调控目标转变。

3. 注重房地产市场的重要作用，维护房地产市场稳定发展

2009年12月9日，国务院常务会议研究完善促进消费的若干政策措施，将个人住房转让营业税征免时限由2年恢复到5年，遏制炒房现象。《关于促进房地产市场健康发展的若干意见》（国办发[2008]131号）中所列四大税种的优惠措施，只有营业税优惠取消，契税、个人买卖印花税、个人转让出售的土地增值税还继续维持，意味着政府调控房地产市场采取了平稳的步骤。

当前国民经济正处于企稳回升的关键时期，外需萎缩的局面及影响还将持续存在。对于房地产业，建议政府相关管理部门在未来一段时间实行稳步强化的相关调控政策，促进房地产投资和消费的理性增长，切实发挥房地产业在社会经济中应有的作用。

考虑到2009年房地产市场发展过热，房价上涨过快等现象，建议应立足当前并兼顾长远，适时、适度调整房地产优惠政策，继续采取鼓励自住型和改善型住房消费的措施，增加中低价位、中小套型普通商品房和保障房用地供应，同时加大力度促进房地产租赁市场的规范和完善，缩短房地产租赁市场与销售市场发展的差距，双管齐下共同维护房地产市场的稳定发展。